U0895500

大文化背景下的法治社会与习俗研究

王作全 / 主编

科学出版社
北京

内 容 简 介

本书以中国大文化为视角，运用法学、社会学及民俗文化学的基本理论和基本方法，将研究的焦点集中在国内区域法治问题研究、社会问题研究与民俗文化研究三个维度，进行了较为深刻的学理性探讨。既充分体现了进一步阐述法治、自觉弘扬优秀民族文化、社会和民俗文化内涵的学术使命，又自觉展现了人文社会科学工作者在促进社会和谐与文明进步方面发挥作用的追求。每一篇文章都浸透着人集作者的真挚求索、严谨成文的治学风范，以及思辨感悟、解释疑惑的探研精神。

本书可供法学、社会学、民俗学、民族学及文化学领域研究者以及相关专业的研究生、本科生阅读和学习参考。

图书在版编目（CIP）数据

大文化背景下的法治社会与习俗研究 / 王作全主编. —北京：科学出版社，2018.5

ISBN 978-7-03-057293-6

Ⅰ. ①大… Ⅱ. ①王… Ⅲ. ①社会主义法制—建设—研究—中国 ②风俗习惯—研究—中国 Ⅳ. ①D920.0②K892

中国版本图书馆 CIP 数据核字（2018）第 082094 号

责任编辑：范鹏伟 / 责任校对：韩 杨
责任印制：张克忠 / 封面设计：天穹教育

科 学 出 版 社 出版
北京东黄城根北街 16 号
邮政编码：100717
http://www.sciencep.com
三河市荣展印务有限公司 印刷
科学出版社发行 各地新华书店经销
*
2018 年 5 月第 一 版 开本：720×1000 1/16
2018 年 5 月第一次印刷 印张：18
字数：290 000

定价：88.00 元

《大文化背景下的法治社会与习俗研究》
编委会

目　录

第一编　区域法治问题研究

第二编　社会问题研究

第三编　民俗文化研究

第一编

区域法治问题研究

青海省商事制度改革进展及其成效分析

王作全

为了贯彻落实党的十八大关于全面深化改革的战略部署，2013年11月召开的党的十八届三中全会作出了《中共中央关于全面深化改革若干重大问题的决定》，其基于“使市场在资源配置中起决定性作用”这一对市场经济体制地位和作用的全新认识和判断，部署了“加快完善现代市场体系”的改革任务。我国新一轮的商事制度改革应该说与上述有关市场经济体制的最新判断和完善市场体系的改革任务密切相关。及时分析青海省商事制度改革的实践以及所取得的成就，并梳理其问题，有利于改革的深入发展。

一、商事制度改革的背景

中国新一轮商事制度改革，是在广东省等部分发达地区先行改革试点的基础上，以2014年2月国务院所发布的《注册资本登记制度改革方案》为标志，开始在全国全面推进的。应该说，此次商事制度改革的根本宗旨在于落实“使市场在资源配置中起决定性作用和更好发挥政府作用”这一对市场经济体制的最新决策，同时有效地激发民众的创业活力，寻找新的经济增长点，减轻就业压力，维护社会稳定，这也是改革的重要价值判断所在。

为此，此次商事制度改革在全面放宽市场准入管制、创新以信用约束为核心内容的市场监管机制、营造法治化的营商环境等方面取得了实质性进展。从改革成效来看，此次商事制度改革在激发市场主体活力、平等保护各类市场主体的合法权益、促进更加公平的竞争市场秩序的形成等方面发挥了十分重要的作用。

根据国家商事制度改革的统一战略部署，青海省于 2014 年及时启动了以“简政放权、放管结合、优化服务”为总体要求的商事制度改革工程。青海省商事制度改革紧密结合青海省实际，坚持依法改革的方向，在全面刷新市场准入制度、按照“放管结合”原则创新市场监管机制、优化营商环境等方面的力度很大，有不少方面甚至走在了全国的前列，对于促进全省经济社会健康有序发展起到了极其重要的作用。总体上看，青海省的商事制度改革不仅能够严守国家的统一战略部署，严格按照国家要求的时间节点全面推进，而且能够紧密结合青海省实际，其改革措施系统到位，内容全面，力度较大，成效显著。

二、以“宽进”为目标的市场准入制度改革及其成效

保证“使市场在资源配置中起决定性作用”的前提，在于主体能够自由进出市场，平等公平竞争并能够自主开展经营活动。为此，商事制度改革首先明确确立了“宽进”的市场准入制度改革原则，要求从各个方面取消或者减少不利于主体便捷高效地进入市场的种种限制，放松市场准入管制[①]。围绕以“宽进”为目标的市场准入制度改革的总体要求，根据国家市场准入制度改革的各项部署，青海省着重采取了如下改革措施，取得了显著成效。

（一）大幅放宽市场准入条件，激发市场主体活力

为有效推动以“宽进”为目标的市场准入制度改革，青海省人民政府根据国家有关法规和规范性文件，及时出台了《青海省人民政府关于改革工商登记制度促进全省市场主体发展的意见》及《青海省人民政府关于进一步加快培育和发展市场主体的意见》，并通过下发《青海省人民政府关于改革工商登记制

① 《国务院关于促进市场公平竞争维护市场正常秩序的若干意见》（国发〔2014〕20 号）明确规定：“凡是市场主体基于自愿的投资经营和民商事行为，只要不属于法律法规禁止进入的领域，不损害第三方利益、社会公共利益和国家安全，政府不得限制进入。”

度促进全省市场主体发展的意见》，明确了各个相关部门的改革任务①。

一是全面落实国家有关注册资本登记制度改革方案的部署以及《中华人民共和国公司法》（以下简称《公司法》）等法律法规的规定，将注册资本实缴登记制改为认缴制，同时取消最低注册资本限额，不再要求出资形式的相关比例以及提供验资证明等，大幅放宽了注册资本登记条件，实现了出资额、出资比例、出资时间、出资方式等完全由出资者通过章程或协议自主约定的改革目的。

二是以“使市场在资源配置中起决定性作用”为宗旨的改革，主要针对的是以往政府对市场干预过多的不正确做法②，同时市场作用的突显也必然要求政府减少对市场的干预，简政放权，转变职能。因此，为了提高市场准入的效率和便利化程度，青海省的改革实践及时将以前的“先证后照”登记模式改为“先照后证”模式。更为重要的是，青海省为了配合模式的转变以及国家简政放权改革的要求，确立了将自身打造成为“全国行政审批最少、审批效率最高、创新创业环境最优的省份之一”的改革目标③，为了实现该项改革目标，青海省人民政府先后 3 次颁布政府令，大力调整和减少政府审批事项，公布工商登记前置审批事项和后置审批事项目录，将 226 项工商登记前置审批事项减少到 29 项，将 157 项行政审批调整为工商登记后置审批，并将其减少到 135 项。尤为重要的是，青海省人民政府坚决保证不涉及行政审批的经营事项完全由商事主体自主选择，切实落实市场主体的自主经营权。

三是根据青海省人民政府的改革安排，青海省工商行政管理局于 2014 年 5 月率先出台了《青海省市场主体住所（经营场所）登记管理办法》，依据该办

①《青海省人民政府关于改革工商登记制度促进全省市场主体发展的意见》就大幅放松市场准入管制，实行市场主体“宽进”的改革目的，具体规定了如下 12 个方面的改革任务：第一，取消注册资本实缴登记制；第二，放宽注册资本登记条件；第三，取消企业年度检验制度；第四，放宽企业住所（经营场所）登记条件；第五，推行电子营业执照和全程电子化登记管理；第六，推行“先照后证”登记制度；第七，放宽企业名称登记条件；第八，放宽经营范围、经营方式限制；第九，下放企业登记管辖权；第十，简化登记注册程序；第十一，鼓励个体工商户转型升级；第十二，支持农牧业市场主体加快发展。

② 对于中国市场经济体制存在的突出问题，党的十八届三中全会的决定明确指出：“市场决定资源配置是市场经济的一般规律，健全社会主义市场经济体制必须遵循这条规律，着力解决市场体系不完善、政府干预过多和监管不到位问题。”参见人民出版社编著：《改革开放以来历届三中全会文件汇编》，北京：人民出版社，2013 年，第 178 页。

③《2015 中国地方政府效率研究报告》对 31 个省级政府、104 个重点城市的政府效率作了分析评估。在地方政府效率“排行榜”中，青海省在全国排名第十二，在西部地区排名第一。

法推进改革，主要通过放宽商事主体的住所和经营场所的登记条件、简化证明材料以及建立“一照多址”和“一址多照”的集群发展登记制度等措施，放宽商事主体的相关准入条件，实现“宽进”的改革目的①。

四是针对市场主体名称登记管制过多，名称审核效率低下，从而造成市场主体准入难的问题，青海省通过企业名称网上远程核准、全面开放县级以上企业名称库等改革措施，简化市场主体名称登记手续，为市场主体查询选择名称提供了便利条件②。

（二）大力降低市场准入成本，提高市场准入效率和服务水平

市场主体通过商事登记取得营业执照前，需要取得众多的行政许可证、缴纳多项商事登记费用以及为取得相应的证照需要穿梭于多部门之间等，是造成市场主体准入市场门槛过高、成本过大、效率过于低下，从而严重影响市场活力的重要原因。为此，青海省根据国家大幅降低市场准入门槛、减少市场准入成本、营造优质营商环境的改革要求，积极采取如下改革措施，努力实现国家对这项改革的总体要求，改革成效明显。

1. 积极推进“先照后证”改革，并在大力减少行政审批方面着力

对此，《青海省人民政府关于改革工商登记制度促进全省市场主体发展的意见》十分明确地规定：“除国务院和省政府公布保留的前置许可审批项目作为工商登记前置许可项目外，不再实行先主管部门审批、再工商登记的制度，市场主体向工商行政管理部门申请登记，取得营业执照后即可从事一般生产经营活动；对从事需要许可的生产经营活动，持营业执照和有关材料向主管部门申请许可。行政许可审批部门要及时办理申请人的行政许可申请。”更为重要的是，按照国务院总体部署和青海省人民政府的目标要求，2013 年以来，青海

① 《青海省市场主体住所（经营场所）登记管理办法》第四条规定：“工商行政管理机关是市场主体住所（经营场所）的登记机关，对申请人提交的住所（经营场所）登记材料进行形式审查。”其第六条规定，企业可以有多个经营场所，除该办法的相关规定外企业在住所之外设立经营场所应当按照分支机构办理登记。其第七条规定：“允许同一地址作为多个市场主体的住所。”

② 2014 年 6 月青海省工商行政管理局发布《关于做好企业名称网上远程核准有关工作的通知》（青工商企〔2014〕112 号），对企业名称网上远程核准的职责及程序、企业名称网上远程核准业务软件改造等作出了明确规定。另外，对于市场主体名称登记管制存在的问题，有权威学者指出，“过多的法律管制，导致企业名称资源紧张、审核效率低下，应尽快释放企业名称中的字号资源，减少名称管制所衍生的外部负效应”。参见蒋大兴：《徒增的商事成本——法律及管制如何影响企业设立（行为）？》，《法学家》2016 年第 1 期。

省对省级行政审批事项进行了集中清理，提前一年完成了“到2015年底减少行政审批三分之一以上”的目标任务。到2015年底，省级层面先后经过5次清理，共取消、下放、调整709项行政审批事项，其中取消、下放373项，削减幅度达51%。非行政许可审批事项全面取消。目前，青海省级保留362项行政审批项目，在全国属省级保留行政审批事项较少省份之一。

2. 积极推进“多证合一”的重要改革举措，简化商事登记程序，提高市场准入效率

针对商事主体取得营业执照后还需办理组织机构代码证、税务登记证、社会保险登记证、统计登记证等种种证件，造成市场准入比较困难、效率十分低下的现状，青海省人民政府按照国家的改革部署，积极推进“多证合一”的市场准入模式改革①，大大简化了市场准入程序，提高了市场准入效率。

这项商事登记制度改革，是按照我国惯用的将商事主体分为非个体工商户和个体工商户两类的分类法进行的。对于前者，即作为非个体工商户的所有企业和农牧民专业合作社，在充分准备和宣传动员的基础上，青海省人民政府于2015年9月起积极推进将营业执照、组织机构代码证和税务登记证合为“一证”（即营业执照），并统一加载一个社会信用代码的“三证合一、一照一码”的登记制度改革，且在全省的省、市（州）、县（区）三级行政区划层面同步实现了这项改革。根据青海省人民政府发布的改革方案，这项改革的基本要求是：“将企业和农牧民专业合作社登记时依次申请，分别由工商部门核发工商营业执照、质监部门核发组织机构代码证、税务部门核发税务登记证，改为一次申请、由工商（市场监管）部门核发一个加载统一社会信用代码的营业

① 对于“多证合一”市场准入登记新模式的创立，国务院办公厅于2015年6月发布了《国务院办公厅关于加快推进“三证合一”登记制度改革的意见》（国办发〔2015〕50号），并且明确指出：“通过‘一窗受理、互联互通、信息共享’，将由工商行政管理、质量技术监督、税务三个部门分别核发不同证照，改为由工商行政管理部门核发一个加载法人和其他组织统一社会信用代码的营业执照，即‘一照一码’登记模式。”在此基础上，国务院办公厅又于2016年7月发布了《国务院办公厅关于加快推进“五证合一、一照一码”登记制度改革的通知》（国办发〔2016〕53号），同样明确指出：“在全面实施工商营业执照、组织机构代码证、税务登记证‘三证合一’登记制度改革的基础上，再整合社会保险登记证和统计登记证，实现‘五证合一、一照一码’，是继续深化商事制度改革、优化营商环境、推动大众创业万众创新的重要举措。”为落实国务院有关“多证合一”的登记制度改革部署，青海省人民政府办公厅于2015年8月发布了《关于推进“三证合一”登记制度改革实施方案》，对这项改革的指导思想、总体目标和基本原则、主要内容和基本要求、保障措施及其任务分工等作出了明确规定，并于2016年8月发布了《青海省推进“五证合一、一照一码”登记制度改革实施方案》，同样对总体要求、主要任务以及任务分工等作了规定。

执照，实行‘三证合一、一照一码’制度。”对于“三证合一”后的营业执照的功效等，改革方案同样明确规定：“‘三证合一’后，组织机构代码证和税务登记证不再发放。企业原需要使用组织机构代码证、税务登记证办理相关事务的，一律改为使用‘三证合一’后的‘一照一码’营业执照办理。”①

在“三证合一”改革的基础上，按照国务院的统一部署，青海省又于2016年9月起，根据《青海省推进“五证合一、一照一码”登记制度改革实施方案》的安排，在全省范围内积极推进在“三证”的基础上将社会保险登记证和统计登记证整合到一起的“五证合一、一照一码”商事登记制度改革，并且全省上下同步实现了“一套资料、一表登记、一窗受理、信息共享、一照通用”的登记程序新模式。根据青海省人民政府发布的改革方案，这项改革的要求同样十分清晰：“在全面实施‘三证合一、一照一码’的基础上，全面实行‘五证合一、一照一码’登记模式，不再发放社会保险登记证和统计登记证，改为由工商行政管理和市场监督管理部门（以下简称‘工商部门’）核发加载统一社会信用代码（以下简称‘统一代码’）的营业执照。”②另据介绍，目前青海省70%以上的新老企业领取了加载统一社会信用代码的营业执照，促进了“一照一码”营业执照的广泛应用，为全面推进企业信用体系建设提供了保障③。

个体工商户应该属于我国数量最多的商事主体，“是我国公民从事经营活动的一个重要主体形式，我国个体经济在推动经济发展、增加财政收入、促进就业创业、维护社会稳定等方面发挥着重要作用”④。对于这类商事主体，青海省从2016年12月起，在全省个体工商户中推行工商营业执照、税务登记证“两证整合”的登记制度改革，实现了个体工商户市场准入的便利化和高效化。对于个体工商户“两证整合”改革的基本要求，青海省工商行政管理部门的负责人给出的解释是：“个体工商户‘两证整合’登记制度是指将个体工商户登记时依次申请、分别由工商（市场监管）部门核发营业执照、税务部门核

① 参见青海省人民政府《关于推进“三证合一”登记制度改革实施方案》（青政办〔2015〕166号）第二部分。

② 参见《青海省推进“五证合一、一照一码”登记制度改革实施方案》（青政办〔2016〕157号）第二部分。

③ 参见青海省工商行政管理局内部资料《全省商事制度改革连续三年工作总结》的相关部分。

④ 参见《工商总局等四部门关于实施个体工商户营业执照和税务登记证“两证整合”的意见》（工商个字〔2016〕167 号）。在该意见的指导下，青海省工商行政管理局等五部门联合发布了《关于实施个体工商户营业执照和税务登记证“两证整合”有关工作的通知》（青工商个〔2016〕142号）。

发税务登记证，改为一次申请、由工商部门核发一个营业执照的登记制度。”对于“两证整合”模式下的登记程序，该负责人的解释是：“通过个体工商户‘两证整合’，实现公民只要填写‘一张表’，向‘一个窗口’提交‘一套材料’即可办理个体工商户工商及税务登记。同时，实现工商、税务部门的个体工商户数据信息实时共享。”对于这项改革的意义，该负责人指出：“目前，我省个体工商户登记总数已达到 23.5 万户，成为我省市场主体的重要组成部分。”“加快推进这一改革，将进一步简化个体工商户登记注册程序，降低创业准入的制度性成本，建立程序更加完善、流程更加优化、资源更加集约的市场准入模式，使公民从事个体经营更加便利，让所有市场主体能公平地享受改革红利，充分体现商事制度改革的普惠精神。”①

（三）大幅降低准入成本、简化准入手续，为“优化营商环境”等提供基本保障

在降低准入成本方面，青海省工商部门根据有关改革方案的要求，取消了全部商事主体的注册登记费、年检费、验照费、营业执照工本费等行政事业性收费，而且将新注册企业报刊公告改为网上公示，与省个体私营企业协会联合，取消个体私营企业会费等，真正实现了市场准入工商登记“零收费”的改革目标，大大减少了商事主体的准入成本。在简化准入手续方面，积极推动市场主体自主选择登记机关、商事主体名称网上远程核准、“审核合一”以及开放企业名称库等改革措施，极大地简化了准入的程序。在提高准入效率方面，除了上述的“多证合一”、“审核合一”、注册登记全程电子化以及“一套资料、一表填写、一窗受理”等极大地提高了市场准入效率外，登记管理部门还大幅缩短办理注册登记的时间，将商事主体办理注册登记的时间由原来的至少 30 个工作日缩短为 5 个工作日，企业名称登记办理时间由原来的至少 3 个工作日缩短为 1 个工作日，有些地区甚至实行当场办理的改革措施等，市场准入实现了前所未有的快捷高效。

以“宽进”为目标，以上述措施为主要内容的市场准入制度改革，在市场主体“井喷式”增长、市场准入效率空前提高、准入成本大幅降低、促进就业

---

① 马燕燕：《激发市场活动 优化“双创”环境——省工商局负责人就实施个体工商户“两证整合”改革答记者问》，《青海日报》2016 年 11 月 28 日，第 8 版。

发展以及实现经济结构不断优化等方面，取得了十分显著的成效。仅就市场主体的“井喷式”增长而言，根据青海省工商部门的分析，商事制度改革起步之年的2014年全省新登记市场主体达5.5万户，同比增长21.2%，2015年新登记市场主体6.3万户，同比增长23.43%，2016年1—11月新登记市场主体6.67万户，同比增长10.6%。其中，新登记的企业这3年分别达到了24.9%、30.9%及33%的增长率。截至2016年底全省市场主体数达到32.83万户，已提前超额完成青海省人民政府确定的到2017年底市场主体总量达到30万户的发展目标[①]。

三、以“严管”为目标的市场监管机制创新及其成效

如上所述，“宽进严管”是此轮商事制度改革确定的一大基本原则。同时，我国市场经济的发展存在政府干预过多、政府监管不到位的问题。所以，国家有关商事制度改革的方案在明确以“宽进严管”为基本原则之一的同时，在确立的改革总体目标中明确指出：“通过改革监管制度，进一步转变监管方式，强化信用监管，促进协同监管，提高监管效能；通过加强市场主体信息公示，进一步扩大社会监督，促进社会共治。”[②]在这一改革精神的指导下，为了建立以信用信息约束为核心的新型监管机制，国务院于2014年7月颁布了《企业信息公示暂行条例》，国家工商总局迅速发布了与该条例相配套的五个重要部门规章，为建立实现“严管”改革目标的新型监管新机制提供了必要的法规保障。

青海省按照国家“宽进严管”的总要求，积极探索以信用约束为核心的事中事后监管新机制，不断推进以信息公开、信用约束、联合惩戒、社会共治为主要内容的市场监管制度体系建设，在构筑让诚实守信者一路畅通、让失信违

① 数据来源于青海省工商行政管理局内部资料《全省商事制度改革连续三年工作总结》。另外，根据该材料的分析，在扩大就业渠道、促进就业人数增加方面，按照工商部门的统计方法估算，自2014年商事制度改革以来，新增商事主体累计提供的就业岗位多达47.7万个，在经济形势下行压力依然较大的情况下，为保持青海省就业率不降反增的良好态势发挥了不可替代的作用。在大幅降低市场准入成本方面，自2014年改革实现市场准入“零成本”以来，仅取消验资报告、将报刊公告改为网上公示以及企业登记费三项改革措施，就为市场主体准入节约了约6.8亿元经费。市场准入制度改革在优化经济结构方面的成效也很明显。根据该材料分析，在新登记的市场主体中，从事第三产业领域经营活动的主体增长最快，其结果，全省从事第三产业经营活动的市场主体达27.4万户，占市场主体总数的比例从商事制度改革前的69.43%上升至83.5%，为青海省经济结构优化升级注入了新的活力。

② 参见国务院关于《注册资本登记制度改革方案》（国发〔2014〕7号）。

法者处处受限的“严管”新制度体系方面，取得了显著的改革成效。

（一）“一张网”大数据信息平台建设：构建新型监管机制的物质基础

在网络技术普遍发展的今天，以信用约束为核心的监管机制，必须建立在内容全面、真实，信息公示及时且适当的基础上，以及信息互通共享机制健全的大数据信息平台之上。

一是青海省以省工商行政管理局为主，全力推进“一张网”大数据平台建设。具体而言，《企业信息公示暂行条例》颁布实施后（2014年10月），青海省加快建设以商事主体登记信息和部门审批监管信息为基础内容，同时结合商事主体年报及其信息公示、信用查询、协同监管等功能于一体的企业信用信息公示系统，并于2016年8月将该信息系统整合为国家企业信用信息公示系统中的青海子项目，即实现了“一张网”建设目标，与国家企业信用信息公示系统实现了有机衔接和上线运行，为更大范围实施信用约束提供了有效手段，奠定了物质基础。

二是青海省加快了市场主体信息归集和互联互通体系建设。在上述企业信用信息公示系统的基础上，青海省加快推进省内所有涉及市场主体的信用信息归集整合，并与相关部门互通共享，为构建大数据协同监管机制提供了更加便利的保障手段。通过该技术手段，只要在“一张网”内输入市场主体的统一社会信用代码，有关该市场主体的登记、许可、监管、处罚、惩戒及执行等的相关信息即可查询，一目了然。

（二）努力构建以信用约束为核心的监管新机制

以上述的“一张网”大数据信息平台为手段，青海省按照国家的总体部署，通过建立信息公示制度、市场主体年报制度、公示信息抽查制度以及“双告知”等一系列事中事后监管制度的方式，初步建成以信息归集使用为基础、以信息公示为手段、以信用约束为核心的新型监管机制，并积极推动部门联动、社会监督、社会共治的监管合力的形成。

一是全面落实市场主体年报公示制度，并配合社会监督以及经营异常和严重违法名录制的建设，对市场主体及其市场行为强化了以信用约束为主的有效监管功能。在市场主体的年报公示方面，通过宣传动员、上门督促指导、月度工作通报以及“年报攻坚月”等积极措施，不仅确保了年检制度改为年报公示制度的平稳过渡，更为重要的是实现了青海省市场主体年报公示率高于全国平均水平的良好发展势头，为构建以信用约束为核心的监管新机制创造了有利条件。

二是积极推进“双随机”抽查，并公开相关内容的监管工作，以此构建较有效的事中事后监管制度。按照相关规则规定的比例随机摇号确定被抽查的市场主体，同时按比例随机摇号确定抽查所需要的执法人员。据介绍，2016 年青海省工商行政管理局在2014年、2015年改革试点的基础上，共随机摇号确定了8181户市场主体和520名执法人员，依法开展抽查，将1527户隐瞒真实情况、弄虚作假的市场主体列入经营异常名录并向社会公示，发挥了十分有效的事中监督作用①。

三是为了给“先照后证”改革后的市场主体提供优质服务，通过与相关审批部门互通共享信息，形成协同监管机制，积极实施了“双告知”改革措施，达到了预期目的。所谓的“双告知”，是指一方面向办理了“先照后证”的市场主体及时告知需要办理后置的审批项目和审批部门，保证市场主体按规定取得经营许可，实施合法经营；另一方面将市场主体登记注册的相关信息及时告知相关审批部门，与相关审批部门互通共享信息，为审批部门强化事中事后监管提供及时、准确的信息支持，形成协同监管机制②。

应该说，以“严管”为宗旨的监管制度体系改革，同样取得了显著成效。全省积极推进“互联网+”和大数据在事中事后监管方面的广泛应用，并以不可或缺的技术支撑手段着力建设了“一张网”信用信息公示系统，通过强化信息公示、经营异常名录、严重违法市场主体黑名单、部门联合惩戒以及“双随机抽查”和“双告知”等监管制度的建设，初步形成了以信息归集为基础、以信息公开为手段、以信用约束为核心的新型监管机制，并以信用信息的公示以及与相关部门的互通共享为抓手，初步形成了协同监管、社会共治的监管合力，有效地维护了公平公正的市场竞争秩序。

---

① 参见青海省工商行政管理局内部资料《全省商事制度改革连续三年工作总结》。

② 2016 年处在改革试点阶段的“双告知”工作也取得了新成绩。据统计，已向办理了“先照后证”的4573 户市场主体及时告知了需要办理的后置审批项目和审批部门，同时与 37 个后置审批部门建立了信息互通机制，及时向这些审批部门告知了市场主体登记注册的相关信息，产生了较好的效果。参见青海省工商行政管理局内部资料《全省商事制度改革连续三年工作总结》。

四、结语

青海省的商事制度改革，不管在推进以“宽进”为目标的市场准入制度改革方面，还是在为构建以“严管”为目标的新型市场监管机制所进行的改革方面，都是在严格遵守国家统一战略部署的前提下，充分发挥地方推进改革的积极主动性。青海省商事制度改革紧密结合青海实际，不仅改革的举措全面系统，推进过程扎实有效，而且诸多改革措施走在了全国前列，保证了改革预期目标的实现，取得了显著成效。

但是受全省经济社会发展水平的制约，加之区位劣势、环境艰苦、待遇滞后以及思想观念不到位等因素的影响，青海省的商事制度改革同样面临着诸多困难和问题，若不及时加大力度逐一解决，势必会影响改革的深入发展。

一是有关商事制度改革，尤其是与构建以信用信息约束为核心的市场监管机制相关的信息化建设工程，存在基础设施十分薄弱、信息网络专业人才严重短缺，导致信息化建设整体水平不高的问题，在某种程度上已成为制约青海省商事制度改革向纵深发展的瓶颈因素。

二是在整体发展水平更加滞后、环境条件更加艰苦、人才队伍更加短缺的基层地区，各项改革措施很难全面落实，难免会出现改革效应二元化的现象，影响全省商事制度改革的整体效果，需要采取特别措施加以改进。

三是受部门利益以及不同部门对改革的不同认知和态度的影响，以信息网络为纽带的联动响应和共治惩戒机制建设明显滞后，依然存在信息孤岛现象，严重制约了“一处受罚、处处受限”的社会共治监管格局的形成，不利于诚信约束体系的建设。

作者简介：王作全，男，藏族，籍贯青海，法学博士，博士研究生导师，青海师范大学法学与社会学学院院长，教授，主要研究方向为民商法学。

从财产关系探析夫妻关系的性质

——以夫妻对外债务的承担为视角

杜文艳

随着中国经济的发展，作为法定夫妻财产制重要组成部分的夫妻共同债务制度，对当事人婚姻权益的影响日趋加深。但是，现行法律中对夫妻共同债务认定规则的设计，却在交易安全和婚姻安全的利益安排和考量上存在着一定的问题，进而造成对夫妻关系的性质认定也发生了一定的偏颇。

一、夫妻财产关系的法律界定

婚姻是男女双方以永久共同生活为目的，依法自愿缔结的具有权利义务内容的两性关系，即夫妻关系。夫妻关系的内容十分广泛，就法律层面而言，是指夫妻之间权利和义务的总和，包括人身关系和财产关系。人身关系是指与夫妻的身份相联系而不具有经济内容的权利义务关系，如夫妻姓名权、夫妻人身自由权、夫妻婚姻住所决定权、夫妻日常家事代理权以及夫妻同居义务、夫妻忠实义务等[①]。财产关系是指夫妻之间具有经济内容的权利义务关系。

① 这是从婚姻家庭法的基本理论以及国外的立法例角度进行的分析，中国现行《婚姻法》中没有明确规定夫妻日常家事代理权、夫妻同居义务、夫妻忠实义务。

夫妻人身关系决定夫妻财产关系，是夫妻关系的基础；夫妻财产关系从属于夫妻人身关系，是人身关系的必然结果。但通常情况下，夫妻人身关系所追求的身份一经确立后主要围绕财产关系（或经济关系）进行日常的生活，即使有对身份关系确认的诉求，其目的也更多的是解决由身份关系引发的财产利益纠纷。所以说，夫妻财产关系是夫妻关系的主要方面。法律为了确保夫妻地位的平等和婚姻生活的圆满，保障夫妻双方的财产权益和社会交易安全，维护社会秩序，设立了夫妻财产制来调整夫妻财产关系。

夫妻财产制的内容包括各种夫妻财产制的设立、变更与废止，夫妻婚前财产和婚后所得财产的归属、管理、使用、收益、处分，以及家庭生活费用的负担，夫妻债务的清偿，婚姻终止时夫妻财产的清算和分割等问题[①]。《中华人民共和国婚姻法》（以下简称《婚姻法》）规定的法定财产制是夫妻共同财产制与夫妻个人特有财产制相结合的形式。

法定夫妻共同财产制即婚后所得共同制，是指在婚姻关系存续期间，夫妻双方对共同所有的财产，平等地享有占有、使用、收益和处分的权利的财产制度。夫妻双方或一方所得的财产，除另有约定或法定夫妻个人特有财产外，均为夫妻共同所有。夫妻个人特有财产制，是指夫妻在婚后实行共同财产制时，依据法律的规定或夫妻双方的约定，夫妻保有个人财产所有权的财产制度。此外，法律允许夫妻用协议的方式，对夫妻在婚姻关系存续期间所得财产以及婚前财产所有权的归属、管理、使用、收益、处分及债务的清偿，婚姻解除时财产的清算等事项作出约定，排除法定夫妻共同财产制适用。

从以上界定来看，因婚姻的缔结而产生的夫妻之间有关财产的归属、管理、使用、收益、处分乃至债务的承担都非常明确：有约定从约定；没有约定的，实行婚后所得共同制的，财产共有、债务共担；对于个人特有财产，实行个人所有，债务也由个人承担的制度。但是，这种法律理论上夫妻财产关系的界定，在实践中却存在着诸多的矛盾，在夫妻共同债务的认定上表现得尤为突出。

二、夫妻共同债务的认定和承担

婚姻关系存续期间，夫或妻往往会以个人名义与债权人形成债权债务关

① 马忆南：《婚姻家庭继承法学》，北京：北京大学出版社，2014 年，第 83 页。

系。对这一债务是夫妻一方的个人债务还是夫妻共同债务的性质认定，不仅与夫妻双方的财产利益紧密相连，还涉及债权人的利益保护问题。而就目前的法律规定来看，关于夫妻共同债务的认定和承担，法律和相关司法解释从夫妻内部关系和外部关系两个层面作出了不同的规定。

我国《婚姻法》第四十一条规定："离婚时，原为夫妻共同生活所负的债务，应当共同偿还。共同财产不足清偿的，或财产归各自所有的，由双方协议清偿；协议不成时，由人民法院判决。"1993 年，最高人民法院《关于人民法院审理离婚案件处理财产分割问题的若干具体意见》第十七条规定："夫妻为共同生活或为履行抚养、赡养义务等所负债务，应认定为夫妻共同债务，离婚时应当以夫妻共同财产清偿。下列债务不能认定为夫妻共同债务，应由一方以个人财产清偿：（1）夫妻双方约定由个人负担的债务，但以逃避债务为目的的除外。（2）一方未经对方同意，擅自资助与其没有抚养义务的亲朋所负的债务。（3）一方未经对方同意，独自筹资从事经营活动，其收入确未用于共同生活所负的债务。（4）其他应由个人承担的债务。"

2003 年，《最高人民法院关于适用〈中华人民共和国婚姻法〉若干问题的解释（二）》第二十四条规定："债权人就婚姻关系存续期间夫妻一方以个人名义所负债务主张权利的，应当按夫妻共同债务处理。但夫妻一方能够证明债权人与债务人明确约定为个人债务，或者能够证明属于婚姻法第十九条第三款规定情形的除外。"①《婚姻法》第十九条第三款规定：夫妻对婚姻关系存续期间所得的财产约定归各自所有的，夫或妻一方对外所负的债务，第三人知道该约定的，以夫或妻一方所有的财产清偿。也就是说，夫妻一方个人债务，只在夫妻之间产生对抗力，对债权人不具有对抗力，只有债务人的配偶提供证据证明债权人知道夫妻之间分别财产制的约定时，该夫妻个人债务才产生对抗债权人的效力。

《婚姻法》和最高人民法院《关于人民法院审理离婚案件处理财产分割问题的若干具体意见》从夫妻关系内部的角度对债务的承担作出了规定：以债务的用途作为判断标准，即所负债务是否用于夫妻共同生活。也就是说，债务发

① 2017 年 2 月 20 日最高人民法院在《最高人民法院关于适用〈中华人民共和国婚姻法〉若干问题的解释（二）的补充规定》第二十四条的基础上增加了夫妻一方与第三人串通，虚构债务和夫妻一方在从事赌博、吸毒等违法犯罪活动中所负债务，第三人主张权利的，人民法院不予支持的两款补充规定。

生后夫妻双方分享了该债务所带来的利益，就视为共同债务，而不论在事先或事后夫妻双方有无共同举债的合意。即使是个人婚前所负债务但却用于婚后家庭共同生活的，仍然视为夫妻共同债务①。最高人民法院《关于人民法院审理离婚案件处理财产分割问题的若干具体意见》第十七条中对《婚姻法》规定的夫妻共同债务的解释，也主要以是否用于共同生活作为标准来确定债务的性质。由此可推知，关于夫妻债务的承担，就夫妻内部而言，有约定从约定；无约定时，共同债务由夫妻共同承担，个人债务由夫或妻一方承担。对外而言，用于共同生活的债务由夫妻共同承担，用于共同生活的个人债务也由夫妻共同承担；非用于共同生活的个人债务由夫或妻一方承担。这是符合《婚姻法》有关夫妻共同体和财产关系界定的相关理论的结论。

《最高人民法院关于适用〈中华人民共和国婚姻法〉若干问题的解释（二）》第二十四条从夫妻债务对外角度即夫妻与债权人的关系方面作出了规定。以举债的时间作为判断标准，即在婚姻关系存续期间，夫妻一方所负债务，原则上推定为夫妻共同债务。依据这种“推定论”，凡是夫妻一方或双方的举债行为发生在婚姻关系存续期间，除能举证证明债务的非法性和列明的两种除外情形外，一律推定为夫妻共同债务，由夫妻双方共同偿还。因此，在“推定论”模式下，债权人只需举证证明“一方配偶举债行为发生在婚姻关系存续期间”这一基础事实，即能直接实现证成“该债务属于夫妻共同债务”这一待证事实的证明目的，进而得以要求非举债方配偶负担共同偿还义务。虽然这一推定规则的出台，有利于人民法院简化程序，及时解决纠纷，也使得担保债权的责任财产范围扩大，债权人实现债权的可能性增加，保护了债权人的交易安全和交易积极性，对实践中存在的夫妻通过假离婚逃避债务、侵害债权人利益的行为起到了一定的抑制作用。但是，这对夫妻关系的性质认定产生了极大的干扰，影响了婚姻关系的稳定、和谐。

三、债务认定和承担对夫妻关系性质的影响

从上述夫妻债务承担规则的设计尤其是对外规则的安排来看，我国法律和相关司法解释存在着将因婚姻的缔结而形成的男女双方之间的夫妻关系，类同

① 参见《最高人民法院关于适用〈中华人民共和国婚姻法〉若干问题的解释（二）》第二十三条规定。

于我国民法中个人合伙关系的倾向。

首先，两者的财产性质和归属的法律规定类似。个人合伙是两个以上的自然人之间以协议为基础，共同出资、共同经营、共享利益、共担风险的组织形式[①]。对于合伙财产的归属、管理、使用及处分，法律都作了明确的规定。合伙财产包括在合伙关系存续期间合伙人的出资和所有以合伙名义取得的收益以及依法取得的其他财产。合伙财产由全体合伙人统一管理和使用，属于全体合伙人共有。在合伙清算前，除非法律另有规定，合伙人通常不得请求分割合伙财产[②]。而依照我国《婚姻法》和相关司法解释关于法定夫妻共同财产制的规定，在婚姻关系存续期间，夫妻双方或一方所得的财产，除另有约定或法定夫妻个人特有财产外，均为夫妻共同所有。夫妻对共同所有的财产，平等地享有占有、使用、收益和处分的权利。在婚姻关系存续期间，除非有法律规定的重大理由，夫妻一方请求分割共同财产的，人民法院不予支持[③]。由上可知，关于财产的性质及归属，合伙关系和夫妻关系的制度设计都规定了在组织体关系存续期间，所得财产为共有性质，管理方式为共同管理、使用、处分。

其次，两者的债务承担规则类似。合伙债务是在合伙关系存续期间，以合伙的名义在与第三人发生的民事法律关系中所承担的债务。根据我国法律规定，合伙人不仅要对合伙债务承担无限责任，而且在法律无其他规定的情况下，还要承担连带责任。也就是说，在合伙关系存续期间，无论是以全体合伙人的名义还是以合伙人个人的名义所负的债务，只要债权人不知其内部有关债务承担的约定，就认定为合伙债务。每一个合伙人都负有清偿全部合伙债务的义务，即使承担的债务超过了自己在合伙中的财产份额，不足部分用自己的个人财产进行偿还，直至合伙债务全部清偿。合伙的债权人有权向任何一个、几个或全体合伙人提出履行债务的请求。当某个合伙人履行了此项义务，该合伙人有权要求其他连带责任合伙人偿付其应当承担的份额[④]。因此，关于合伙债务的承担，对内按照内部规则，有约定从约定，无约定按比例；对外而言，全

① 参见《中华人民共和国民法通则》第三十条。

② 参见《中华人民共和国合伙企业法》第二十条、《中华人民共和国民法通则》第三十二条。

③ 参见《中华人民共和国婚姻法》第十七条、《最高人民法院关于适用〈中华人民共和国婚姻法〉若干问题的解释（三）》第四条。

④ 参见《中华人民共和国民法通则》第三十五条第二款。

部合伙人承担连带责任①。之所以作出这种制度安排，是因为维护交易安全和债权人的利益本身也是合伙制度的意旨之一②。而依照我国《最高人民法院关于适用〈中华人民共和国婚姻法〉若干问题的解释（二）》的规定，在夫妻关系存续期间，一方或双方为夫妻共同生活所负债务，由夫妻双方共同偿还。一方所负个人债务，即使非用于共同生活，只要债权人属于不知夫妻双方关于财产约定的情形，就构成夫妻共同债务，由夫妻双方承担连带清偿责任。另外，夫妻在离婚协议中关于债务承担的约定、人民法院判决书中关于债务承担的判决，都不能免除、变更和消灭夫妻对外承担的连带责任③。甚至婚姻关系因一方死亡而终止的，也不能免除生存一方对债权人的连带清偿责任。法律中对于这种连带责任的承担范围没有规定，实践中往往以债权人利益保护为由，使非举债的一方配偶承担无限连带责任的情形普遍存在，造成了极大的不公平④。由上可知，对于债务的承担问题，合伙关系和夫妻关系的制度安排都规定了内部约定对当事人的约束效力，同时明确内部约定对外不具有对抗性。

因此，从合伙和夫妻两种法律关系对于财产性质和管理方式的界定以及债务承担的规定可以看出，法律规则的设计是将夫妻关系类同于合伙关系，尤其是《最高人民法院关于适用〈中华人民共和国婚姻法〉若干问题的解释（二）》第二十四条有关夫妻对外债务承担的规定，直接导致夫妻关系就是合伙关系的结果。虽然，人们常说“夫妻就是搭伙过日子”，日常生活中的确也有人将婚姻生活过成了合伙，但不能就此将二种关系的法律性质相混淆。

四、对夫妻关系性质的思考

合伙关系和夫妻关系都是因追求共同目的而建立的一种法律关系。合伙人以合伙契约建立一种追求共同目的的共同法律关系⑤；夫妻关系是以共同生活、养儿育女为目的而建立的一种法律关系。正如费孝通先生在论及婚姻的意义时所言：“婚姻是人为的仪式，用于结合男女为夫妇，在社会公认之下，约

① 参见《最高人民法院关于贯彻执行〈中华人民共和国民法通则〉若干问题的意见（试行）》第四十七条。

② 龙卫球：《民法总论》，北京：中国法制出版社，2002 年，第 415 页。

③ 参见《最高人民法院关于适用〈中华人民共和国婚姻法〉若干问题的解释（二）》第二十五条第一款。

④ 孟媛：《近百妻子因前夫欠款“被负债”结盟维权》，http://news.163.com/api/16/1008/08/C2RE510700014SEH.html［2016-10-08］。

⑤ 龙卫球：《民法总论》，北京：中国法制出版社，2002 年，第 415 页。

定以永久共处的方式共同担负抚育子女的责任。”[①]虽然二者都具有组织形式上的封闭性，否定内部约定对债权人的对抗性，尤其是基于夫妻共同生活的私密性以及夫妻之间身份关系的对外代表性，作为第三人的债权人，难以掌握债务人夫妻之间的约定、借款实际用途或去向等证据材料，因此有理由相信一方的行为也为夫妻双方共同的意思表示，夫妻另一方不得以不同意或不知情为由抗辩而拒绝承担连带清偿责任。但是二者的目的性质截然不同，不能将这两种组织体的制度设计混为一谈。

合伙是一个经营性组织，这一共同体成立的目的在于共同经营、共担风险、追求盈利，实现经济利益。在合伙之初，合伙人都非常清楚自己参加其中享有共同经营的权利与共担风险的义务。而因缔结婚姻形成的夫妻关系，是建立在感情、道德及法律等因素的基础上的人的组合，其目的是成立一个家庭，作为整个社会中人口再生产的单位，并成为社会中重要的经济单位和教育单位，而不是建立一个经济组织。因此，婚姻作为一个共同体，仅仅是“生活共同团体”。婚姻关系的成立并不创设新的人格，也不吸收或减损任何一方的人格，男女双方结婚后仍保持各自的人格独立。这意味着，在日常生活范围内，夫妻双方具有共同的利益和需要才可以被视作一个共同体，出于生活便利和交易安全的考虑，任何一方有权作为共同体的代表对外负债，该负债才可以被视为共同体的负债而直接约束另一方[②]。但是，《最高人民法院关于适用〈中华人民共和国婚姻法〉若干问题的解释（二）》第二十四条的规定使得夫妻这种“生活共同体”被赋予了“经营共同体”的特点，进而将合伙债务的处理模式运用到婚姻家庭领域，夫妻关系变成了合伙人关系，夫妻债务也成了合伙债务。这不仅与上述夫妻关系的本质不符，也有违《婚姻法》的相关规定。

《婚姻法》第四十一条的规定确立了夫妻共同债务的认定标准，即“为夫妻共同生活所负”。这条规定充分考虑了夫妻关系封闭性的特点，已经非常清楚、明确地表明了认定夫妻共同债务的基本要件必须是“为共同生活”。如果需要改变此实体要件，依据《中华人民共和国宪法》（以下简称《宪法》）与《中华人民共和国立法法》的要求，必须由全国人民代表大会通过修改婚姻法

① 费孝通：《乡土中国——生育制度》，北京：北京大学出版社，1998 年，第 124 页。

② 但淑华：《对〈婚姻法司法解释（二）〉第二十四条推定夫妻共同债务规则之反思》，《妇女研究论丛》2016 年第 6 期。

的形式予以变更。根据《中华人民共和国人民法院组织法》第三十三条规定："最高人民法院对于在审判过程中如何具体应用法律、法令的问题，进行解释。"也就是说，司法解释只能在法律规定的范围之内进行，它是为了解决法律的具体适用问题，只能规定法律的操作性规则，而不能创设新的实体法规则。因此，《最高人民法院关于适用〈中华人民共和国婚姻法〉若干问题的解释（二）》第二十四条只能在《婚姻法》第四十一条的框架之下进行解释，而我们理解与适用第二十四条也应当在此基础上进行。但是，现行司法解释第二十四条的规定不再强调"为共同生活"的要件，显然已经超越了法律的规定，在对夫妻债务的对外承担上仅以债权人是否明知作为衡量条件，明显有司法造法的嫌疑。

五、对夫妻财产关系相关规定的修正

社会的最初形态就是夫妻之间的关系，而人类夫妻结合的关系比其他动物较为长久的原因就在于人类对子女的孕育和抚养过程不像动物那样周期短。动物一年一个季度孕育，出生后经过几个季度子女就成熟长大了，而人类需要夫妻十几年的共同抚育时间。"这就使夫妻的社会有必要比其他动物的两性结合更为持久，使他们的利益结合得更紧密，以便对于他们共同的子女提供给养并进行储藏，而夫妻社会如果随意结合或经常很容易地宣告解散，那就会大大危害他们共同的子女。"①夫妻关系的本质应在于共同生活、养育儿女，承担较多的社会功能，其中虽具有经济职能，但也不是一个单纯的经济联合体。因此，夫妻对外债务的承担也应以是否用于共同生活作为衡量的标准，相应的法律制度以及具体适用的规则也应该围绕这一目的进行。基于此，有必要将现行法律作如下解释，并对夫妻关系类同于合伙关系的制度加以修正。

第一，完善《婚姻法》相关规范，明确"夫妻日常家事代理权"制度。夫妻日常家事代理权，又称夫妻相互代理权，是指夫妻因日常家庭事务与第三人为一定法律行为时互为代理的权利。夫妻于日常家庭事务范围内互为代理人，互为代理权。被代理方须对代理方从事日常家事行为所产生的债务承担连带责任。婚姻生活中，日常需要处理的事务很多，如购置食物、衣服、家具等生活

① 〔英〕洛克：《政府论》下册，冯克利译，北京：商务印书馆，2004年，第50页。

用品，娱乐、保健、医疗以及子女教育、雇工、对亲友的馈赠、订购报纸杂志等事项，必然有夫妻相互代理的需要。这种代理基于配偶身份而产生，不以明示为必要，不同于一般的民事代理。因此，多数国家婚姻家庭法都规定了夫妻有相互代理权。例如，英国1970年的《婚姻程序及财产法》规定，夫妻互有家事代理权。《日本民法典》第七百六十一条规定："夫妻一方就日常家事同第三人实施了法律行为时，他方对由此产生的债务负连带责任。但是，对第三人预告不负责任意旨者，不在此限。"《德国民法典》第一千三百五十七条除规定夫妻互有日常家事代理权外，还规定夫妻一方有限制或禁止他方从事其效果对自己有影响的事务的权利；但此项限制或禁止为无充分理由者，监护法院得因他方请求而取消之[①]。中国《婚姻法》没有明确规定夫妻日常家事的代理权，虽然《最高人民法院关于适用〈中华人民共和国婚姻法〉若干问题的解释（一）》第十七条中对《婚姻法》第十七条关于"夫或妻对夫妻共同所有的财产，有平等的处理权"的解释上有所体现，即"夫或妻在处理夫妻共同财产上的权利是平等的。因日常生活需要而处理夫妻共同财产的，任何一方均有权决定"。但是，《最高人民法院关于适用〈中华人民共和国婚姻法〉若干问题的解释（二）》第二十四条又否定了这一权利。这就使得夫妻对外债务的性质认定及责任承担产生了不确定性，造成了法律解释的不统一，不利于维护法律的尊严。因此，应在《婚姻法》中增设有关日常家事代理权的规定，从夫妻对外债务承担的制度安排上将夫妻关系回归到共同生活的本质上。

第二，在家事代理权的基础上细化夫妻对外债务连带责任承担的规则。对《最高人民法院关于适用〈中华人民共和国婚姻法〉若干问题的解释（二）》第二十四条规则进行修正，将家事代理作为夫妻对外承担连带责任的判断标准，明确夫妻一方在日常家庭事务范围内以个人名义对外负债，其作为债务人实际上具有双重身份：既是该债权债务关系的直接当事人，又是其配偶的法定代理人。如此一来，尽管夫妻双方在事实上可能未曾达成共同举债合意，在法律上却发生已有共同举债合意之效果。于此，只要债权人属于法律规定的不知情的情形，都认定为夫妻共同债务，夫妻承担连带责任。对于夫妻一方因非日常家事所负债务，但债权人有理由相信债务人的行为为夫妻共同行为，构成表

① 马忆南：《婚姻家庭继承法学》，北京：北京大学出版社，2014年，第83页。

见代理，在此情形下，推定为夫妻共同债务，由夫妻承担连带责任。同时，借鉴发达国家有关夫妻债务承担的规定，在《婚姻法》中明确夫妻承担连带责任的范围，有条件地规定夫妻对债权人的有限连带责任。例如，《德国民法典》规定，如夫妻共同财产已经分割，在所分割的共同财产范围内，夫妻双方对债权人承担连带责任；《意大利民法典》则明文规定，在无法以夫妻共同财产清偿全部债务的情况下，夫妻以个人财产承担有限补充清偿责任。《法国民法典》对于夫妻各方对夫妻共同债务的清偿，或承担全部清偿责任，或按份清偿责任，或有限清偿责任的条件，分别作出规定[①]。《法国民法典》第二百二十条规定："夫妻各方均有权单独订立以维持家庭日常生活与教育子女为目的的合同。夫妻一方依此缔结的债务对另一方具有连带约束力。""但是，视家庭生活状况，所进行的活动是否有益以及缔结合同的第三人是善意还是恶意，对明显过分的开支，不发生此种连带责任。""以分期付款方式进行的购买以及借贷，如未经夫妻双方同意，也不发生连带责任；但如此种购买与借贷数量较少，属于家庭日常生活之必要，不在此限。"[②]因此，中国也可通过《婚姻法》夫妻债务连带责任制度的设计，改变实践中夫妻承担无限连带责任的现象，将保护夫妻合法财产权益与维护第三人利益相结合。

第三，在夫妻一方以个人名义对外负债的情况下，增加债权人是否为善意以及相应的注意义务的规定。依据《最高人民法院关于适用〈中华人民共和国婚姻法〉若干问题的解释（二）》第二十四条推定规则，只要在夫妻关系存续期间，夫妻一方以个人名义对外所负债务，无论债权人与举债一方配偶在发生债权债务关系时是否为善意，也无论债务人的配偶一方对该债务带来的利益是否分享，一律被认为是夫妻共同债务，夫妻承担连带清偿责任。这种单纯以维护交易安全为目的、无条件保护债权人利益的规定，不仅容易诱发夫妻关系中举债方与债权人恶意串通、伪造债务进而损害非举债方利益的道德风险，也有违公平和公正的司法原则。在与他人建立一项合同性质的债权债务关系时，债权人对债权的安全也负有合理的注意义务。在建立涉及夫妻的债权债务关系时，更应该尽到应有的注意义务，要求夫妻中举债一方提供非举债一方的确认意

① 陈苇：《中国婚姻家庭法立法研究》，北京：群众出版社，2010年，第222页。

② 范李瑛：《夫妻关系的立法与现实问题研究》，北京：科学出版社，2011年，第182页。

见，或者在合同订立或履行过程中要求债务人对借款目的、用途等予以说明或提供相应的材料，也是其注意义务的具体体现。因此，在相关规则中除规定第三人与夫妻一方恶意串通的情形外[①]，增加债权人主张夫妻关系存续期间一方以个人名义所负债务为夫妻共同债务的，须证明夫妻双方具有共同举债合意，或该债务用于夫妻共同生活目的，或夫妻双方分享了该债务带来的利益等举证责任的规定。由此尽可能实现平衡各方当事人的合法权益，兼顾交易安全与婚姻安全的需求。

婚姻是家庭的基础，家庭是社会最小的细胞。男女结为夫妻组建家庭除了因共同生活所产生的经济活动外，还担负着一些社会的职能，包括人口的繁衍、人口素质的提高以及儿童和老人的抚养赡养等，是一个复杂的生活共同体。而且家庭的经济活动也主要是为完成这些基本的社会职能服务的，单纯地将其看成利益的结合体，在制度安排上类同于个人合伙这样一个经营共同体，只考虑交易安全的维护，不符合夫妻关系的实质，也不符合婚姻家庭的基本职能要求。

交易安全固然重要，婚姻安全也不容小觑。婚姻家庭的安全稳定不仅涉及婚姻当事人和子女的利益，而且涉及整个社会的安全稳定和发展。维护婚姻安全、降低婚姻风险，对于保护婚姻、维护家庭稳定、社会和谐具有重要意义。

作者简介：杜文艳，女，汉族，籍贯青海，法学硕士，青海师范大学法学与社会学学院教授，研究方向为民法与婚姻法。

① 2017 年 2 月最高人民法院对于《最高人民法院关于适用〈中华人民共和国婚姻法〉若干问题的解释（二）》第二十四条所作的补充规定中已经有所体现。

论中国现代公司信用法律制度之完善
——以公司治理为视角

孙崇凯

公司是当今世界经济运行的支柱、经济增长的引擎、经济实力的象征和经济安全的保障，是世界各国逐鹿市场的重要主体，是成熟市场经济的微观基础和基本细胞，是国家实现资源优化配置和宏观调控的基本依托和重要媒介。但在现实中，公司制度常常被异化，公司信用屡被社会成员及组织所责难，这已经成为研究公司法律制度不可回避的问题之一。从公司治理视角出发来探讨完善我国现代公司信用法律制度，具有重要的现实意义。

一、信用及现代公司信用之解读

诚与信是中国传统道德的重要范畴。

《周易·乾·文言》曰："修辞立其诚，所以居业也。"认为君子说话、立论都应该诚实不欺，真诚无妄，才能建功立业。

许慎的《说文解字》曰："诚，信也。""信，诚也。"这是先秦儒家提出的重要伦理学和哲学概念。

《荀子·不苟》："养心莫善于诚。"

《论语·为政》云："人而无信，不知其可也。"

《大学》曰："所谓诚其意者，毋自欺也。"

"诚"既是天道的本然，也是道德的根本，"真实无妄是天道，而对诚的追求则是人道"[①]。"信"是"人"与"言"的结合，是诚实不欺、信守不渝的表现。"信"的基本要求是言行相符，即"言必行，行必果"，个人要以"老者安之，朋友信之，少者怀之"（《论语·公冶长》）作为自己的志向。

中国传统道德中把"信"和仁、义、理、智并列为"五常"之一，守信用、讲信义是中国人公认的价值标准和基本美德。

《牛津法律大辞典》将"信用"解释为得到或提供货物或服务后并不立即而是允诺在将来付给报酬的做法。是否以利息的形式征收延期偿付的费用，由当事人决定[②]。可见，信用与赊购、信贷和保证等交易活动有关，是当事人特殊经济能力的表现[③]。也有学者从价值的角度出发，认为"信用是价值运动的特殊形式。与单纯商品流通不同，信用方式所引起的价值运动是通过一系列借贷、偿还、支付过程实现的。这里的货币或商品不是被卖出，而是被贷出，所有权并没有发生转移，只是使用权发生了变化，信用是从属于商品货币经济的经济范畴，是发生在不同人、不同团体或国家之间有条件让渡货币或商品的一

---

① 郭建庆：《中国文化概论》，上海：上海交通大学出版社，2005 年，第 79 页。

② 〔英〕戴维·M.沃克：《牛津法律大辞典》，北京社会与科技发展研究所译，北京：光明日报出版社，1988 年，第 225 页。

③ 公司保证乃公司与当事人约定，于他方债务人不履行债务之际，由其代为履行债务之契约。以保证范围作为划分标准，公司保证可分为公司外部保证和公司内部保证（仅限于集团企业内之保证）。一般而言，公司保证的法律依据在于法律和公司章程之规定，这是公司保证有效的前提条件。那么，可以提出这样的问题，仅有公司章程之规定，公司必然就有保证之权能？答案一定是否定的。公司是否有保证的权能完全要仰仗法律的规定。例如，美国有 46 个州的公司法均有类似"1984 年版模范商业公司法"第 3.02 条第（7）项之规定，这一规定的主干部分为"每一公司有……保证之权能……"。针对公司保证行为的有效性问题，英美法系国家向来认为要以"公司利益是否因此保证行为有所促进"为判断标准，并且这种利益确为直接利益。参见 Aalbregtse J.Upstream Financing and the Use of the Corporate Guaranty，*Notre Dame Law*，1978，Vol.53. 但随着实践的进一步推进，前述标准似乎显得教条而被"合理性营业判断"取而代之。例如，1979 年 New England Merchants Nat.Bank 案，尽管马萨诸塞州法律规定，"为促进公司之目的（in furtherance of corporate purposes），每一公司皆得为保证行为"，但新罕布什尔州最高法院仍判定涉案的马萨诸塞州公司所作的对外保证行为有效。华盛顿州法律则规定，公司得对其股东以及任何关系企业之债务进行保证，这一保证的前提是，此保证行为应该合理地被期待且对保证公司具有直接或间接的利益。可见，这里的公司利益已经突破了直接利益的拘囿。需要重视的是，新泽西州、纽约州的法律创造了"安全港"之条款，即使公司保证并非为"促进公司目的"，只要一定数目以上的股东批准此项保证，则该保证仍然有效。笔者认为，中国的公司保证制度应参考美国之法律或判例，对公司利益（直接利益和间接利益并重）采取授权性规定，赋予股东相应的权利，作为判断公司保证是否有效之标准。

种经济关系”①。我国法学界对信用的解释的代表性观点主要有：信用是在社会上与其经济能力相适应的经济评价；信用是指民事主体所具有的经济能力在社会上所获得的相应信赖和评价；信用是民事主体所具有的偿付债务的能力而在社会上获得的相应信赖与评价。

笔者认为，公司信用是指公司履行义务的能力，这种能力理应包含以下内容：其一，公司信用属于公司行为能力之一，特指公司履行义务的能力。其二，这里的“义务”包括约定义务和法定义务。其三，公司信用具有动态性，即公司信用不是永恒不变的，而是随着公司的综合经济能力、履约诚意的变化而发生变化的，因此对公司信用的监管、公司信用档案亦呈现出动态性。其四，公司信用的基础包含两个方面，即以公司资本为核心的经济状况和公司履行义务的意愿，前者是公司信用赖以存在的“硬件”，包括公司的资产、经营范围、产品和服务质量等；后者是公司信用赖以存在的“软件”，反映公司履行义务的诚信态度。当“硬件”足以履行义务，且“软件”处于诚信状态，只有“硬软两手”的有机结合，良好的公司信用才具有坚实的基础。

二、股东（大）会信用法律制度之完善

公司治理是协调股东和其他利益相关者相互之间关系的一种法律制度，“涉及指挥、控制、激励等方面的活动内容”②，有广义、狭义之分，广义的公司治理不仅包括狭义的公司治理的若干方面，还包括公司的资本管理、收益分配激励制度、财务制度、企业战略发展决策管理系统、企业文化和一切与企业高层管理控制有关的其他制度，或者说是董事和高级管理人员为了股东、职员、顾客、供应商及提供间接融资的金融机构的利益而管理与控制公司的制度或方法。狭义的公司治理包括在企业的所有权和管理权分离的条件下，公司董事会的结构与功能、董事长与经理的权利和义务以及相应的聘选、激励与监督方面的制度安排等内容。不管公司治理结构设计得如何缜密，其逻辑起点与归宿点均应是诚实信用。

根据现行《公司法》的规定，股东（大）会（以下简称股东会）是公司的权力机关，其主要职能是行使对公司的控制权和管理公司的经营活动。但在实

① 厉以宁：《市场经济大辞典》，北京：新华出版社，1993 年，第 532 页。

② 李维安：《现代公司治理研究》，北京：中国人民大学出版社，2002 年，第 21 页。

践中，由于股东投资动机发生变化，他们缺乏参与公司经营管理的积极性，股东直接参与公司管理缺乏监督机制，容易造成公司独立人格被滥用等问题，公司股东会，特别是上市公司股东会普遍存在形式化的问题。为有效解决这一问题，有必要进一步完善股东会的名称、机构、议事规则、股东诉讼和控股股东责任追究机制等，使股东会在民主化、公开化和公正化的轨道上运行。

（1）改造股东会之名称。将股东会改造为社员会，其主要原因在于，目前的股东会仅仅是股东行使权利的场所，而无法包含利益相关者参与公司治理的情形。其一，公司通常被称为社团法人，社员为社团的成员，具有较宽的外延，可以涵括股东，亦包括公司的职工、债权人等。大陆法系国家如德国、日本、瑞士在有关社团组建人员的表述中，多以“社员”称呼，社员往往不受股份等额划分的影响。其二，英美法系国家在有关公司立法中表述其组成人员时，对“社员”或“成员”一词使用频率较高。1985 年《英国公司法》第二十二条规定：“凡签署公司章程者皆被视为同意成为公司之成员，并且依据公司之注册，他们将自动成为登记名册之成员；任何其他同意成为公司之成员，并且他的名字或者名称已进入登记名册者，属于公司之成员。”这些成员参与“修改公司章程、自愿解散公司的决议”①等批准事宜。美国 1996 年《统一有限责任公司法》也将原称为“股东”的主体一律称为公司的“成员”。

（2）改造股东会的机构。在社员会内设立界别委员会，主要有股东委员会、职工委员会、债权人委员会等，具体设置及其职能由公司通过章程加以确定，不同界别委员会就不同的事项按不同的规则进行表决。股东委员会相当于目前的股东会，由全体股东组成，可以就公司的任何事项进行表决，且可按照目前公司法实行的一股一票原则进行。职工委员会应由全体职工组成，可以就公司的任何事项进行表决，且实行一人一票的制度。债权人委员会由公司债债权人、银行债债权人组成，除公司章程另有规定外，债权人有权参加社员会并发表意见。债权人会议是否拥有表决权或者对哪些事项拥有表决权，由公司章程加以具体规定。社员会的任何决议必须经过股东委员会和职工委员会的双重表决同意方为有效。股东委员会侧重于股东利益的保护，职工委员会侧重于职工利益的保护，而债权人委员会应侧重于债权人利益的保护。

① 〔英〕保罗·戴维斯：《英国公司法精要》，樊云慧译，北京：法律出版社，2007 年，第 133 页。

（3）完善股东知情权的法律规定。股东的知情权是指股东知晓公司生产经营以及财务的客观情况权利，包括财务会计报告知情权、账簿查阅权和检查人选任请求权。知情权是股东在社员大会上充分行使自己权利的前提，在这三项权利中，关键是检查人选任请求权，即在公司拒不向股东提供有关信息的情形下，股东应该有权请求法院任命检查人员或审计员对公司的经营情况和财务状况进行检查审计。为保障股东知情权（资讯权），可借鉴澳门特别行政区的相关立法例。《澳门商法典》第二百零九条第四款规定："股东要求提供资料而被拒绝时，得以说明理由之请求申请法院下令向其提供有关资料。法官须在听取公司意见后十日内作出裁判，而无须其他证据。如请求获批准，拒绝提供资料之行政管理机关（公司内部机构）成员，应向股东赔偿所有由此而引致之损失及偿还经合理支出之费用。"该条第五款还规定，股东如获提供之资料为虚假、不完整或明显不清楚时，得申请法院对公司进行司法检查。

（4）完善股东诉讼立法。主要建立两项法律制度：其一，在公司法中就股东代表诉讼制度作专门规定。该制度的最大优势在于股东代表诉讼是一种间接诉讼，只要当公司利益受到侵害，而应当代表公司行使诉权的公司机关拒绝或怠于行使诉讼权利时，股东就可以代表公司提起诉讼，并不一定将要求股东本人的利益直接受到侵害作为诉讼的前置条件。其二，在法律上明确有关股东诉讼中和解之规定。按照共同诉讼和集体诉讼的基本原理，在共同的当事人中有一部分人提起了诉讼，或者诉讼当事人代表未征得全体诉讼当事人同意之情况下，提起诉讼的当事人和诉讼当事人代表是不能与对方诉讼当事人达成和解的。但是，在公司股东诉讼中，可能会因公司的股东众多难以形成一致的意见和观点而使诉讼纷繁复杂、耗时过长和耗力太多。各国司法实践都已证明，公司股东诉讼中的和解对于降低一国股东诉讼的成本、提高法院的审判效率都具有重要的意义。

（5）完善控股股东之责任追究机制。应借鉴日本立法例，完善控股股东对公司损失、对债权人等责任之规定。我国《公司法》应该明确规定控股股东应向公司承担赔偿责任的情形：①提出违法的收益分配方案或违法分配金钱；②违法向股东进行利益输送；③向其他董事借出金钱；④未事先取得董事会的同意，董事受让公司的财产、产品，向公司转让自己的财产、产品，向公司进行借贷，为了自己或第三人的利益与公司进行交易等；⑤实施违反法令或者章程的行为。日本的“法人格否认”理论分为“法人格滥用”及“法人格形骸化”两大类[①]，依照“法人格否认”理论来直接追究公司控股股东的责任[②]。

三、完善董事会和监事会信用制度

在公司治理中，董事会承担着承上启下的作用，除了法律和公司章程保留的属于社员会行使的权利外，公司业务经营的权力几乎都属于公司的董事会。因此，各国公司法都在不同程度上加强了公司董事会与监事会的作用，它们主要从以下几个方面完善董事会、监事会的信用制度。

（1）董事会权力的分化与改革。从西方发达国家公司改革实践来看，对董事会的改革应着眼于两点：一是董事会权力的分化，提高业务执行效率，“使董事会成为公司成功的战略性力量”[③]；二是对董事会权力的有效监督，遏制权力滥用，以保护公司相关者的利益。在实践中我们经常发现，董事会作为会议体难以行使现实的业务执行行为，达不到设置董事会的预期目标，且其所具有的经营管理权亦存在进一步分化的可能。笔者认为，这一改革实际上是对公司权力的二次分配。依照机关构造的逻辑，权力分化的结果是机关的创设，但这一分化的性质属于权能的分离还是权力的分割，在学术界存有两种观点：一种观点认为创设的机关为董事会的派生机关；另一种观点认为创设的机关与董事会为并列机关，两者共同构成公司的经营管理机关。两种观点争论的焦点在于公司的业务执行权是否可分，学术界对这一问题的争论依旧存在，但各国对董事会的改革步伐则始终未停止。《日本商法》规定，董事会是由全体董事构成的会议体，董事会对公司业务执行持有意思决定权，由代表董事代表公司并行使具体业务执行权，可见这一规定分化了决定机关和执行代表机关。基于日常业务由董事会决定不合乎现实的考虑，我们可因此推定日常的业务执行由代表董事决定、执行和代表。英美法系国家受历史上特许主义理论的影

---

① 〔日〕西尾幸夫：《控股股东的义务与责任》，王保树主编：《投资者利益保护》，北京：社会科学文献出版社，2003年，第308页。

② 汤欣：《控股股东法律规制比较研究》，北京：法律出版社，2006年，第126页。

③ 战略性的董事会能为公司带来以下好处：为公司带来宝贵的专家；为公司带来战略性的关系及商业契机；更方便的融资渠道；为重大事项及战略决策提供一个思想库；建立责任；支持企业管理等。参见〔英〕苏珊·F.舒尔茨：《董事会白皮书》，李犁、朱思翀、刘宸宇译，北京：中国人民大学出版社，2003年，第13—17页。

响，认为董事与股东之间的权限是基于合理的分配而划分的，这种划分应由法律将经营权授予董事会。《美国示范公司法》第 8.01 条规定："所有公司权力应当由董事会行使或在它的许可下行使，公司的业务和事务也应当在它的指导下经营管理。"美国人把执行董事变成了董事会的下属机关，而董事会的机能主要是对执行董事的行为进行监督。中国对董事会的改造应借鉴日本立法例，将董事会分化为决定机关和执行代表机关。

（2）修正或取消法定代表人制度，推行共同代表制度。我国公司治理结构的设计采取"金字塔结构"："塔基"是股东会，它由公司全体股东共同组成，并作为公司权力机构决定公司所有重大事项；"塔身"是董事会和监事会，分别行使公司事务的决策权和监督权，董事会是公司的核心与灵魂；"塔尖"是被称为公司法定代表人的董事长，能够不经授权而代表公司。董事长作为公司治理结构顶端的地位是由现行法律确定下来的。现行《公司法》规定董事长是公司法定代表人，其余人员或机构必须取得法定代表人的授权后才能代表公司。这在客观上赋予了董事长相当大的职权，使董事长成为公司管理权的核心承担者。由于董事长的能力和公司绩效有必然的联系，公司和股东可能会承担很大的道德风险。如果董事长与公司经营目标一致，这是再好不过的，但在实践中，往往出现董事长的经营目标与公司经营目标背离的现象，这一现象在我国国有公司中较为普遍。大多数国有公司的董事长以前的身份是国家公务员，他们更多地关注自己在仕途上的升迁，其他董事则更重视保持其职位。

在我国公司法学界，人们已经习惯将公司民主理解为集体讨论作出决议并附之以董事长的个人代表权，更习惯把监督机制理解为设置专门监督机构进行的监督，这些理解都是理论上的错误。《公司法》排斥其他董事的代表权，唯有董事长授权其他董事才有代表权，如果其他董事的意见和董事长不一致，按照我国法律之规定，董事长的意见对外仍具有效力。在此时，董事长的对外代表权有无瑕疵？如果董事长代行董事会部分职权时造成对公司和股东利益的损害，到底应由谁来承担责任？董事长究竟是董事会的召集人还是董事会的代表人？现行《公司法》对这些问题都未加以规定和解决。基于此，笔者认为，我国公司董事会应推行共同代表制度，董事会的任何董事都有对外代表权，由此产生的法律后果由公司承担，如果董事滥用代表权而产生后果，由公司和该董事承担连带责任。

（3）改造董事会法律构造模式。首先，应借鉴双层董事会模式[①]，强化监督职能。由大型国有企业转型而成的上市公司关系到国家的根本经济制度和国计民生，防止国有资产流失和保持资产保值增值在这类公司治理中占有重要的地位。因此，在这类上市公司中应借鉴在双层董事会中提高监督董事会地位的做法。在公司章程中明确规定监事会的具体权力和必要的否决权，要求公司的重大决策如兼并收购、股息分配等必须经过监事会的批准，由监事会来评估董事会等措施，以便加强监事会的责任和权力。建议对《公司法》作出一定的修改，允许我国的上市公司选择合适的董事会治理模式，而不局限于现有的模式，以改善目前监管不力的局面。其次，借鉴单层董事会模式[②]，提高决策和应变能力。对于中小型国有企业、民营、私营及外资小型企业为主体改制的上市公司，可以采用单层董事会模式。单层董事会模式倡导股东主义，追求股东价值最大化，重视决策职能。这样可以保护创业者的利益，鼓励他们的创业行为，也有利于中小企业提高决策和灵活应变的能力。还可以将这些公司置于证券市场的监督治理中，促进该类公司的社会化和正规化，这一做法对于我国目前以家族控制为特点的民营上市公司来说更具有意义。

（4）改造监事会成员结构。这种改造的目的是建立监事会的普遍参与机制和“正当的监管”[③]。监事会应当由公司的原始治理主体与外部监事组成。监事会可以实行界别制，由股东、职工[④]、债权人和外部（独立）监事组成。

---

① 双层董事会模式是指由一个地位较高的监事会监管一个代表相关利害者的执行董事会，其特点有：公司股东会选举产生监事会；董事会负责处理公司业务；监事会是董事会的上位机关；监事会有任命董事会成员的权力。参见官欣荣：《独立董事制度与公司治理：法理和实践》，北京：中国检察出版社，2003 年，第 103—104 页。

② 单层董事会模式主要由细分职能的次级委员会组成，英美公司法大都采用此种模式，次级委员会主要有执行委员会、审计委员会、提名委员会、报酬委员会和公共政策委员会等。参见胡果威：《美国公司法》，北京：法律出版社，1999 年，第 155—169 页。

③〔英〕珍妮特·丹恩：《公司集团的治理》，黄庭煜译，北京：北京大学出版社，2008 年，第 137 页。

④ 针对公司职工（雇员）合法权益之保护，欧盟颁布了《关于为尊重职工的知情权和被征询权，在欧盟范围内的公司和欧盟范围内的公司集团中建立欧洲工人理事会或者相应程序的理事会指令》（欧共体理事会 1994 年 9 月 22 日，第 94/45 号）、《欧盟理事会关于补充欧洲公司章程有关职工参加欧洲公司机关的指令修改建议稿》［COM（91）第 174 号最终稿］、《欧盟理事会关于推动雇员参加企业利润和经营成果（包括股权参加）的建议修正草案》［COM（92）第 193 条最终稿］等，对职工合法权益的保护作了示范性规定。我们知道，欧盟国家雇员持股是普遍的做法，这一做法的目的是将职工与公司的利益进行有机结合，同时，也将职工纳入公司治理的范畴。为了更好地实现这一目的，《关于为尊重职工的知情权和被征询权，在欧盟范围内的公司和欧盟范围内的公司集团中建立欧洲工人理事会或者相应程序的理事会指令》要求欧盟国家要按照该指令规定的条件、方式和效果尊重雇员的知情权和被征询权。参见刘俊海译：《欧盟公司法指令全译》，北京：法律

股东、职工及债权人是公司治理的原始主体，社员会的全部权力就来源于股东、职工、债权人。社员会将部分监督权转授给监事会，股东、职工、债权人作为权力的出让方就自然有权行使监督权。就目前的公司实践来看，要加强外部（独立）监事制度建设，可以聘请律师和会计师作为外部监事。目前《公司法》仅对监事的消极资格作了规定，针对这一立法，笔者建议借鉴英国等一些国家的经验，增加监事的积极任职资格，要求监事必须具备丰富的足以履行监事职能的知识经验，增强监视的责任感和独立性。

（5）改造监事会的职能。笔者认为应当借鉴德国的监事会模式，进一步提高监事会的地位。监事会至少要享有四项基本权力：董事任免提议权；董事报酬提议权；股东会权限外的重大事项决策权；对公司经营管理的监督权。为了使监事会有效地行使监督职权，应进一步加强监事会的监督手段，尤其是要保障监事的知情权，确保其获得信息的及时性、充分性、便捷性和高质量性。董事会除了有义务定期向监事会报告经营情况及未来计划外，还应及时向监事会报告公司运行中的重大信息，如重要合同、诉讼、股权变动等情况，以及监事会认为重要的其他信息。要完善监事的义务和责任制度，明确监事会向社员会和公众定期公告监督报告的义务。尤其是在社员会召集前，监事会应向社员提供监督工作报告草案，并在社员会上接受质询，要能够作出令社员信服的答复。同时，在监事会下可以设立审计委员会、提名委员会、薪酬与考核委员会和诉讼委员会等。

四、结语

诚实信用一直是民商法关注的主要问题之一。公司信用主要表现为诚实信用原则，该原则是现代民法的基本原则，它起源于罗马法，由于将道德规范和法律规范合为一体，诚实信用原则也被奉为现代民法的最高指导原则，学者谓之“帝王条款”。1900 年施行的《德国民法典》第二百四十二条规定：“债务

出版社，2000 年，第 232—233 页。为了有效地监督公司机关或者经营管理机关，该指令规定，应当按照成员国的法律或者惯例，以及下述原则选举欧洲公司的雇员代表：第一，必须在欧洲公司有分支机构的每个成员国选举雇员代表；第二，选举的代表人数必须在切合实际的前提下与其代表的雇员人数成正比；第三，所有雇员必须有权参加选举，而不问其工龄长短或者每周的工作时间；第四，选举应当采取无记名投票方式。笔者仅将现行《中华人民共和国公司法》第五十一条第二款的规定与该指令相比较，我们不难发现，如何选举这一程序问题并未在中国法律中予以规制。从这个意义上说，中国的公司法在员工利益的保护规制上与欧盟存在着差距。

人应按照诚实信用所要求的方式，并顾及一般惯例，履行合同。”这一规定首次创造性地将诚信原则作为债务履行的法律规范，1907 年施行的《瑞士民法典》第二条规定：“任何人都必须诚实、信用地行使其权利并履行其义务。”这一规定不再使诚实信用原则仅仅适用于债法的规定，而且适用于一切法律关系。《中华人民共和国民法总则》《中华人民共和国合同法》亦对诚实信用原则作了规定。商法作为民法的特别法，诚实信用原则当然适用于商法的一切领域，在商事领域中，如果诚实信用缺失，一切商事活动就可能成为无源之水、无本之木。

作者简介：孙崇凯，男，汉族，籍贯陕西，法学硕士，硕士研究生导师，青海师范大学法学与社会学学院教授，主要研究方向为经济法。

中国公司债券受托管理人制度探析

解　萌

公司债券受托管理人制度[①]作为公司债券持有人团体性保护的一项重要制度，受到各国尤其是英美法系国家的重视[②]。与公司债券持有人会议制度相比，公司债券受托管理人制度是一种采取受托管理人的方式，间接达到认可和保障公司债券持有人团体性利益的目的的制度。

一、公司债券受托管理人制度的价值与意义

公司债券受托管理人制度是受托人制度在现代金融领域的新发展，具有信

① “公司债券受托管理人”这一概念名称采用的是我国现行立法的规定。参见《公司债券发行与交易管理办法》第四十八条至第五十六条的具体规定。但是，在不同的国家和地区这一概念名称会有所不同。例如，美国称之为债券受托人，韩国称之为受托公司，日本则区分公司债券是否有担保的情形，附担保的公司债券称为受托公司，无担保的公司债券称为公司债券管理人。虽然称谓上存在一定的差异，但实际的概念内涵是大体相同的。

② 从各国的立法来看，对公司债券持有人的团体性及其行为予以认可的主要有公司债券持有人会议制度和公司债券受托管理人制度两种，只是前者主要存在于大陆法系国家，而后者主要存在于英美法系国家。但也有大陆法系国家在认可公司债券持有人团体性方面建立了较为独特的制度，如日本。参见王作全：《公司法学》，北京：北京大学出版社，2015 年，第 206—208 页；刘迎霜：《公司债：法理与制度》，北京：法律出版社，2008 年，第 166 页。

托受托人的所有特点[①]。《布莱克法律词典》将公司债券受托管理人定义为：由债券信托合同指定的，享有债券信托合同权利，为公司债券持有人的利益要求债券债务人履行债券合同义务的人。我国台湾地区的相关规定将其定义为："前项受托人，为应募人之利益，有查核及监督公司履行公司债发行事项之权。"[②]由此，公司债券受托管理人可谓"公司债券持有人团体的执行机关"。公司债券受托管理人处于该项制度的核心地位，其价值主要表现在公司债券受托管理人的独有功能与意义上。

（一）对发行公司进行有效、专业的监督

针对公司债券持有人在债券市场上处于弱势地位的情况，英美法系国家主要通过公司债券受托管理人制度，对公司债券持有人的团体性以及团体行为予以认可，即通过指定公司债券受托管理人监督发行公司债券契约的履行状况，更好地保护公司债券持有人的利益。在一个高速运转的商事大环境中，发行公司的日常经营及财务状况的变动随时都有可能影响到其债务的履行，而使公司债券持有人的利益处于不确定的状态。这就需要公司债券受托管理人适时地监督发行公司，及时了解、掌握发行公司的财产和经营情况。通常情况下，公司债券受托管理人都由专业的金融机构或信托机构担任[③]，目的在于能够有效地监督发行公司是否依约履行了还本付息的职责，提升了公司债券持有人与发行公司之间的对等地位，从而使公司债券持有人的权益获得必要的保障。由此，指定公司债券受托管理人对债券契约所约定的事项进行专业化的管理，也就成了公司债券受托管理人基本功能的核心要义。

（二）加大对公司债券持有人权益的保护力度

公司债券受托管理人的另一个重要价值在于，依据发行公司委托，公司债券受托管理人有权代表公司债券持有人全体利益而采取一切行动。因而，各国公司法在赋予公司债券受托管理人法定监督权利外，为确保公司债券持有人债

① 周小明：《信托制度比较法研究》，北京：法律出版社，1996年，第7页。

② 有关公司债券受托管理人的概念，参见刘迎霜：《公司债：法理与制度》，北京：法律出版社，2008年，第180页。

③ 例如，《中华人民共和国公司债券发行与交易管理办法》第四十九条和《中华人民共和国公司债券受托管理人执业行为准则》第七条，规定公司债券受托管理人应当为中国证券业协会会员，具体包括本次发行公司债券的承销机构和其他经中国证券监督管理委员会认可的机构。

权的实现而发行有担保公司债券的，其抵押权或质权由公司债券受托管理人取得，并负责实行与管理。法律还赋予了公司债券受托管理人提起诉讼以强制发行公司清偿债务的权利，以维护全体公司债券持有人的利益。例如，《日本公司法》第七百零五条规定："公司债券管理人，享有为公司债券持有人实施接收与公司债券相关的清偿，或者为保全与公司债券相关债权的实现所必要的一切诉讼上或者诉讼外行为的权限。……公司债券管理人，就已接收其委托管理的公司债券为实施第 1 款所规定行为有必要时，可在取得法院许可后调查发行公司的业务及资产状况。"[①]同时，公司债券受托管理人制度也在一定程度上赋予了公司债券受托管理人签订、修改、补充债券信托合同等权利，以保护公司债券持有人的整体利益，这是债券受托人制度的又一核心价值[②]。

（三）防止公司债券持有人权利的滥用

债券作为公司融资的一种重要手段，实质就是以同样的借款条件，向社会公众借较小额的资金而最终汇集成较大数额的资金。由于每一个公司债券持有人所持债券数量的多少不同，每一个公司债券持有人对其自身权利的认识、要求也不同，因而，允许每一个公司债券持有人依照自己的意愿要求发行公司履行债务是不经济也不切实际的，在一定情况下还有可能损害到其他公司债券持有人的利益。因此，实践中公司债券信托合同往往会对公司债券持有人的某些诉讼权利加以限制，以防止个别公司债券持有人在没有充分理由的情况下行使诉权，致使发行公司财产因多次应诉而减少，从而间接损害公司债券持有人的整体利益。

（四）有利于发行公司权利的维护

公司债券受托管理人制度除了对公司债券持有人利益的保护外，对于发行公司来说，也有一定的积极作用。公司债券本质上是一种企业对外举借的长期贷款，从公司债券的发行到期满清偿债务为止，或因公司债券信用评级的变化而可能牵涉到利害关系人之间的利益调整，正是公司法建构公司债券受托管理人的首要理念。也就是说，公司债券受托管理人制度的基本要义就在于确保发

① 王作全译：《新订日本公司法典》，北京：北京大学出版社，2016 年，第 273 页。

② 陈洁、张彬：《我国公司债券受托管理人制度的构建与选择——以公开募集的公司债为视角》，《证券法苑》2016 年第 1 期。

行公司在该债务存续期间的财务状况，保证届期清偿债务。这样，债务存续期间，公司债券受托管理人的有效、专业监督，既能够有效地确保发行公司开展日常的经营活动，也能够及时地缓解公司债券持有人与发行公司的利益冲突，维护公司债券持有人的整体利益，避免发行公司陷入应付此类集体纠纷的尴尬境地。

二、域外重在保护团体性利益的公司债券受托管理人制度实现机制

尽管各个国家或地区对公司债券受托管理人制度的规定有所差异，但主要还是围绕着受托管理人的资格、选任、权利、义务等方面进行详细而全面的规范。以下将比较、借鉴美国、日本等公司债券受托管理人的具体制度设计，实现公司债券的有效管理，落实公司债券持有人的权益保护。

（一）公司债券受托管理人的选任

总体而言，由债券发行公司为公司债券持有人指派受托管理人，已经成为世界各国或地区债券发行的通常做法[①]，其主要通过两种方式加以确立：一是以法律的形式加以规定；二是通过债券交易所的规则加以要求[②]。有关法律规定的代表性国家或地区有美国、日本等。此外，一些国家的自律组织规则也要求向公众发行的公司债券应当为公司债券持有人指定受托管理人。例如，由英国金融行为监管局颁布的上市规则，就明确要求对上市交易的公司债券委任受托人[③]。

就公司债券受托管理人，各国一般都规定由专业的金融机构或信托机构担任[④]。例如，《日本公司法》第七百零三条规定："公司债券管理人，须为下列者：一、银行；二、信托公司；三、除以上 2 项所列者外，法务省令所规定

① 刁龙生：《公司债券受托管理制度的国际比较及立法建议》，《证券市场导报》2005 年第 2 期。

② 陈洁、张彬：《我国公司债券受托管理人制度的构建与选择——以公开募集的公司债为视角》，《证券法苑》2016 年第 1 期。

③ 陈洁、张彬：《我国公司债券受托管理人制度的构建与选择——以公开募集的公司债为视角》，《证券法苑》2016 年第 1 期。

④ 信托受托人本身具有很强的独立性，在信托发展初期，信托主要用于执行遗嘱、管理遗产，由有信用的律师等受托信托业务，而信用的积累来源于信托受托人个人。随着商事信托的发展，信托业务由信托公司等组织机构受托，信托公司具有浓厚的金融机构性质，同时，作为金融机构的银行也开始受托信托业务。现今在美国及日本等国家，作为"营业"的信托业务大部分由银行的信托部门和信托银行受托。参见姜雪莲：《信托受托人的忠实义务》，《中外法学》2016 年第 1 期。

的类似于这些者。”但是，在公司债券利害关系人之间存在利益冲突时[1]，一些国家和地区的立法明确规定，受托管理义务与公司债券持有人的利益之间可能存在潜在冲突的机构不能担任公司债券受托管理人。对存在潜在利益冲突的情形予以明确规范，一般包括以下几项：交叉股权或交叉董事；受托人是同一发行人的两项发行的受托人，两组债券持有人就同样财产竞争；受托人同时是发行人的私人贷款人[2]。对于利益冲突的合理解决，《日本公司法》第七百零七条规定了特别代理人制度，“公司债券持有人与公司债券管理人的利益相冲突，且有为公司债券持有人而实施诉讼上或诉讼外行为的必要时，法院根据公司债券持有人会议的申请，须选任特别代理人”。

此外，综观域外的法律或规则，公司债券受托管理人不能自由辞任。《日本公司法》规定了三种除外情形：一是在取得发行人或公司债券持有人会议的同意后可以辞任，但公司必须在其辞任前为债券持有人另行确定公司债券管理人；二是受托人因不得已的事由无法履行公司债管理事宜时，获得法院的同意后也可辞任；三是在相关的委托合同中有规定时，公司债券受托管理人可以辞任[3]。

（二）公司债券受托管理人的义务

公司债券受托管理人依照信托法的基本法理和相关法律规定，负有为全体公司债券持有人管理债券，并监督发行公司依法借贷资金、还本付息的义务。关于义务的履行，要以公平、忠实为必要，同时处理信托事务时要尽到善良管理人的注意义务、调查义务和报告、通知义务。

1. 忠实义务和注意义务

无论是英美法系国家还是大陆法系国家，都强制要求公司债券受托管理人向其受益人或委托人担负忠实义务和注意义务。忠实义务作为公司债券受托管

---

① 由于公司债券受托管理人与市场中其他主体之间存在不同程度的利益冲突，公司债券受托管理人不会如制度设计的初衷一样，为公司债券持有人权益保护作出极大的争取努力。因而，有学者认为利益冲突问题是公司债券受托管理人制度的根本问题。参见陈洁、张彬：《我国公司债券受托管理人制度的构建与选择——以公开募集的公司债为视角》，《证券法苑》2016 年第 1 期。

② 习龙生：《公司债券受托管理制度的国际比较及立法建议》，《证券市场导报》2005 年第 2 期。

③ 有关《日本公司法》第七百一十一条的规定，参见王作全译：《新订日本公司法典》，北京：北京大学出版社，2016 年，第 275 页。

理人最重要的义务，受到了各国的重视。一般来讲，负有忠实义务的公司债券受托管理人在处理信托事务时，须以公司债券持有人的最大利益为宗旨，而不得为自己或者他人的利益管理、处分信托财产，损害公司债券持有人的利益。注意义务要求公司债券受托管理人对于受托事务的管理应尽到与一般人处理自己事务时的同一注意义务。例如，《日本公司法》第七百零四条第一款规定："公司债券管理人，须为公司债券持有人公平且诚实地进行公司债券的管理。"其第二款规定："公司债券管理人，须对公司债券持有人以善良管理者的注意进行公司债券管理。"并且，公司债券受托管理人的公平忠实义务和注意义务为法律所强制规定，不得以合同形式约定排除。

2. 调查义务

虽然各国的证券法都明文规定，发行公司要进行信息披露，但是对于发行公司而言，极有可能基于自身利益而对必要的信息进行有选择性的披露或者不予披露。在大多数情况下，当公司债券持有人发现发行公司出现违约情形时，为时已晚。对此，一些国家相关的法律法规赋予了公司债券受托管理人以调查发行公司业务以及财产状况的权利，以便预先警告公司债券持有人即将出现的危机。关于调查义务的规定，通常存在消极调查和积极调查两种方式。例如，《日本公司法》采用了积极调查的方式，规定公司债券管理人就已接受其委托管理的公司债券，必要情形下可在取得法院许可后调查债券发行公司的业务及财务状况①。

3. 报告及通知义务

发行公司是否具有清偿债务的能力对于公司债券受托管理人的义务来说有着重大的影响②。根据美国《信托契约法》的规定，在发行公司失去偿还债务能力之前，除信托合同中规定的义务外，公司债券受托管理人不承担任何其他的责任。并且，在公司债券受托管理人没有恶意的情形下，可以完全信任发行公司所提出的关于是否遵守了债券契约的证明③。由此来讲，公司债券受托管理人对发行公司是否发生了违反债券契约的规定行为是不承担任何责任的。但

① 有关《日本公司法》第七百零五条第四项、第七百零六条第四项的具体规定，参见王作全译：《新订日本公司法典》，北京：北京大学出版社，2016 年，第 273—274 页。

② 习龙生：《论公司债券受托管理制度及我国的制度构建》，《河北法学》2005 年第 8 期。

③ 陈洁、张彬：《我国公司债券受托管理人制度的构建与选择——以公开募集的公司债为视角》，《证券法苑》2016 年第 1 期。

在具体的操作中，如何才能准确判断发行公司实际的清偿能力，及时地将相关信息通知给公司债券持有人，需要公司债券受托管理人拥有搜集信息并作综合权衡判断的技能。从美国的实践经验来看，一旦债券契约违约情况发生，公司债券受托管理人就必须马上变为积极的公司债券受托管理人，且必须尽到善良管理人的注意义务，否则，将要承担一定的法律责任。同时，不得约定排除公司债券受托管理人因疏忽或过错所要承担的责任。

（三）公司债券受托管理人的权利

公司债券受托管理人的权利和其所具有的“双重地位”关系密切。也就是说，当公司债券受托管理人在作为受托财产管理机构时，享有财产管理、处分的各项权利，并且拥有与公司债券债权实现相关的一切诉讼上或诉讼外权限。当其作为公司债券受托管理人的个人时，享有获取报酬、费用偿还以及损害赔偿的请求权等。有关公司债券受托管理人的权利大体可以分为以下两大类。

1. 实施与债券债权相关的诉讼上、诉讼外行为的权利

从各国的立法状况来看，公司债券受托管理人在紧急情形下，可以行使其特有的权利。具体包括：其一，强制履行权。在发行公司发生违约情形时，尽管公司债券受托管理人不拥有债权，但仍有权依据信托合同宣布整个债务到期进而控制发行公司的财产；有权采取一切合理的手段包括提起诉讼强制发行公司履行债务，实现公司债券持有人的债权[①]。例如，《日本公司法》第七百零五条第一款规定：“公司债券管理人，享有为公司债券持有人实施接受与公司债券相关债权的清偿，或者为保全与公司债券相关债权的实现所必要的一切诉讼上或者诉讼外行为的权限。”其二，加速追偿权。如果发行公司怠于公司债券债权的实现，公司债券受托管理人可以不经过公司债券持有人的同意便加速发行公司的债务偿还，或者可以依照公司债券持有人会议的决议，通知发行公司在一定期限内进行债务清偿，没有到期的公司债券本息也全部视为到期，发行公司应当立即进行偿付。其三，公司债券受托管理人的撤销之诉。发行公司对公司债券所进行的清偿、和解或者其他行为明显不公正时，公司债券受托管

① 将这一强制履行权赋予公司债券受托管理人而非公司债券的持有人，目的在于阻止竞争以避免能够迅速采取行动的债券持有人得到优先权；阻止多项诉讼；避免因为一个债券持有人采取的行动而危及共同担保或导致相斥的强制执行诉讼。

理人可以向人民法院请求撤销该行为[①]。

2. 实现自身利益的几类请求权

一是报酬给付请求权。公司债券的信托属于商业有偿信托，信托报酬率及其支付方法，通常由合同特别约定。二是费用偿还请求权。这一请求权是指公司债券受托管理人为处理信托事务所正当支出的一切费用及利息，都可以向发行公司请求优先受偿的权利。三是损害赔偿请求权。这一权利是指公司债券受托管理人在处理信托事务时，非因自身过错而遭受的损害，有权请求发行公司给予赔偿。公司债券受托管理人因实现自身利益的请求权受偿，应优位于公司债券持有人的债权。

需要注意的是，公司债券受托管理人作为个人所享有的上述权利可能与其债券管理的地位发生冲突，为了防止其滥用权利而侵害信托财产、损害公司债券持有人的利益，相关的法律法规应明确规定公司债券受托管理人的权利行使，必须限定在与信托管理、处分相关的范围内。

三、停留在立法层级较低水平的我国公司债券受托管理人制度现状

（一）《证券公司债券管理暂行办法》的相关规定

我国有关公司债券受托管理人制度的立法，最早出现的是 2003 年 10 月由中国证券监督管理委员会发布实施的《证券公司债券管理暂行办法》（该办法已于 2016 年废止），在该办法中公司债券受托管理人被称为“债权代理人”，并规定了债权代理人的聘请、义务、运作和法律责任[②]。其中，第十三条第一款规定：“发行人应当为债券持有人聘请债权代理人。聘请债权代理人应当订立债权代理协议，明确发行人、债券持有人及债权代理人之间的权利义务及违约责任。”[③]从性质上看，债权代理人的主要职能是监督发行人并将信息传递

① 陈洁、张彬：《我国公司债券受托管理人制度的构建与选择——以公开募集的公司债为视角》，《证券法苑》2016 年第 1 期。

② 参见《证券公司债券管理暂行办法》第十三条、第十八条、第四十条、第四十五条、第五十条、第五十六条等的规定。

③ 《证券公司债券管理暂行办法》第十三条规定：“发行人应当为债券持有人聘请债权代理人。聘请债权代理人应当订立债权代理协议，明确发行人、债券持有人及债权代理人之间的权利义务及违约责任。发行人应当在募集说明书中明确约定，投资者认购本期债券视作同意债权代理协议。发行人可聘请信托投资公司、基金管理公司、证券公司、律师事务所、证券投资咨询机构等机构担任债权代理人。”

给债券持有人，还不具有公司债券受托管理人的信托特征，还不是真正意义上的公司债券受托管理人，可以算是公司债券受托管理人制度的雏形。

（二）《公司债券发行试点办法》的相关规定

应该说，2007 年 8 月由中国证券监督管理委员会发布实施的《公司债券发行试点办法》（该办法已于 2015 年废止）正式确立了我国公司债券受托管理人制度。该办法中出现了“债券受托管理人”这样的称谓，并在“债券持有人权益保护”一章中，集中规定了公司债券受托管理人的相关事项。其中，第二十三条、第二十四条规定了公司债券受托管理人的设置义务、设置方式以及相关资质。第二十六条规定了公司债券受托管理人应当履行的职责。第二十三条第一款后段、第二十四条第二款等规定了公司债券受托管理人的义务，包括维护公司债券持有人利益的义务以及为债券持有人最大利益行事，不得与债券持有人存在利益冲突的义务。第三十一条规定了公司债券受托管理人违反该办法规定，没有履行债券受托管理协议约定的职责时所应当承担的法律责任[①]。尽管从立法层面来看该办法对于公司债券受托管理人制度的确立以及主体内容的充实已经取得了很大进步，但是总体来说还较为粗陋，不够完善，很多条款只是作了概括性规定，没有细化。

（三）《公司债券发行与交易管理办法》的相关规定

2015 年 1 月由中国证券监督管理委员会发布实施的《公司债券发行与交易管理办法》，其第四章“债券持有人权益保护”中，共用七个条文具体规定了公司债券受托人的聘任资格、职责权限、责任承担等[②]。其中，第四十九条第一款后部及第二款、第三款规定：“为本次发行提供担保的机构不得担任本次债券发行的受托管理人。债券受托管理人应当勤勉尽责，公正履行受托管理职责，不得损害债券持有人利益。对于债券受托管理人在履行受托管理职责时可能存在的利益冲突情形及相关风险防范、解决机制，发行人应当在债券募集说明书及债券存续期间的信息披露文件中予以充分披露，并同时在债券受托管理协议中载明。”该办法是对《证券公司债券管理暂行办法》和《公司债券发行

① 王作全：《公司法学》，北京：北京大学出版社，2015 年，第 210—211 页。

② 参见《公司债券发行与交易管理办法》第四十八至第五十三条、第六十六条等的规定。

试点办法》的进一步提炼和完善，不仅主体内容更为丰富，并且对很多条款都进行了细化，便于实际操作，具有进步意义。

（四）《公司债券受托管理人执业行为准则》的相关规定

为规范公司债券受托管理人的行为，保护投资者的合法权益，中国证券业协会根据《公司债券发行与交易管理办法》，于2015年6月5日颁布了《公司债券受托管理人执业行为准则》，其中对公司债券受托管理人的资格、权利与义务、管理人变更以及自律管理都作了较为详细的规定，其中，该准则的第二章“受托管理人资格”共三个条文对公司债券受托管理人的资格进行了规定，第三章“受托管理人权利与义务”共十七个条文对公司债券受托管理人的权利与义务进行了规定，具有很强的实践指引价值。

但是，总体来看，我国的公司债券受托管理人制度主要通过行业规范、政策、指导性意见来进行规范，存在线条过粗、体系不完善、效力层次过低、制度价值不明晰等问题。具体而言，还存在着对公司债券受托管理人职责设定的不明确、对公司债券受托管理人与债券持有人利益冲突的放任以及公司债券受托管理人责任规定的缺失等问题，这些问题是我国公司债券受托管理人制度的立法与实践严重脱节甚至形同虚设的主要缘由。

四、完善我国公司债券受托管理人制度的立法构思

基于我国的立法现状与市场发展需求，我国的公司债券受托管理人制度构建应以信托关系为基础，明确发行公司、公司债券受托管理人和公司债券持有人之间的信托关系，由公司债券受托管理人运用专业的判断对受托财产进行有效的管理、处分，以保护公司债券持有人的利益，并要求其承担严格的法律责任。因而，在立法设计上要着重对公司债券受托管理人的资格、权利和义务及责任承担等方面作出合理、细致的规定。

（一）明确公司债券受托管理人的身份与角色定位

明确公司债券受托管理人的身份与角色定位，对于构建我国完善的公司债券受托人制度具有基础性意义。从最早的《证券公司债券管理暂行办法》中的“债权代理人”到《公司债券发行试点办法》《公司债券发行与交易管理办

法》中的“债券受托管理人”，尽管称谓有所变化，但其角色定位并无实质性改变。如果说早期的“债权代理人”的主要职能是监督发行公司并将信息传递给公司债券持有人，本质上还不具有公司债券受托管理人的信托特征，那么，依据现行《公司债券发行与交易管理办法》中的相关规定，公司债券受托管理人也只是对发行公司基于法律规定的信息披露作出鉴别，并通知公司债券持有人、执行公司债券持有人会议的决定等。可以看出现今的公司债券受托管理人的基本职责几乎没有什么变化，只是作为公司债券持有人与发行公司之间的传话筒而存在，并不具有实质能动参与债券管理的权能[①]。因而，可以说，现行的公司债券受托管理人制度与我国最早实行的债权代理人制度是一脉相承的，并不能算真正意义上的公司债券受托管理人制度。究其原因，是立法者对公司债券受托管理人的制度功能价值及其实现机制认识不清，最终导致公司债券受托管理人的角色定位含糊不明。从各国的相关立法来看，一个完善的公司债券受托管理人应当是能够将公司债券持有人的利益当作自己的利益去处理的机构，拥有完备的权利分工、职责界定，能够在债券市场中发挥其应有的独特价值。从这个角度上说，我国在设计公司债券受托管理人制度时，应当首先以信托关系中的受托人角色明确公司债券受托管理人的定位，这样公司债券受托管理人的权利义务才能明确化。也只有这样，在债券违约情况发生时，公司债券持有人才能真正寻求到公司债券受托管理人的帮助乃至追究公司债券受托管理人的责任。

（二）完善公司债券受托管理人的义务规定

对公司债券受托管理人基本角色的准确、合理定位，能够明确公司债券受托管理人的义务标准及履行职责的评价机制。这样，信托关系中的公司债券受托管理人就要承担信托法上的受信人义务，其核心包括忠实义务和善良管理人注意义务。我国现行《公司债券发行与交易管理办法》仅在第四十九条提及“债券受托管理人应当勤勉尽责，公正履行受托管理职责，不得损害债券持有人利益”。这一规定不仅模糊了“委托”和“信托”的界限，而且所谓的“勤勉尽责”对公司债券受托管理人具体履行义务的程度、方式与范围均缺少实际

① 陈洁、张彬：《我国公司债券受托管理人制度的构建与选择——以公开募集的公司债为视角》，《证券法苑》2016 年第 1 期。

操作规定与实务规则的支撑。因此，笔者认为应当借鉴《日本公司法》第七百零四条的规定，公司债券受托管理人为公司债券持有人负有公平且诚实地进行公司债券管理的义务，同时负有以善良管理者的注意进行公司债券管理的义务[①]。此外，鉴于我国公司债券受托管理人的实践，还应明确公司债券受托管理人的信息披露、报告通知义务，并严格履行其相关的各项义务，其所报告的信息应当真实、准确、完整，不得有虚假记载、误导性陈述或者重大遗漏。公司债券受托管理人，应当在每一会计年度结束之日起 4 个月内，将与公司债券持有人有利害关系的受托管理人的相关事项向公司债券持有人作出报告，并且向国务院证券监督管理机构登记备案，报告内容应依照国务院证券监督管理机构的规定进行。在发生对公司债券持有人利益可能产生较大影响而公司债券持有人尚未得知时，受托管理人应当在事件发生后30日内将有关该重大事件的情况通知公司债券持有人，并且向国务院证券监督管理机构登记备案[②]。

（三）配置完备的职权与程序规范

关于公司债券受托管理人的权利，《公司债券发行与交易管理办法》第五十条进行了列举式规定，具体包括：“（一）持续关注发行人和保证人的资信状况、担保物状况、增信措施及偿债保障措施的实施情况，出现可能影响债券持有人重大权益的事项时，召集债券持有人会议；（二）在债券存续期内监督发行人募集资金的使用情况；（三）对发行人的偿债能力和增信措施的有效性进行全面调查和持续关注，并至少每年向市场公告一次受托管理事务报告；（四）在债券存续期内持续督导发行人履行信息披露义务；（五）预计发行人不能偿还债务时，要求发行人追加担保，并可以依法申请法定机关采取财产保全措施；（六）在债券存续期内勤勉处理债券持有人与发行人之间的谈判或者诉讼事务；（七）发行人为债券设定担保的，债券受托管理协议可以约定担保财产为信托财产，债券受托管理人应在债券发行前或债券募集说明书约定的时间内取得担保的权利证明或其他有关文件，并在担保期间妥善保管；（八）发行人不能偿还债务时，可以接受全部或部分债券持有人的委托，以自己名义代

---

① 有关《日本公司法》第七百零四条的规定，参见王作全译：《新订日本公司法典》，北京：北京大学出版社，2016 年，第 273 页。

② 习龙生：《论公司债券受托管理制度及我国的制度构建》，《河北法学》2005 年第 8 期。

表债券持有人提起民事诉讼、参与重组或者破产的法律程序。”该条款看似多样，无所不包，但实质上其仅仅是对发行公司的行为所进行的必要关注和信息传递。想要真正发挥公司债券受托管理人独有的制度功能，就必须明确规定公司债券受托管理人要以管理自己财产的同样注意程度来管理公司债券持有人债券财产的权利。为了有效地保障公司债券持有人的利益，笔者建议应借鉴日本的相关立法①，赋予公司债券受托管理人为公司债券持有人债权的实现所必要的一切诉讼上或诉讼外的行为权限。同时，为了保障公司债券持有人会议的自治权不受损害，应规定公司债券受托管理人须在实施处分公司债券持有人权利或对公司债券持有人权利有影响的重大行为时，依照公司债券持有人会议的决议行使。同时，完善有关公司债券受托管理人权能配置的程序性规范，从而使这些规范更好地付诸实现，使公司债券受托管理人的功能得到更好发挥。

（四）建立有效解决利益冲突的制度

实践中，我国公司债券受托管理人与公司债券持有人之间的利益冲突，主要表现为公司债券受托管理人很可能与发行公司出于利益共谋关系的考虑，损害公司债券持有人的利益。为了规避利益冲突问题的发生，《公司债券发行试点办法》第二十四条第二款明确规定，债券受托管理人应当为债券持有人的最大利益行事，不得与债券持有人存在利益冲突。这一规定彰显了对利益冲突的严格禁止态度。但在《公司债券发行与交易管理办法》中，对待利益冲突问题的态度有所变化。该办法第四十九条第三款规定：“对于债券受托管理人在履行受托管理职责时可能存在的利益冲突情形及相关风险防范、解决机制，发行人应当在债券募集说明书及债券存续期间的信息披露文件中予以充分披露，并同时在债券受托管理协议中载明。”这一规定默示了利益冲突问题的存在，只是要求在发生利益冲突问题时必须披露并且由债券受托管理协议提供解决方案即可。换言之，我国针对利益冲突问题的解决，从最初的一禁了之改变为现在的意思自治。在有效制度缺失的情形下，仅仅寄希望于信息披露就可以很好地解决公司债券受托人的利益冲突问题，并不具有现实意义②。

---

① 有关《日本公司法》第七百零五条的规定，参见王作全译：《新订日本公司法典》，北京：北京大学出版社，2016 年，第 273 页。

② 陈洁、张彬：《我国公司债券受托管理人制度的构建与选择——以公开募集的公司债为视角》，《证券法苑》2016 年第 1 期。

因而，要想从根本上解决这一利益冲突的难题，可以尝试从改变公司债券受托管理人的报酬获取机制入手。从实践来看，公司债券受托管理人的存在必定会耗费一定的成本。如果费用由发行公司承担，那么公司债券受托管理人很有可能成为发行公司的附庸，无法从根本上改变现有制度的缺陷。因此，有学者提出，在发行公司发生违约情形时，公司债券受托管理人须将自己收取、获取的报酬返还给公司债券持有人，便可以解决公司债券受托管理人与公司债券持有人之间的利益冲突。其报酬的返还范围包括履行公司债券受托管理人职责的费用，以及其作为承销商所获取的承销利润。但是，公司债券受托管理人能够举证证明自己已经采取一切必要的手段保障公司债券持有人利益的除外。这种机制安排促使公司债券受托管理人与公司债券持有人成为一个利益共同体，使得公司债券受托管理人的报酬取得与公司债券持有人的债权实现密切相关。因此，不论是在债务违约的情况下，还是在债券正常还本付息的情况下，公司债券受托管理人都将密切关注发行公司的经营状况和偿付能力。

公司债券属于长期性、集团性债权债务关系，公司债券持有人作为重要的公司债权人，在债券存续期间，对发行公司的信用风险难以通过个体行为加以控制、监督或行使相关维权保护措施。公司债券受托管理人制度作为一种集中公司债券持有人集体行动的机制安排，直接代表和体现着公司债券持有人的整体利益，在有效保护公司债券持有人合法权益，最大限度降低清偿风险方面发挥着积极作用。我国应在正确认识这一制度重要性的同时，注重其法律关系的合理构建，完善其权利义务的规范与配置，有效解决利益冲突，以此更好地保护公司债券持有人的利益。

作者简介：解萌，女，汉族，籍贯山西，青海师范大学法学与社会学学院2014级法学硕士研究生，主要研究方向为民商法学。

试析商事登记制度的法律性质

刘嘉悦

一、商事登记制度公法性质的认定及其不足

（一）商事登记制度公法性质的认定

一般认为，商事登记是指商人（包括其代办人）按照商法规定的事项和要求，向登记机关提出申请，经登记机关核准在登记表册上记载相关事项，其法律效果会引起商事主体资格的取得、变更乃至终止的法律行为[①]。

在此种观念下，商事登记需具备两个突出的要点：其一，商事登记由两个主体的两个行为组成，即商人申请登记的行为和登记机关审查、记录在册的行为；其二，商事登记行为的完成产生商事主体资格的取得、变更或终止的法律效果。由此，商事登记的过程可以表述为：商人向国家有权机关提出从事商事经营的申请，国家有权机关对登记事项进行审查、核准后，符合条件的商人被国家有权机关予以记录在册，从而取得相应的经营资格。

基于此，有学者提出："商事登记在本质上是一种带有公法性质的行为，其作为国家利用公权力干预商事活动的行为，可谓作为私法的商法具有公法性

① 王作全主编：《商法学》，北京：北京大学出版社，2011 年，第 47 页。

质最为集中的体现。”[①]此种观点突出反映了国家公权力在商事登记过程中的主导、控制地位，国家公权力决定了商事主体资格的取得、变更抑或终止。

有学者进一步阐释道：“在商事登记行为中，行政机关不是以平等主体的身份在同商事登记申请人进行商事行为，而是以一种行政职权所为的公法行为即行政行为。并且，对于一般行业而言，基于私法主体的经营自主权，其有设立商事主体的权利，因此在一般情形下商事登记行为仅为行政机关的行政确认行为，对于特殊行业（如矿产业、烟草业、金融业、保险业、证券业等）涉及国家利益、公共利益或风险大对公众影响面广，确实需要严格限制或禁止的行业，私法主体应无经营自主权，只有经过特许批准后才有经营的权利，这类特殊商事主体的商事登记行为应该定性为行政许可行为。”[②]由此，国家通过法律以行政权力的形式对商事登记予以规制，并且通过工商行政部门的审查、批准以控制商事主体进入市场。

但是，上述观点明显过于关注商事登记过程中公权力的地位，扩大了公权力的影响力，即使在注意到商事主体经营自主权这种私权利的情况下仍然忽略了私权在商事登记性质认定中的影响。所以，有学者认为：“应当区分不同意义上的商事登记行为，当国家对商事主体实施行政管理或司法监督而采取措施时，即国家管理监督意义的商事登记，应当属于公法范畴的行为；而商人为取得商事主体资格或为变更、终止商事主体资格而实施登记申请行为时，当然应归属于私法范畴。并且，商事登记一方面是登记主管机关代表国家意志，以公权力对商事私法行为及其营业状态、主体地位的法律确认，具有明显的组织法和程序法的特性，而按照传统商法的归类，组织法和程序法多为强行法，具有鲜明的公法性色彩，这也是私法公法化趋势在商事法领域的具体体现；另一方面在商事登记过程中商人对营业种类、经营范围、投资方式、经营期限等登记事项可以按照自己的意愿享有选择的自由，体现了商人私权利的行使。因此，将商事登记的性质仅归结为公法行为，有失偏颇，应倾向于两者的混合。”[③]不难看出，此种观点将商事登记行为进行了拆分并分别认定性质，包含登记机关的审查、核准的公法性行为和商人对登记事项选择的私法性行为，最终得出

① 范健：《德国商法：传统框架与新规则》，北京：法律出版社，2003 年，第 215 页。
② 艾围利：《我国商事登记制度之检讨》，《政法学刊》2010 年第 2 期。
③ 朱慈蕴：《我国商事登记立法的改革与完善》，《国家检察官学院学报》2004 年第 6 期。

商事登记兼具公法和私法性质的结论。但是，其分析过程更加注重商事登记的公法性即商事登记体现国家意志。首先，其仍然是以法律确认商人主体地位、经营资格为前提，商人的申请行为实质是请求法律授权，而不是平等主体之间的请求权，不能视为行使私权。其次，此处的“商事登记”已不能单纯认为是法律行为，其已经成为法律构建起来的管理和监督商事主体的法律制度，其已然具备对商事交易的主体、内容、程序予以约束之意，从而具有极强的公法强制性。最后，即使承认商人对营业种类、经营范围等登记事项的自由选择权，但更强调法律对登记事项的限制，弱化了商人的私权在商事登记中的作用，导致商人在商事登记中私权的行使不足以作为商事登记性质的决定因素。

综上，学者在认识商事登记的过程中将国家公权力的介入摆在了显著的位置，即使是在承认商事登记遵循商事法规且商事主体具有经营自主权的情况下，也还是主张公法对商事主体资格的确认或许可才能使此种资格具备法律意义。如此一来，对于商事登记而言，不论单一认定其公法性抑或是认定其兼有公法性，都将商事登记行为或商事登记制度理所应当地置于公法背景之下，公法性质便挥之不去。

（二）商事登记制度公法性质认定的不足

工商登记发源于我国计划经济时期，自工商登记建立之始，工商机关就以政府权力机关的身份出现并代表政府对市场主体实行全面监督管理，具体到市场准入、运营和退出的每一个环节。在市场准入方面，实行严格的审查；在市场主体存续期间，行政干预深入企业的内部治理；在市场主体退出方面，行政处罚非常强势[①]。从而，商事主体在市场中的资格取得、变动、终止都需要经由登记机关的许可，以达到政府对市场主体准入、退出以及经营活动进行监督、管理、干预的目的，使工商登记成为公权力行使的手段，更使得工商登记自设立之初就具有了公权色彩。

但就我国商事登记制度本身而言，其具有极强的历史性和滞后性。其历史性是因为在计划经济时期国家为稳定交易的公平和安全而不得不管控市场，公权力直接介入是最简洁、最有效的手段，由此形成的商事登记制度是国家

① 施天涛：《构建我国商事登记制度的基本思路》，《中国工商管理研究》2013 年第 8 期。

发展阶段所决定的。其滞后性是因为在现今市场经济迅猛发展的大背景下，商事参与者的经营理念越发灵活，商事主体积极追求自由、平等的交易环境，政府职能一再倾向“简政放权”，相匹配的制度也越显开放，逐渐扩大商事主体的自由程度，这是以“握紧权力”为目的的工商登记制度所不能适应的。

有学者提出，需要明确工商登记与商事登记的不同，商事登记主要是针对商事主体资格的取得和变动而发生的登记行为，已经排除了政府依靠工商机关通过登记行为对商事主体经营管理的干预因素，这在观念和制度上与工商登记就具有了本质的不同①。

因此，应当看到，一直以来所探讨的其实都是工商登记的性质而并非真实意义上的商事登记的性质，或者说，所有的探讨已经将登记行为或登记制度定位于国家公权力行使的结果，则其公法性当然是不容置疑的。另外，即使有学者已经注意到商事登记与工商登记有着巨大的区别，并指出商事登记应当排除政府干预，但依然认为商事主体资格的取得、变动、终止依赖于登记制度本身的确定，由强制性法律赋予效力，其实质还是将商事主体资格归于公权授予，仍然是使商事登记从根源上就无法抹去公法因素。

综上所述，学者们对于商事登记公法性的主张以传统商事登记为背景，且主要立足于我国工商登记制度，强调其过程中公权力介入并承担主导作用，注重国家权力机关利用登记制度达到监管市场主体、干预市场经营的目的，因而其公法性质显著。

但是，现代商事理论强调商事主体自由、自治，减少政府干预，扩大市场准入，以市场自身的力量调整市场主体、内容、秩序。当然，这并不意味着不需要法律或政府的干预，但至少在市场准入方面应当减少甚至是取消法律强制性规定。基于此，以法律强制规定公权力干涉商事登记制度本身的方式已经落后，显现出不能与快速发展的市场经济相契合的缺陷。那么，既然公权力在商事登记制度设立之初已不宜处于主要地位，再将商事登记制度界定为公法性质就不准确，应当从现今法律发展的趋势以及市场经济的实际需要出发对商事登记应然的制度价值、功能及本质属性进行重新定位。

---

① 施天涛：《构建我国商事登记制度的基本思路》，《中国工商管理研究》2013 年第 8 期。

二、认定商事登记制度性质的要素

（一）经营权源于商事主体人格

经营权的本源即商事主体资格的源头，其展现出商人从事商事经营的资格来源。

在我国工商登记背景之下，公权力主导登记的思维已成固定模式，商事活动中私人参与者需要通过登记的方式才能在法律上具备商事主体的资格，换言之，私人从事商事活动的权利由公权力所赋予。也正因为如此，商事登记被冠以“公法”的名号，平添了浓烈的公法色彩。

但是，有学者指出，从天赋人权的理念出发，经营权即商事主体从事经营活动的基本权利内生于商事主体的人格，并且在民事主体成为商事主体之刻起经营权就是其人格不可分割的一部分，这也使得民事主体应然具有商事主体资格①。可以说，商事主体的经营权是“天赋的”，商事主体从事商事活动的资格不是由其他任何人的意志决定的，是与生俱有的。具体而言包括以下几个方面。

第一，商事活动由参与者之间的一系列行为相互作用的效果而构成，如一项商事交易，就是由当事人订立多项合同的行为所完成的。可以认定，商事活动的本质正是一系列民事法律行为。众所周知，民事法律行为的精髓就在于民事主体自由的真实意思表示，这就意味着商事行为同样应当受到行为人自身意思自治的调整，并且行为人享有意思表示时不受外界干涉的权利。同时，因为商事活动的范围涵盖从事商事经营、经营种类、经营期限等的选择，所以此类选择均应当遵循当事人的意思自治，尤其是民事主体自己决定是否从事商事经营活动，并且此种决定产生效力是在具有真实意思表示能力的民事主体作出意思表示之时，换言之，民事主体作出行使经营权之意思表示时对外生效。

第二，从法律逻辑上看，商事主体行使经营权的前提是商事主体具有商事经营资格、享有经营权利，即商事主体只能在具备从事商事经营的资格或权利后，向外展示从事商事经营的资格，或者说行使从事商事经营的权利才可以产生当然的效力。前文已述，商事主体享有自由行使经营权的权利，就个人而

① 赵万一、王兰：《私法视域下商事登记的重新解读》，《河北法学》2009 年第 6 期。

言，于自然人具有民事行为能力之时，享有行使与之民事行为能力相符的经营权；就集体而言，自然人享有集结群体共同经营的权利，如此，合伙、公司皆是自然人所享经营权的集合，是自然人行使经营权的方式，应遵循自由原则。而自然人所享有的经营权源于自然人的民事权利能力，始于自然人出生，之后自然人行使经营权当然符合“先享有权利，再行使权利”的顺序。

第三，经营权由法律赋予违背法律逻辑。前文已述，自然人具备民事行为能力之时可自由选择行使经营权。但是，如果法律强行将经营资格的取得以强制法授予为标准，则意味着法律授予自然人经营权的行为可能发生在自然人具有民事行为能力之后，当自然人自由行使经营权之时其未取得法律授予经营资格而不具备商事经营主体地位，就会造成主体对外作出“经营”的意思表示且具有法律效力的时候主体还不具有“经营资格”，即自然人行使经营权有效却不享有经营权这项权利，违背权利之“先享有权利，才能行使权利”的法律逻辑。

由此，经营权随着自然人的人格产生，是自然人生而具有的权利，此种权利的行使依赖于自然人自身意志，应当被归属于私权利，其不需要由法律确认甚至是法律授予。

（二）商事登记制度的根本功能

制度的价值是这项制度追求的终极目标，制度的功能是制度的作用，进一步解释这个过程就是制度通过手段实现作用以达到制度最终的目标。制度的价值和功能在不同程度上都表达了制度的本质属性，但是功能的表达力度更加准确。首先，价值属于极为抽象的范畴，甚至可以笼统地说，任何一种制度的最终价值都在于稳定某种秩序，如此不足以完全说明事物的本质。其次，制度的功能说明了制度是用来做什么的，是制度最为基础的目标，与制度的本质属性更为紧密。最后，手段是制度的基础，功能由手段直接反映，功能反过来表达的就是制度本身。因此，商事登记制度的功能是界定其性质的又一因素。

在传统商事登记制度的理念中，商事登记是登记申请人和登记机关的两方行为，但其会产生对外的公示力和公信力而涉及和影响第三人的利益，并且，商事登记涉及国家对商事主体和商事活动的社会管理和对商事主体的税收征管、产品质量、卫生安全等的监管[①]。

也有学者从经济和法律角度予以分析并且谈到：一方面，在市场的发展中，信息的获取和处理是商事主体立足市场的重要基础，而市场机制无法保证市场主体在利益冲突的环境下披露真实信息，使市场信息不完全，商事登记制度在制度层面解决了这个问题，且因为商事登记中公权力的运用使登记信息由国家信用支持，商事主体由此获取便捷、全面的信息从而使交易成本降低，交易随之迅捷；另一方面，在商事登记的法律关系中，登记申请人并不是当然地愿意将私人信息完全披露，然而立法层面的登记制度本身所包含的内容和规则又是政府与民事主体之间权力和权利博弈的结果，从而使商事登记制度能够引导市场主体选择登记，以稳定市场信息[②]。

不管如何阐述，学术界已经形成了商事登记制度追求的价值应当是既要保障交易安全又要增进交易效率的较为统一的观点[③]。但也有学者指出，现行商事登记制度存在过分重视安全价值目标而对效益价值目标追求不够重视，以及过多依赖政府行政手段来保障安全价值目标而忽视市场内在调节力量的价值误区[④]。此种观点是在说明我国现行商事登记制度存在不合理之处，而不是对商事登记制度之预期或理应追求的交易安全和交易效率的价值否定。

基于商事登记制度价值追求的确定，学者对商事登记制度的功能进行了归纳[⑤]。概言之，体现在以下几个方面：其一，授予私人商事主体资格，在法律上肯定其地位；其二，公示商事主体相关信息，增强公示信誉；其三，减少交易成本，增进交易安全，提高交易效益；其四，便利国家管理，保护交易相对人和社会公众利益，维持稳定的经济秩序。

商事登记制度正是通过国家管控、信息公示等手段希望最终达到安全与效率并重的目标。不难发现，虽然可以归纳出商事登记制度的众多功能，但是其本质功能还是公示信息。

---

① 赵旭东：《商事登记的制度价值与法律功能》，《中国工商管理研究》2013 年第 6 期。

② 刘训智：《法经济学视野下商事登记的本质属性和立法定位》，《东北师大学报》（哲学社会科学版）2013 年第 1 期。

③ 任尔昕、石旭雯：《商法理论探索与制度创新》，北京：法律出版社，2005 年，第 157 页。

④ 邹小琴：《商事登记制度的属性反思及制度重构》，《法学杂志》2014 年第 1 期。

⑤ 王作全主编：《商法学》，北京：北京大学出版社，2011 年，第 48—49 页；赵旭东：《商事登记的制度价值与法律功能》，《中国工商管理研究》2013 年第 6 期。

第一，经营权源于人权，不依靠法律的授予或确定，也因此，商事登记制度并不具有赋予商事主体资格的功能，而只是表征商事主体资格，即向第三人公示。

第二，商事登记制度降低的是商事活动中信息收集的成本，因为信息取得的安全性、便捷性从而使交易安全、便捷，则降低交易成本、提高交易效率、增强交易安全都源于信息的公示，实际上是信息公示作用的延伸。

第三，国家权力机关对商事主体的管控，进而对商事交易的监控，最根本的还是利用商事登记制度信息公示作用。确切地说，所谓的监督、管理是政府利用商事登记制度信息公示之作用达到的，其同样是信息公示作用的延伸。

第四，法律规制的目的是维持市场秩序的安全、稳定，同时也是对政府干预的限制。并且，法律的强制规定是在增强公示的效力而不是改变商事登记公示作用。

因此，从根本上来说，商事登记制度的功能仅仅是信息公示。至于信息公示功能可能拓展出的其他功能只是公示作用引发的效果，并不属于商事登记制度的实质功能，并不能体现商事登记制度的本质。

（三）商事登记制度的整体性

就行为而言，毋庸置疑可以将其进行拆分，针对组成一个行为的每一部分（或者可以称为分行为）予以剥离、分析、阐释，然后进行整合，从整体上再分析，以真正厘清行为的内涵、结构，直至可以明确界定。因为对行为研究的目的就是要经过深层挖掘使相关者最真切地了解行为，且只有经过“分解—整合”的过程才能全方位、多角度认识，以此为基础的界定才最全面、准确。

但是，对于一种制度甚至是一种可以专门立法规范的制度而言，分剥开来分析研究的目的是厘清制度的结构和内涵，而对其本质属性的界定应该更注重制度的根本功能和运行产生的整体效果。首先，制度是对一个行为或者一系列行为进行的调整，因每个行为的主体可能不同，每个行为均可能存在差别，因而，每个行为的性质并不能直接反映制度的性质，对一种制度的性质进行分析要观察其中的主导行为和次要行为的关系，以此种关系为基础认定制度性质。其次，制度的制定及运行总会有公权力的影子，不能简单地认为有公权力因素的介入，该制度就具有公权力的性质，要从整体上分析公权力的作用、影响等。

商事登记这种行为可以细分为两个行为，即商事主体的申请行为和国家有权机关的审查、核准行为。其中，商事主体对申请的相关事项有自主决定的权利，包括其营业种类、经营范围、投资方式、营业期限等登记事项；国家机关对所申请的事项有审核的权利。就商事登记行为剖析而言，此种研究方式是没有问题的，最终也可得出商事登记这个整体行为具有公、私两方面属性的结论。

但是，对于商事登记制度性质的界定，商事登记制度的规制包含实质方面（主体、客体、内容等）和程序方面，其中所规制的主体的行为只是对制度的侧面反映即说明制度的内涵，若以主体的行为的性质作为制度的性质不免片面且缺乏说服力。由此，认定商事登记制度的性质，应当综合考虑商事登记制度的内涵、功能，包括综合分析公权力与私权利、公法与私法在其中起到的作用，最终确认商事登记制度的性质。

三、商事登记制度私法性质的认定

基于前文，应当从以下几个方面认定商事登记制度的私法性质。

首先，商事经营资格是自然人出生即具有，从商事登记行为开始之时，商事主体便具有的商事主体地位，此种资格的取得源于私权利而非公权力，此时公权力还未在商事登记制度中展现。商事主体自由选择从事商事经营以及与经营相关的模式、期限等，正是私权行使的充分体现。

其次，商事登记制度的根本功能是信息公示，即商事主体对外表征自身主体资格、经营范围、经营期限等事项，这是商事主体对交易相对人的意思表示的内容。法律设立商事登记制度的目的在于增强公示的公信力，保护交易相对人、善意第三人的利益。究其实质，商事登记制度即私权行为的外化表现，产生对外的效力。

再次，国家机关的审核、入册行为是政府的辅助、配套措施。一方面，结合现代政府职能的变化，政府的职能已经从控制向引导转变，在商法等私法领域，法律法规、制度构建都趋向于导向性甚至是提供最低标准，提倡私权自治，典型如现代公司立法的趋势①。就与商事相关的登记制度而言，2014 年发

① 刘俊海：《现代公司法》上册，北京：法律出版社，2015 年，第 62—64 页。

出的《国务院关于印发注册资本登记制度改革方案的通知》，详细阐述了注册资本登记制度改革的理念，其中不论是放宽市场准入还是市场主体监管抑或是改革的保障措施，都体现出减少政府干预、增强主体自我管理的观念。另一方面，传统商事登记制度以公权力介入登记且主导登记行为，但是结合商事登记制度的根本功能即信息公示，不难看出政府以公权力或者说行政权力对商事登记的事项、程序予以规制是在为信息公示服务，其目的是提高公示信息的公信力，为交易的安全、便捷、稳固做铺垫。由此，应当认为，在商事登记制度中的公权力并非在主导登记制度，而是在强有力地保障制度的运行，公权力并非在控制商事主体登记，而是在引导商事主体登记。

最后，经过梳理商事登记制度中公权和私权的关系，可以发现，商事登记是由商事主体自主完成的向外公示信息的行为，行政机关以形式审查的方式核准信息以增强公示信息的公信力，而信息公示的直接对象是交易相对人。应当认为商事登记行为是商事主体之间发生的私权行为，进而推知商事登记制度的私法性质，行政机关提供了信息公示的“平台”，公权力保证“平台”的稳定，进而维护制度的稳定。

综上所述，不可否认商事登记行为包含公、私两种主体各自的公、私法性质的行为，但是不应当认为在商事登记制度中因有公法行为的身影将公法行为摆在主导地位而将此制度认定为公法性质。因为商事登记制度自商事主体具备资格开始，到整个制度的运行过程，占主导地位的是私主体的意思自治，其根本功能是私主体从事商事经营的对外公示，政府所掌控的公权力是在辅助私权的行使，法律的强制规定是在增强信息公示的公信力，并且限制公权力的滥用。所以，商事登记制度的本质属性应当是私法性质。

作者简介：刘嘉悦，女，汉族，籍贯山西，青海师范大学法学与社会学学院2015级硕士研究生，研究方向为民商法。

试论完善中国《物权法》中的不动产善意取得制度

马　静

善意取得制度起源于日耳曼法中的“以手护手”原则，因市场经济的不断强化和先进思想的碰撞，各国改变了以往对善意取得的偏见并纷纷确立了该制度。善意取得制度作为民法中一项必不可少的法律制度，对稳定市场交易提供了可靠依据。随着各国法律思想的不断交流与深化，我国也逐步意识到不动产善意取得制度的重要性，在计划经济时期，公有制经济和集体经济占主导地位，善意取得制度没有得到有效的发挥，也未得到充分认可。改革开放后，伴随市场经济的逐步深化，交易对象的拓展和交易次数的增多，动产善意取得制度得到了广泛应用。但司法界对不动产善意取得制度的争议一直持续不断。《中华人民共和国物权法》（以下简称《物权法》）为不动产善意取得制度提供了法律保障，不动产善意取得制度是为了解决无权处分人与善意第三人之间的不动产交易纠纷而设置的法律制度，善意第三人依法取得所有权时，为保护其利益和维持商品的正常流通，原所有权人不得以任何理由向第三人追回该不动产。近年来，随着房地产行业的快速增长，有关不动产的纠纷逐年增加，我国虽已公布施行了《不动产登记暂行条例》，但仍存在诸多问题。在司法实践中，对有关不动产善意取得的案件处理实属困难复杂。对不动产善意取得制度进一步诠释以确保其具有执行力，不仅能推动社会主义法治进程，还可以对现阶段处理相关的不动产纠纷，甚至对保持社会秩序都具有重要意义。

一、我国不动产善意取得制度的理论争议

在未颁布《物权法》之前，我国的民法学家对善意取得制度能否适用于不动产存在较大争议，传统民法理论家认为，善意取得制度仅能适用于动产领域，而对于不动产往往采用的是“公信原则”。《物权法》实施后，首次以立法形式承认不动产善意取得制度，并对动产作出统一规定，这也充分表明我国法律对此种适用的普遍认可，但对此问题我国学术界一直存在争议，主要有以下两种观点：肯定说和否定说。

（一）肯定说

此说主张在我国建立不动产善意取得制度具有两方面的现实意义：其一，由于我国不动产登记制度的局限性，错误登记频繁出现且在短时间内无法修正，登记内容的正确性无法得到保证；其二，《物权法》通过建立不动产善意取得制度来实现不动产登记的公信力。叶金强认为，不动产登记的公信力与不动产善意取得相互依存，相辅相成，认可了前者对后者也应给予认可，否则不动产公信力形同虚设①。孙鹏认为，不动产的登记公信力与动产占有公信力出发点相同，所以二者不存在实质区别，不反对不动产适用善意取得，但也无须单独规定②。马栩生认为，登记公信力与不动产善意取得在善意与权力取得方面没有区别③。常鹏翱认为，应将登记公信力与动产善意取得合并处理，因为二者在制度目标等方面具有一致性④。

（二）否定说

否定说主要包括以下几位学者的观点：梁慧星认为，不动产经登记就具有

① 叶金强：《登记之公信力：不动产物权善意取得制度》，《厦门大学法律评论》2004 年第 8 期。
② 孙鹏：《物权公示论——以物权变动为中心》，北京：法律出版社，2004 年，第 281—282 页。
③ 马栩生：《登记公信力研究》，北京：人民法院出版社，2006 年，第 78 页。
④ 常鹏翱：《物权法的展开与反思》，北京：法律出版社，2007 年，第 236—237 页。

了明确的权利归属，基于登记公信力，对登记完全可以信赖，交易中不发生错将占有人当作所有人的情况，故不发生善意取得问题①。因不动产登记具有很强的公信力，当出现登记错误或登记遗漏的情形时，因善意第三人对登记的合理信赖而进行交易的，法律应予以保护，就出现“从无权利人处取得”的法律效果②。王利明认为，不动产登记已确定了所有权的归属者，第三人因信赖登记而继续进行交易的，适用公信原则，包括登记错误这种情形，对不动产善意取得完全没必要以特殊制度进行设置③。孙宪忠认为，任何人不得在交易时以不知权力瑕疵进行抗辩，因为不动产登记有一定的公示期，法律已充分保护了善意第三人的利益，即使出现登记权利人与实际权利人不一致的情形也可依据公示公信原则，出让人无权处分时，善意受让人也能取得物权，无须适用善意取得④。尹田认为，不动产登记具有很强的公信力且能独立存在，与登记相比，动产占有的公信力很弱，必须借助另外的特殊制度，即动产物权善意取得，再设立不动产善意取得已然多余⑤。《物权法》虽肯定了不动产适用善意取得制度，但对于该规定是否符合我国当前的经济发展形势与要求，学者们提出了不同的见解。

二、现行我国不动产善意取得制度存在的不足

《物权法》第一百零六条规定：“无处分权人将不动产或者动产转让给受让人的，所有权人有权追回；除法律另有规定外，符合下列情形的，受让人取得该不动产或者动产的所有权：（一）受让人受让该不动产或者动产时是善意的；（二）以合理的价格转让；（三）转让的不动产或者动产依照法律规定应当登记的已经登记，不需要登记的已经交付给受让人。受让人依照前款规定取得不动产或者动产的所有权的，原所有权人有权向无处分权人请求赔偿损失参照前两款规定。”

（一）对无权处分的界定不明确

我国《物权法》第一百零六条并未明确规定“无权处分”的概念及适用范

① 梁慧星、陈华彬：《物权法》，北京：法律出版社，2010 年，第 216 页。

② 孙潇：《不动产善意取得的适用范围的反思》，《法学论坛》2010 年第 9 期。

③ 王利明：《物权法研究》，北京：中国人民大学出版社，2005 年，第 245 页。

④ 孙宪忠：《中国物权法总论》，北京：法律出版社，2003 年，第 303 页。

⑤ 尹田：《物权法理论评析与思考》，北京：中国人民大学出版社，2004 年，第 302—303 页。

围。学术界对此也是众说纷纭。有学者提出，权利推定作为不动产登记制度最重要的一项功能，即不论登记权利人是否为真实权利人，只要登记簿中已载明，登记权利人就享有所有权，登记权利人虽不是真实权利人，但基于登记的公信力，其对自己名下的不动产进行处分，是合法的，构成有权处分。笔者不赞同上述主张。王利明教授认为，不动产登记推定只适用于物权确认，而不能适用于登记权利人与第三人之间的交易[①]。在确认物权的过程中，只牵扯真实权利人与登记权利人之间的利益关系，但在不动产交易中，涉及真实权利人与第三人之间的利益导致另一个法律关系产生，此时应更注重交易安全的问题，而不是对物权的确认。因此，也就不难理解为什么具有合法身份的登记权利人，其处分行为属于无权处分。在不同法律关系中，法律对不同利益的调整的侧重点不同。所以，应根据真实的权利情况来判断登记权利人是否构成无权处分，而且，正是由于登记权利人并不是真实权利人，其主体资格已不合法，而登记权利人则是在明知自己对该不动产不享有处分权的情况下，实施了处分行为，其实施的处分行为必定不合法。

（二）对“善意”与“合理”的认定不明确

不动产善意取得制度中通过对善意这一要件的设定来对抗原所有权人的物权，增强对善意第三人取得所有权的利益保护，善意就成为该制度最为关键的要件。《物权法》并未对其进行详尽的规定，所以，在面对市场交易纷繁复杂的局面时，该条文显得力不从心。我国立法采用“消极观念说”作为判断主观善意的标准，要求第三人不知或不应知他人是无权处分人就可。这是一种简单规定，但在司法实践中，这种“不知或不应知”的主观状态缺乏客观的衡量标准，完全凭借法官的自由裁量权，如此就使得看似简单的判断标准缺乏现实的可操作性。《物权法》对合理价格并未作出具体规定。到目前为止，对价格的判断依据是参考适用动产合理价格的司法解释：转让价格低于交易价格或市场价格的 70%，一般就可以确定为不合理的价格。但在适用过程中，容易出现一个明显问题，即不动产的价值相对较高，实践中往往会采用分期付款的方式，根据此条款应要求一次性支付完毕还是分期付款，所以对合理价格的明确在理论界还存有较大的争议。

---

① 王利明：《物权法论》，北京：中国政法大学出版社，1998 年，第 216 页。

（三）欠缺对真实权利人的保护

虽然《物权法》设定的善意取得制度主要是为了保障善意第三人的权益，但也不能因此而忽视原所有人的利益，否则有失社会公平。我国法律虽然对不当得利救济、侵权责任救济和违约责任救济这三种救济途径给予了一定认同，但对原所有人如何切实保障自身权益，尤其是防止无权处分人处分其不动产，而采取哪些相应的保障制度未作具体规定。原所有人对前三种救济途径有一定的选择权，但执行程序较为复杂，而且也不利于具体操作执行。善意第三人取得所有权，而原权利人不能行使追回权时，二者就产生了矛盾，此时，原权利人只能通过请求无权处分人承担侵权责任或违约责任来弥补自己遭受的损失。善意取得制度牺牲了原权利人的权益，在很大程度上保护了善意第三人的权益，反映了我国对不动产动态交易安全的维护。它摒弃了所有权绝对理念，表现了人们对积累财富的现实期许。所以，兼顾各方利益是很有必要的。对原权利人的保护体现的是法律的公平与正义，但对善意第三人的保护体现的是对交易市场秩序的维护。当原权利人与善意第三人的利益产生矛盾时，法律必须作出权衡。善意第三人取得不动产并不必须以占有为要件，现实情况中，原权利人继续占有该不动产的情况很多。不动产善意取得制度需要兼顾原权利人与善意第三人的不同利益，在不损害善意第三人利益的前提下，原权利人利益的实现可以借助其他的救济途径。

三、我国不动产善意取得制度亟待完善

（一）《物权法》应分别规定动产善意取得与不动产善意取得

我国《物权法》将不动产善意取得与动产善意取得规定在同一条文中，但二者存在差异，这造成了司法者在审判过程中还要考量动产的有关规定是否可以用于不动产善意取得，这就是立法问题，由于立法的不明确，在审判过程中法官将依据自己的偏好选择适用，有可能造成案件的不公正。因此笔者认为将两者放在同一条文中有些不妥，需要从以下几方面进行考虑。

1. 动产善意取得与不动产善意取得存在差异

虽然两者都以无权处分为前提条件，但动产以占有为公示方法，不动产以登记为公示方法，两者在权利表征方面的不同，造成了在适用善意取得制度上

的区别。一般情况下，不动产的无权处分行为经常会伴随着登记错误现象的出现，在实践中认定无权处分时，通常也仅仅会考虑登记名义人与真实权利人是否为同一人，一般都不会再去考虑别的因素，因为不动产虽然可能被他人非法侵占，但是实践中更多的是由不动产所有人或者享有其他用益物权的权利人占有该不动产。在认定动产的善意取得时，交易场所等其他因素的影响都至关重要，因为动产可能会遗失或被盗窃。交易地点对认定受让人是否有理由相信出让人是否为有权处分者至关重要。另外，两者在主体上也有差异，由于不动产善意取得的构成是以登记错误为前提的，涉及真实权利人、无权处分人、善意第三人与登记机关四个主体，而动产善意取得不涉及登记机关，主体不同导致两者的责任承担方式也不同。将两者统一规定在同一条文中，会产生责任分配不清晰等问题，不利于善意取得制度的具体实施。

两者在公示方法上的差异，导致在认定善意的标准上也存在差异。动产以占有为公示方式，现实中占有人并非所有权人的现象很多，所以，占有的推定效力往往会被打破，法律对善意的认定设定了较高的标准。而不动产以登记为公示方式，同时又介入了登记机关的登记行为，现实中的登记机关一般都是当地行政机关，由于政府行为的权威性，在一般情况下，社会公众都相信登记簿上记载的事项。因此，受让人只要主张自己有合理理由相信登记簿上记载的事项，就能推定其主观善意，除非有证据证明受让人明知登记内容有误。

2. 分别规定动产善意取得和不动产善意取得

不动产善意取得虽然是在动产善意取得的基础上发展起来的，但是这两种制度仍存在许多差异，将两者放在同一条文会干扰司法实践。我们都知道动产中的此种制度在各国得到了广泛应用，且发展较为成熟，但在不动产领域，我国虽对该制度作出了明确规定，但是其设立时间不长，所以，当善意取得制度在不动产领域适用不完善时，人们自然而然地就会用动产的相关制度来弥补不动产领域的缺陷。这种观点是不正确的，本文前部分已论述过两者存在的差异，将两者放在同一条文会误导审判人员在裁决时选用的法律条文与案件不一致，不利于实现个案的公正。所以将两者分开也是当前形势所趋，当今的房地产成了带动经济发展的一大行业，买房、租房行为在我国逐渐增多，交易的不断扩大促使一些新问题出现。因此，应当在法律中将不动产善意取得制度的规定单独设立一个条文，这样不仅有利于审判人员明确地选择适用的法律，而且有利于实现案件公正。所以，笔者认为动产善意取得的构成要件主要有以下四个：①处分人为无权处分之占有人；②第三人通过交易行为取得占有；③第三人不知处分人无处分权且无过失；④真实权利人依其意思丧失占有。而不动产善意取得的构成要件如下：①登记权利状况出现错误；②第三人与登记名义人已交易并完成登记；③第三人不知权利状况错误。总而言之，笔者建议将两者分别规定，如此不仅便于解释，而且便于实践。

（二）无权处分的范围界定

从《物权法》第一百零六条的规定可以看出，无权处分是善意取得适用的前提。虽然没有同另外三个构成要件一样在法条中有明确体现，但是从第一百零六条整个法条来看，无权处分是不对称善意取得不可或缺的构成要件之一，不动产使用权设立的初衷就是解决现实中因无权处分而引发的各种不动产物权的权属纠纷，平衡各方利益。

1. 判断无权处分的学说

一是“无处分权说”。此说认为，善意取得中的无权处分指出的是让人未经原所有人的同意或授权而擅自处分他人财产的行为。出让人的无权处分行为使一方当事人因合同失效而受损。出让人在合同成立后，仍未征得所有权人的同意或所有权人未进行追认，为保护善意受让人的利益就诞生了善意取得制度。

二是“处分权受限制说”。该说主张，出让人的所有权因某些原因受到了一定制约，出让人不是没有处分权，只是其处分权受到了一定限制。在此情况下，出让人将财产转让给善意第三人，这种情形也属于善意取得中的无权处分。此学说只是将善意取得的适用范围进行了扩大。

三是“登记错误说”。该学说的适用前提是登记名义人处分他人的不动产，即在善意取得制度中，不动产登记权利人与真实权利人不符时，造成这种局面的主要原因归咎于错误登记。不动产的无权处分实际上就是登记权利人处分了他人的不动产，并进行了登记。其原因在于，不动产登记的公信力导致受让人对不动产登记内容的信任而从事交易行为，主观上属于善意。即使登记错误致使登记权利人与真实权利人不一致，善意第三人仍能取得所有权。

以上三种学说都有一定道理，但笔者更赞同“登记错误说”。这就说明不动产善意取得中的无权处分往往存在错误登记的前提基础。不动产和动产的处分方式不同，不动产物权变更以登记为准，并非所有的无权处分都适用于不动产善意取得。按“无处分权说”的观点，不动产的占有者未经所有权人的授权或同意，擅自处分不动产的情形，也成立无权处分。但这并不会让第三人确信占有人就是真实权利人。第三人应知道须以查阅不动产登记簿来确定真正权利人，若第三人未履行必要注意义务，则难以辨别受让人的主观善恶，善意取得制度也没有运用的余地。

2. 登记错误说的可行性

登记错误指的是登记簿记载的事项与事实不一致，主要包括权利事项错误和非权利事项错误两类。登记错误一般仅局限于权利事项的错误，其主要包括两种情形：第一种是不动产登记权利人与真实权利人不一致；第二种是不动产登记簿记载的权利人不完整，这主要是指不动产在共有时遗漏了其他所有权人。

不动产登记错误适用的情形有四个：一是登记机关的失误导致登记错误；二是所有权人因过失或故意引起登记错误；三是登记申请人与机关工作人员恶意串通，导致登记错误；四是因法律以外的事实原因导致物权变动，而未及时进行变更登记造成登记错误。在上述情形下，第三人在进行交易时，即便尽到了审查注意义务，也不能发现处分人的行为是无权处分，所以，第三人与处分人的交易行为有效，那么物权就会发生变动并产生物权效力。

因而，笔者认为，不动产善意取得制度中“无权处分”应仅限于登记错误这一情形。当出现上述登记权利人并非真实权利人时，对该不动产的处分行为属于无权处分。

（三）明确善意的认定标准

对于不动产善意取得制度中的善意，我国法律未给予明确解释及规定，对此，理论界大多数学者认为善意就是行为人因过失或无过失而不知与其进行交易的一种主观心理。

1. 善意的含义

善意一词最初源于拉丁语，意思为“不知情”，《牛津法律大辞典》对善意的界定是：如果一个人诚实地行事，他不知道也没有理由相信他的主张是毫无根据的，他就是善意的。当该人知道或应该知道他的主张缺乏法律根据的事实时，他就不是善意的[①]。王泽鉴认为，善意为无重大过失而不知让与人无处分权[②]。现代意义上对善意的理解主要有两种：一是行为人的动机是纯粹的，不存在损害他人利益的主观态度；二是行为人主观上不知其行为对整件事情的影响很大，无意识地认为自己的行为是合法的。善意取得中的善意应作第二种解释。

2. 善意的判断标准

对第三人善意的判断，各国主要依据第三人是否尽到了必要注意义务。除此之外，还需要考虑其他因素，其中最为关键的应该是受让人对出让人的信任，同时双方之间的关系、交易价格、交易地点等也应一并考虑。受让人知道或应当知道，但因重大过失而不知道让与人是无权处分的，应判断为不构成善意。对于“重大过失”的认定，应当采用客观标准，一般人根据具体的情形、凭借生活和交易经验作出的正常判断可以作为衡量的依据[③]，如果只是一般过失，则可成立善意。

不动产善意取得制度对善意的判定基于对登记的合理信赖，受让人不会质疑登记权利人的主体资格问题。善意受让人因对登记的合理信赖，也构成对不动产权属状况的“善意”，以此来获得法律保护[④]。不动产善意取得中对善意的判断比动产相对容易。受让人只要因信赖登记而从事交易行为，就可以被认定为善意，但受让人明知登记错误的除外。对于动产，只要受让人不知道出让人存在权利瑕疵即可认定为善意。此外，不动产受让人在交易前要查阅登记簿了解有关不动产的权属状况，如果原所有权人有证据证明受让人事前未进行查阅了解，则认定其不构成善意。

3. 善意的举证责任

不动产只有在依法进行登记后，受让人才具备善意要件，但如果没有依法

① 〔英〕戴维·M.沃克：《牛津法律大辞典》，李双元等译，北京：法律出版社，2003 年，第 127 页。

② 王泽鉴：《民法物权·通则·所有权》，台北：三民书局股份有限公司，1996 年，第 137 页。

③ 梁慧星：《中国物权法草案建议稿：条文、说明、理由与参考立法例》，北京：社会科学文献出版社，2000 年，第 364 页。

④ 王泽鉴：《民法物权》第一册，北京：中国政法大学出版社，2001 年，第 124 页。

进行登记，就不存在公信力，受让人也不具备产生信赖的依据，善意取得也就无任何用武之地。由于我国的不动产登记制度体系不健全，登记簿缺乏很强的公信力，如果交易中的第三人主张已查阅不动产登记簿，证明其主观善意，则该主张不成立。第三人应承担善意的证明责任，这并不只是纯粹的诉讼技术问题，也涉及当事人证明这一窘境的主观态度，立法的不明确会给当事人的利益带来很大的影响。关于如何证明第三人的主观状态是否为善意，我国法律也未给出明确回答。从国外立法来看，古罗马时期的法律假设所有受让人都是主观善意的，善意或恶意则应由对方证明①。德国法律规定对第三人的主观判断由主张受让人恶意的一方来举证②。法国法律和日本法律也存在类似规定③。

不动产善意取得中的“善意”，可以适用法律推定，先推定受让人主观善意，由原权利人对受让人的恶意举证，无法证明的，则推定第三人善意。其中，原权利人可以通过以下几种方法对受让人的恶意进行举证：其一，证明受让人明知出让人是无权处分人而仍与其进行交易。善意取得中的“善意”，是指受让人不知让与人无处分权而与其交易。如果出让人在转让前告知第三人自己并非所有权人，而第三人知道此情况后还与之交易，那就构成了恶意，这就属于明知而为。还有一种情况是从有寄藏被盗货物嫌疑人处自行购买其物的，也构成恶意。其二，以明显不合理的低价受让不动产的。其三，出让人和受让人之间恶意串通。最常见的就是实际占有人与第三人的恶意串通情形。原权利人可提供证据证明第三人的恶意以维护自己的权益。其四，交易时出让人存在异常情况，如交易时，出让人反悔了，而受让人强迫与其进行交易。还有一种情况是第三人应查询而未查询不动产登记簿。

4. 善意的判断时点

不动产物权的移转以登记为对抗要件，不动产登记作为物权转移的最后阶段，对整个交易起着至关重要的作用，而登记机关登记行为的效率也对交易进程的推动有重要影响。学术界对善意的时点判断主要有以下两种观点：一是以完成登记的时间作为善意的判断时点。这种学说主张，受让人在不动产登记完成时要一直处于良好的善意主观状态，这样才能表明其善意。二是以申请登记

① 周枏：《罗马法原论》，北京：商务印书馆，1994 年，第 327 页。

②〔德〕曼弗雷德·沃尔夫：《物权法》，吴越、李大雪译，北京：法律出版社，2002 年，第 289 页。

③〔日〕田山辉明：《物权法》，陆庆胜译，北京：法律出版社，2001 年，第 106 页。

的时间为善意的判断时点。此主张只要求交易第三人在申请登记的那一刻是善意的，就算在登记进行过程中得知出让人没有处分权的，同样也构成善意。

笔者认为，第一种观点更为合理。首先，善意是对不动产登记簿记载的权利状态产生的合理信赖，判断的时点应一直持续到变更登记时。其次，以申请登记的时间为判断时点缺乏现实可行性。受让人的善意是从主观角度进行推断其心理状态的过程的，不像客观情况那样，能很清晰地让人认知。在申请登记时很难确定受让人主观善恶，也不知道其主观心理状态，不管是由受让人自己举证还是由原权利人举证都实属困难。最后，从善意取得制度的设立目的来看，如果受让人在变更登记时或变更前已明知出让人是无权处分的，那第三人就不受法律保护①。按照我国《物权法》的规定，对善意的判断时点应是受让人在受让不动产的那一刻是善意的。依法登记后物权才会转移并生效，故而，第三人只有在完成登记后主观上仍为善意，才能依法取得不动产所有权。

交易结束后，即使买受人知道出卖人是无权处分人，也构成善意。《物权法》第一百零六条强调的是受让人在受让不动产或动产时是善意的，也就是说，强调善意的时间性，即受让人在最后行为那一刻仍是善意的②，对转让行为结束后其行为是否成立善意，法律可以进行推定：若受让人在受让前主观上存在恶意，就推定其在受让时与受让后都是恶意。

（四）明确把握合理价格

善意取得的主要目的是保障交易安全，这就要求交易双方必须以合理的价格转让。也就是说，善意取得的成立前提必须是有偿的。《物权法》规定“以合理的价格转让”。通过先占、继承、抢劫、盗窃等方式获得财产的，都不适用善意取得制度，只有受让人通过以权利移转或设定为目的的法律行为，如买卖、出资、互易、债务清偿等形式取得所有权的，才适用不动产善意取得制度。

1. 转让行为的有偿性

各国并未就受让人在取得所有权时是否必须是有偿行为作出相应规定。《苏俄民法典》第一百五十二条规定：受让人无偿取得所有权的，原所有人在

① 王泽鉴：《民法学说与判例研究》第四册，北京：中国政法大学出版社，1998 年，第 136 页。

② 王泽鉴：《民法物权》，北京：中国政法大学出版社，2001 年，第 124 页。

任何情形下，都可以进行追回。在我国，一般认为无偿取得不适用善意取得制度，受让人通过继承、遗赠等方式取得所有权的，也不适用善意取得制度。兼顾原权利人的利益是善意取得的关键点，从原权利人权益的视角来看，必须强调受让人是支付了对价而取得所有权的，此时，原权利人更需要法律保护。善意取得制度在对原权利人与善意第三人之间利益的取舍中，选择了保护善意第三人的利益，这是对权利冲突的选择问题，适用这一制度时需谨慎①。按照善意取得制度，原权利人是通过向无权处分人请求赔偿来弥补自己的损失的。当受让人无偿获得不动产也可适用善意取得制度，原权利人的权利可能无法得到适当有效的经济赔偿，这就显失公平，也不契合善意取得制度的原意。即便法律准许原所有人可以追回不动产，但原所有人的此次行为并未对受让人造成任何经济损失，也就没有适用该制度的必要了。

2. 合理对价的确定

不动产善意取得制度还有一大要件，即买受人支付了合理的对价，但现有法律对合理价格并未给予明确的判断标准。对于动产，合理的对价一般是指市价。例如，出让人甲将10万元的电脑以1万元的价格出让给乙，这就是不合理的对价，按照一般社会公众的认知能力，甲应当发觉到不合理的低价，甚至是质疑出让人是否属于有权处分，若受让人取得该电脑的所有权，也不能将其认定为善意。对于不动产，应如何确定对价呢？首先，动产以占有为公示方法，以不合理的低价转让动产，更容易让受让人质疑出让人的主体适格问题。但不动产不同，其登记的公信力使受让人有足够的理由信赖，即使以不合理的低价取得所有权，仍成立善意。其次，在我国市场经济体制的影响下，目前有很多不动产价格无法确定，如未登记的单位福利房、房改房、经济适用房等，原则上，以上三种房可以适用善意取得制度。

基于此，笔者认为，对合理价格的判断应不同情形不同对待。首先，对商品房价格的判断以市场价格为主，此外，还可以结合考虑其房屋所属的区位、房屋面积、楼层等客观条件。其次，结合主观因素。合理价格不等同于市场价格，而只是以市场价格作为参照，如果受让人因房屋的通风采光、结构、风水等问题以低价取得不动产，可以认定其是以合理价格受让的。最后，履行期

① 王泽鉴：《民法学说与判例研究》第四册，北京：中国政法大学出版社，1998年，第136页。

限。实践中会出现虽然合同约定的价格合理，但实际并未支付价格，此种情形能否适用善意取得制度？有意见认为，由于已经就合理价格达成合意，受让人应为善意。也有意见认为，由于受让人不实际的付款，原所有人有权追回，第三人的利益也未受到损害，不动产善意取得制度也没有存在的价值和意义。考虑到不动产有较高的经济价值，现实中对不动产的交易一般都采取分期付款的方法，如果要求受让人需要支付全款才能构成善意取得是不切实际的，只有在合同中对合理价格和期限达成合意，并就达成的合意按时付款的，即使未付全款也应构成善意取得。反之，在一定期限内未支付任何价款的不成立善意。原因在于：其一，善意取得制度是为了保障善意第三人的权益，既然受让人完全未付款，可以从原所有人的角度出发，有权追回该不动产，也就不存在损害善意第三人利益的问题，善意取得也没有发挥其作用的空间；其二，如果只约定了价格，却未支付任何价款就能构成善意取得的，就会出现合同诈骗等违法犯罪行为，善意取得制度会丧失其存在的价值和意义。

（五）完善对真实权利人的保护制度

善意取得是法律对原权利人与善意第三人的利益进行权衡后，得出的最能兼顾两者利益的制度。但其更倾向于保护善意第三人，所以对原权利人的救济方式，可以参照国外先进的立法制度建立适合我国当前经济社会发展需要的特殊保护制度，或在完善不动产善意取得制度的基础上建立相应的健全配套登记制度，最大限度地促使原权利人与善意第三人的救济权利趋向平等。

1. 加密保护制度

随着现代科学技术在人们日常生产生活中使用范围的不断扩大，在进行不动产登记时，除了要记载法律所规定的必要记载事项外，真实权利人还可以选择对记载事项进行加密保护，如通过设置密码或指纹识别。加密过后，任何人如果想更改不动产登记内容，必须要通过输入密码或指纹进行验证，只有通过了验证其内容才会被更改。这一制度将对真实权利人的利益起到有效的保护作用。

2. 救济措施

原权利人的救济形式主要包括四种，第一种是按侵权救济。这种救济主要适用于无权处分的情形。根据《中华人民共和国侵权责任法》的相关规定，只要出让人的行为满足侵权行为的构成要件，真正权利人就可依据《中华人民共和国侵权责任法》或《中华人民共和国民法通则》第一百一十七条的规定，向无权处分人请求赔偿损失。第二种是按不当得利。无权处分人处分他人财产，并获取了利益，无权私自处分不动产，得到利益之人，该利益实际上就是该不动产的价值的对价，真正权利人失去了该不动产，遭受了重大的经济损失，原所有权人有权请求无权处分人返还不当得利。第三种是违反合同的法律责任。若无权处分人与真实权利人存在合同关系，保留房屋所有权买卖合同中，当事人约定等缴清房屋的全部价款后，才能转移房屋所有权并完成变更登记。第四种是按照国家赔偿的救济措施。

3. 明确所有权人追偿数额标准

按照《物权法》第一百零六条的规定，只要不动产受让人善意受让不动产后，原所有权人就可以要求无权处分人赔偿损失。虽然此项制度在有些方面能补偿原所有权人的损失，但在司法实践中暴露出了一些缺陷。不动产的价值一般都较大，完成交易也要花费很长时间。我国房地产行业发展迅速，不稳定的房价快速增长，导致原所有权人再追偿时无所适从，面对原所有权人如何向无权处分人进行追偿的情况，《物权法》并未进行规定。从不动产交易的整个状况来看，主要有三个标准可作为其进行追偿的依据：一是无权处分人实际处分时的房价；二是诉讼时的房价；三是第三人支付的对价。笔者认为，应以第一个标准作为其追偿的依据。如果采用第二个和第三个标准作为追偿依据，由于房地产行业快速发展，在各个不同时期房价都存在一定的差异，不管是诉讼时还是实际取得时都只是对一方利益的保护，而未顾及对方的利益。由于两个时期的房价差距过大，这样不仅违反了公平原则，而且在很大程度上会损害双方的利益。再者，不动产善意取得中对合理价格规定的模糊性，使不动产真正的价值并不能只凭借受让人支付的价款来衡量，所以，采用这一标准显然不合理。

四、结语

在当前社会背景下，不动产变成了促进经济发展的一大关键区域，不动产交易量呈现持续上升的趋势，交易频繁和主体的多元化使不动产交易引起了许多新问题，为解决这些问题并保证交易安全稳定进行，将善意取得制度引入不动产领域是大势所趋。但不动产善意取得制度刚设立不久，在许多方面都是有争议的。在立法上，我国法律并没有区分动产和不动产，反而将两者放在同一条款中。笔者认为两者都应单独规定，这更有利于不动产善意取得的执行应用。本文主要从我国法律规定的四要件入手，分析立法制度上的缺陷及完善措施。

《不动产登记暂行条例》统一了我国不动产登记机关，这就避免了出现原先多个登记机关并存，造成信息杂乱的状况，为不动产善意取得制度的完善奠定了坚实的基底，使登记后的权利内容更有益于交易第三人，也为明确第三人是否为善意提供了重要的凭证。现阶段我国市场中交易量相对大的范围就是不动产，无论是城市还是农村，公众对占有的认识越来越强，引发了交易时各种不同利益之间的冲突和矛盾，此时，善意取得制度就产生了很大的适用空间。但善意取得制度自身带有的缺陷造成实践中的很多不确定性。所以，建议更应进一步完善不动产善意取得制度，从而促使执法者在执法过程中有法可依，最后可以实现交易过程和结果的公平。

作者简介：马静，女，回族，籍贯青海，青海师范大学法学与社会学学院2014级法学硕士，研究方向为民商法。

试论流动摊贩的商事主体地位

郭瑞琪

在现阶段，商事主体以企业为主，但因种种因素人们忽视了流动摊贩这个商事主体的存在与其经营活动，甚至在当今中国的法律中没有规定或承认其法律地位。流动摊贩的组成人员大部分是下岗失业、待业人员和农民工。他们没有资金和技术，找不到合适的工作，而成为流动摊贩是较为方便的选择。这样一来，解决了一部分人的就业问题，增加了就业机会，同时也解决了他们的生存问题，给他们的生活提供了保障。除此之外，成为流动摊贩还鼓励了大众创业，实现个人价值，体现创业精神。流动摊贩还给消费者的生活带来了便利，他们大多数是在居民区、学校周围经营，让人们出门就可以买到生活用品。流动摊贩的存在给社会带来了积极的影响，他们的经营活动也在一定程度上促进了经济的发展，可以把他们看作个体经济。所以，流动摊贩的存在是有价值的。然而，流动摊贩也给社会带来了一定的不良影响。首先，大量的流动摊贩经营场所不固定，尤其是在马路两侧占道经营，造成交通拥挤状况。其次，一些流动摊贩售卖的食品、商品存在安全问题，严重危害消费者的人身权利。最后，流动摊贩在经营过程中往往会产生大量的垃圾，这些垃圾往往得不到及时的清理，甚至被到处乱扔，给城市环境造成了负面的影响，由此导致城市管理部门对其进行取缔、禁止摆摊设点等，与流动摊贩产生了冲突和矛盾。本文认为，流动摊贩的经营行为符合商事主体商事行为的特征，但流动摊贩在我国没有法律地位，我国的法律规范也没有对其进行规范，应当在法律上承认他们的法律地位，确立他们的商事主体地位，用商事法律规范调整他们的经营行为，保护他们的合法权利。在法律上确认流动摊贩的法律地位，可以健全我国的商事主体体系。

一、流动摊贩基本问题分析

（一）学术界对流动摊贩的界定

流动摊贩，又称“小商贩”，在中国历史上已经存在很长时间。《史记·平淮书》有记载“古人未有市，若朝聚井汲水，便将货物于井边货卖，故言市井也”。春秋战国时期，商人成为社会阶层中重要的组成部分，也就是“士农工商”四民之一，在街上没有固定的经营场所，在商业连锁末端，从事与现代社会流动摊贩类似的活动。到了北宋，也有挑担游走的小商贩，著名的《清明上河图》中就有商贩活动的写照。

由于我国目前没有商法典，流动摊贩不具有法定地位，《个体工商户条例》中也只是将其定义为无固定经营场所的摊贩。苗延波在《商法总则立法研究》一书中指出，流动摊贩是指没有经过工商登记，也没有固定的经营场所，利用路边空地等公共空间进行小规模经营活动，以个人或家庭为单位进行经营活动的经营者[①]。李建伟在《从小商贩的合法化途径看我国商个人体系的构建》一文中指出小商贩是没有固定经营场所，只能利用公共空间进行小规模经营，并且没有到工商行政部门工商登记的经营者[②]。顾功耘在《商法教程》中的定义为：流动摊贩是指没有固定的场所，为了生计而进行交易行为、投入成本少、资本很小的经营活动，没有固定场所，只能沿街叫卖或者在居民区周围等地方进行经营活动的小商贩[③]。

流动摊贩经营规模小，经营场所不固定，交易的金额很小，大多以水果、蔬菜、小吃、饰品、鞋帽等日常生活用品为主，虽然其目前不具有法定地位，

① 苗延波：《商法总则立法研究》，北京：知识产权出版社，2008 年，第 105 页。

② 李建伟：《从小商贩的合法化途径看我国商个人体系的构建》，《中国政法大学学报》2009 年第 6 期。

③ 顾功耘主编：《商法教程》，北京：北京大学出版社，2001 年，第 36 页。

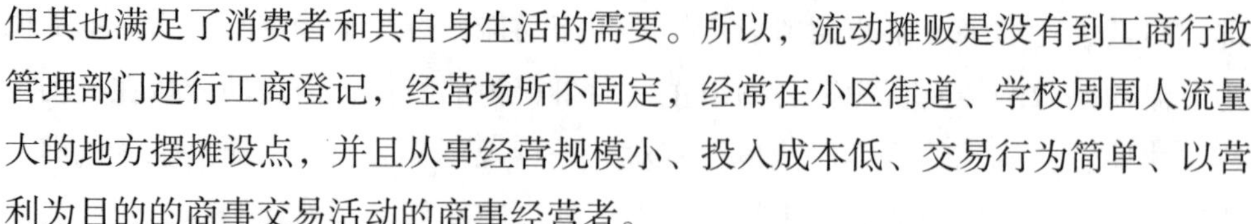
但其也满足了消费者和其自身生活的需要。所以，流动摊贩是没有到工商行政管理部门进行工商登记，经营场所不固定，经常在小区街道、学校周围人流量大的地方摆摊设点，并且从事经营规模小、投入成本低、交易行为简单、以营利为目的的商事交易活动的商事经营者。

（二）流动摊贩成为问题的原因

随着城市化进程的加快，流动摊贩在各个城市的数量越来越多，他们确实活跃了市场，满足了广大消费者的需求，解决了自己的生存问题，但是也给城市带来了很多负面影响。例如，流动摊贩一般会选择在比较喧闹的市区，或者小区附近、学校周围摆摊设点，而且往往会选择在上学放学、上下班人流量大的时候出摊，所以这样很容易造成交通拥堵。流动摊贩的流动性使其产品质量也无法得到保障，出现质量问题或侵权后无法追究其责任。除此之外，流动摊贩大部分以出售小吃、水果、手工产品等为主，在交易过程中很容易产生垃圾，且无法得到及时清理，甚至到处乱扔，这样就给街道、小区、学校周围等公共空间造成了不良的环境影响，严重影响着城市的市容市貌。

因为流动摊贩的经营活动存在弊端，对其治理也是必然的。可是，从新闻报道和身边的实际情况来看，流动摊贩的数量并没有减少，反而越来越多，流动摊贩与城管的冲突愈演愈烈，甚至是暴力冲突。虽然私自设点摆摊是不合法的，但流动摊贩愈来愈多。这除了流动摊贩自身的因素外，也有其他因素，流动摊贩想要取得法律地位，还需要经过工商管理登记，领取营业执照，但是成本过高，审批时间长，要求过高，这让众多小商小贩望而却步。

二、流动摊贩的商事主体资格分析

（一）流动摊贩的商事主体特征

结合商事主体的法律特征以及我国市场经济的特点，流动摊贩的主要特征体现在以下几个方面：

第一，营利性。流动摊贩进行交易活动虽然是为了满足自己的生活需要，收入不是很高，或许仅能维持生计。但是，他们在成为流动摊贩时，也是被其投入成本低、收益快的特点所吸引，他们也是为了能够用最少的投入获取更高的收入，所以他们还是为了营利，为了能够更好地生活。

第二，营业性。这是指经营活动的持续性，流动摊贩的经营活动具有营利性，这是他们的行为性质，在时间上就是持续的而不是偶尔或者断断续续的营利行为。

第三，流动性。流动摊贩经营规模较小，没有固定的经营场所，常常以摆摊设点、走街串巷的方式，在学校周围、小区、人行道两边等地方进行经营活动。

第四，无合法性。流动摊贩从事经营活动，未经过工商登记注册，在法律上未被承认合法地位。

（二）关于流动摊贩商事主体地位的分析

从法律意义而言，民事主体可以自由地选择从事的商事事项，以营利为目的，获取利益，提高自己的生活质量，这是无可厚非的。我国《宪法》第十三条规定："公民的合法的私有财产不受侵犯。"《宪法》保护公民合法拥有和支配其财产的权利。流动摊贩在进行经营活动时，一般是用自己的私有财产进行交易，所以，法律应给予保护。在某种意义上，自由意味着享有实际的和潜在的权利[①]。营业是经营主体持续性地从事经营活动，并且把这一经营活动当作职业，以营利为目的，追求更高的利润的经营活动。流动摊贩所进行的交易活动是具有营利性和持续性的，这种营业的自由即营业权。营业权是享有平等营业机会和营业主体资格的民事主体，以营利为目的，自由选择进行经营的行业，不受任何干预的权利[②]。联合国《经济、社会、文化权利公约》第六条指出，每个人都有自由选择和接受工作来维持生计的权利，即可以理解为公民有选择职业和从事经营的自由，只要这种营业权的行使不至于危害到社会公共利益，不至于导致国家经济秩序的混乱，那么国家就应该保护公民的营业权。

营业权体系的核心是营业自由，即使法律没有对营业自由作出应有的规定，但营业自由是与民事主体的独立人格共生的应该得到的权利，是天赋的权利。流动摊贩作为民事主体时，天然地享有营业权，与就业权同为个体经济的发展权，具有相同的价值，也是财产自由权的延伸。民事主体享有营业自由权，不用经过工商管理登记获得许可，而是基于营业自由权，自由选择获取营

① 〔德〕马克斯·韦伯：《论经济与社会中的法律地位》，张乃根译，北京：中国大百科全书出版社，1998 年，第 101 页。

② 肖海军：《营业权论》，北京：法律出版社，2001 年，第 41—42 页。

业主体资格的方式，从而进行经营活动。营业资格的自由取得方式分为准则主义和自由主义，现阶段我国的商事登记制度采用的是准则主义，即申请人要想获得商事主体资格，就要符合法律设定的标准①。我国没有把流动摊贩纳入商事主体的范围中，在商事法律法规中也没有确认他们的合法地位，所以，在关于商事主体的规范中，看不到有关流动摊贩的相应规范，仅有的规定也只是在行政法规中将其称为“无证商贩”。流动摊贩是进行交易活动的民事主体，他们拥有营业自由的权利，不管他们对居民环境、交通有怎样的影响，如何选择法律规定的经营范围，只要他们从事的经营活动不违反法律的规定和公序良俗，任何人不得干扰他们，他们也应当获得法律的保护。由此，流动摊贩应该被纳入商事主体的范畴。

流动摊贩的大量存在，需要用法律的形式确认他们的法律地位。首先，商事主体进行的交易行为必须以营利为目的。营利是商法的本质特征，商事主体进行经营活动的目的就是获取利润②。有的学者认为流动摊贩不属于商事主体，因为他们投入的成本少，收入也少。但是持这种观点的学者只看到了流动摊贩的一些外在表现，没有看到实质性的问题。尽管流动摊贩的投入成本较低，但也属于投资，他们投资就是为了获取最基本的利益，以营利为目的而进行交易活动，符合商事主体的特征要求。其次，商事主体有持续不断地从事某项经营活动的特征③。有的学者认为流动摊贩是“游商”，经营场所不固定，偶尔从事经营行为，不属于商事主体。这种情况确实是存在的，但是不能只看个别现象，而是要看整体。在现实生活中，大多数流动摊贩是为了维持生计而走街串巷、沿街设点的，经营的规模很小，希望收获的利润多一些。因而，流动摊贩以所从事的经营活动为职业，通过持续不断的经营获取利润，这种营业性符合商事主体的特征，流动摊贩所从事的经营行为也是商事行为，应当属于商事主体，其行为应适用与调整民事主体行为的法律规范不同的商事法律规范进行调整。流动摊贩的营业权不能因为没有得到法律规定和登记而随意被剥夺。流动摊贩只要不违反法律规定，不危害社会公共利益，就可以进行经营活动，政府相关部门不得干预其经营权利，而是要认可流动摊贩的营业权，引导

① 范健主编：《商法》，北京：北京大学出版社，2007 年，第 62 页。

② 董翠香：《商主体立法基本问题思考》，《中国商法年刊》2007 年第 1 期。

③ 赵万一、叶艳：《论商主体的存在价值及其法律规制》，《河南财经政法大学学报》2004 年第 6 期。

流动摊贩获得营业资格，在进行经营活动时，准许其经过备案登记就具有商事主体地位。

三、对流动摊贩商事主体地位的具体建议

（一）制定商法通则，确认流动摊贩的商事主体地位

流动摊贩作为商事主体，应该用商法通则对他们的经营活动进行调整，明确他们的法律地位，保护他们的权利。虽然目前我国的单行商事立法模式灵活简单，但是存在很多问题，商事立法相对滞后，出现了商事交易行为和商事主体不属于商事法律规范调整范围等问题。究其原因，一些现实问题采用民事法律规范无法得到解决，法律也不支持对这些问题的规制，这给司法机构带来了很多挑战。面对这种情况，界定商事主体，明确规定商事交易的依据，制定商法通则是很有必要的。与此同时，商业立法模式显得有些混乱，缺乏指挥性和分散性，不利于实施商事法律规范，而商法通则是一个总纲性的法律，可以协调一致建立良好的商法制度。完善商事主体体系，要在制定商法通则的基础上进行，确认流动摊贩的法律地位，即可把他们纳入商事主体的范围中。

《中华人民共和国民法总则》规定了民事活动的基本原则和一般性规则，在民法体系中起导向作用。其对社会生活进行调整，注重主体之间的平等，不会主动地鼓励民事主体从事商事活动。其第一条规定："为了保护民事主体的合法权益，调整民事关系，维护社会和经济秩序，适应中国特色社会主义发展要求，弘扬社会主义核心价值观，根据宪法，制定本法。"第五十四条规定："自然人从事工商业经营，经依法登记，为个体工商户。个体工商户可以起字号。"第五十八条规定："法人应当依法成立。法人应当有自己的名称、组织机构、住所、财产或者经费。法人成立的具体条件和程序，依照法律、行政法规的规定。设立法人，法律、行政法规规定须经有关机关批准的，依照其规定。"第七十七条规定："营利法人经依法登记成立。"第七十八条规定："依法设立的营利法人，由登记机关发给营利法人营业执照。营业执照签发日期为营利法人的成立日期。"第七十九条规定："设立营利法人应当依法制定法人章程。"第一百零三条规定："非法人组织应当依照法律的规定登记。设立非法人组织，法律、行政法规规定须经有关机关批准的，依照其规定。"显

然，《中华人民共和国民法总则》的这些条文最主要的基本原则是平等，规定了民事主体的一般性活动，原则保护的是民事主体的合法权益。而流动摊贩属于商事主体，其营业活动更符合商法通则的规范，而不是《中华人民共和国民法总则》的规范，应由前者规范进行保护。制定商法通则应侧重于调整经常性的定期交易活动，强调交易安全，重点关注交易效率，鼓励主体进行商事活动；规范商事活动，通过商事登记、商事账簿等制度等方面的严格义务，以保护实质的平等，实现高度平等。

流动摊贩在商事原则、商事行为、商事账簿、商事登记等方面需要进行规范，制定商法通则是必要且重要的。目前商法奉行的是严格的登记制度，只有经过登记才能取得商事主体资格，但登记程序纷繁复杂，经历时间长，还需缴纳一定的费用，无形中加大了申请人的成本，阻碍了商事主体简单快速地进行商事活动[①]。本文赞同李建伟提出的豁免登记成为无名商事主体是流动摊贩合法化的一种途径[②]。因豁免登记制度成本小，程序简单，能够给流动摊贩带来极大的便利。对于那些本小利薄、流动性强的流动摊贩来说，更适合豁免登记。

通常情况下，商事主体进行登记的主要内容有主体的名称、组织的形式、经营的范围及场所等，但是，流动摊贩大多以流动为方式进行经营活动，没有固定的场所，所以商事登记对此不能要求过高，而是实行豁免登记制度，即只是针对他们取得商事主体资格而免于登记，而他们所从事的商事活动不能免于登记。实行流动摊贩的豁免登记制度，流动摊贩获取商事主体地位不必再经过工商管理登记，就可以进行经营活动，而且所从事的交易行为是合法的。如果申请登记的人想要从事经营活动，先审查其身份，某些特殊身份的人、出售过违反《中华人民共和国食品安全法》等法律法规的人，建议不能成为商事主体。为了避免流动摊贩逃避登记，流动摊贩的备案登记应当由当地的工商行政管理部门到流动摊贩的摊点进行登记，这有利于落实对流动摊贩的管理。流动摊贩的信息将被工商行政管理部门统一管理，通过网站、报刊等方式向社会公布流动摊贩的信息，这样既可以使公众了解流动摊贩的具体位置，方便生活，也能够让公众准确地判断流动摊贩出售的商品的质量。流动摊贩的信息如果发

① 折喜芳、赵颖：《商事登记制度的立法完善》，《河北法学》2005 年第 2 期。

② 李建伟：《从小商贩的合法化途径看我国商个人体系的构建》，《中国政法大学学报》2009 年第 6 期。

生了变化，他们有义务主动向工商管理部门申请更改，工商行政管理部门也需要定期更新流动摊贩的信息。流动摊贩取得“备案登记证”，就能够从事经营活动，他们的经营行为也受到法律的保护。

流动摊贩豁免登记之后，不用经过工商管理登记，登记的成本降低，同时在一定程度上也保障了他们的收入水平，所以，流动摊贩在开展营业活动之后，需要到税务机关进行登记，履行纳税义务。但是，税务机关要考虑流动摊贩的不同类型、收入水平、摊位所属地点等因素，对他们酌情减征或免征税收。

（二）适用简易程序，减少诉讼成本

关于审判流动摊贩的行政案件，要做到及时。当流动摊贩涉及的财产金额较小，而且是行政机关当场作出的处罚，事实清楚，争议不大时，人民法院应当使用简易程序。因为普通程序的诉讼成本较高，也不利于流动摊贩选择诉讼途径进行救济。如果流动摊贩因为占据道路进行经营被罚款 200 元，他们对行政处罚不服起诉到法院，而花费的诉讼费超出了 200 元，所以，考虑到经济上的悬殊，流动摊贩就会放弃诉讼维权。一般情况下，行政诉讼适用简易程序的案件涉及的款额在2000元以下，当事人各方自由选择适用简易程序，而关于流动摊贩的案件涉及的款额应当在 200 元以下，当事人各方必须选择适用简易程序。在诉讼费用方面，要根据流动摊贩的收入情况、摊位所属地区等条件进行酌情减免。

（三）转变管理理念，创新管理模式

城市管理者应转变对流动摊贩的管理，对待流动摊贩不能用容易产生冲突的方式，而是要以人性化的方式管理，城市管理者要以服务者的身份对待流动摊贩。健全关于流动摊贩的法律法规，就需要政府部门转变理念，使现有流动摊贩的管理方式由堵和禁转向疏堵结合的方式。

承认流动摊贩的商事主体地位，要看到他们带来的积极影响，包括维持了自己的生计，同时也给附近的居民、学生带来了便利。但流动摊贩对交通秩序的影响很大，无视人行道或者机动车道，经常占道经营。所以在承认他们法律地位的同时，要对他们采取疏堵结合的管理模式，不能承认了他们的法律地

位，就对他们放任不管，任他们随意摆摊设点，也不能因为他们给交通秩序造成了严重影响，就全面禁止他们从事经营活动，看到摊点就去打击。针对流动摊贩经营的特点，可结合实际情况把街道进行划分，分为绝对不能摆摊的区域、相对可以摆摊的区域以及完全可以摆摊的区域。城管在执法过程中，要看到不同区域的实际情况不同，细化管理，对流动摊贩的经营范围、摆摊时间、摊点的规模等都要作必要的限制。分时间段管理，就是规定流动摊贩在某一时间段才能进行经营活动，除了这个时间段摆摊就是违反规定。分区域管理，就是在不同区域采取不同的管理标准。在城市主干道，绝对不能允许流动摊贩摆摊。在居民区的道路两旁，在不干扰居民生活的前提下，可以允许流动摊贩摆摊设点。分种类管理，就是按照流动摊贩的经营范围对他们进行分类，这样有利于对流动摊贩经营的食品安全、环境卫生进行管理。对流动摊贩的合理管理，有利于维护流动摊贩与其他主体之间的平等。

（四）构建流动摊贩自治组织

城市管理部门把过多的精力放在了治理流动摊贩上，而对于其他的管理事项就会有所疏忽，这样，城市管理部门给社会的印象就是管理水平不高，素质较低，常常与流动摊贩发生冲突。所以，这就需要发挥社会的作用，设置新的管理主体，建立行业组织和社区组织，并充分发挥作用，实现流动摊贩的自我管理。这样有利于解决流动摊贩存在的问题，发现问题，内部解决，城市管理部门不再过多地对他们进行管理，同时也缓解了城管与流动摊贩的冲突问题。

根据《社会团体登记管理条例》第十条的规定，社会团体的成立不仅要有人数的要求，还要有固定的场所和巨额的活动经费，只有具备了这些条件，社会团体才能成立，可以鼓励流动摊贩自发成立自治组织。又根据我国《宪法》第一百一十一条的规定，城市和农村按居民居住地区设立基层群众性自治组织。《中华人民共和国城市居民委员会组织法》第二条规定，居民委员会可以进行自我管理、自我教育、自我服务，第三条把管理权转移给社区，规定了居民委员会的任务。社区自治组织也是流动摊贩的治理主体，且流动摊贩在社区长期经营，是相对固定的，由社区居民进行监管，更能保障流动摊贩销售的货物、食品等的质量。所以，降低门槛，放宽标准，从法律政策上鼓励流动摊贩成立自治组织，进行自我管理和自我约束，把一些流动摊贩自治组织合法化，将其纳入法律的轨道，让每一个流动摊贩以个人的身份加入自治组织中，针对他们不同类型的经营，对他们进行法制宣传、技能培训、就业指导等。与此同时，发挥社区的协调和服务作用，让社区成为管理社区内部流动摊贩的主体，及时与政府有关部门进行沟通与交流，有利于充分发挥社区的自我管理、自我服务的作用。成立流动摊贩自治组织，加强社区自治建设，有利于缓解流动摊贩与城管之间的矛盾，减轻政府部门的管理压力，同时，也有利于保护流动摊贩的合法权益。

四、结语

流动摊贩的经营活动是经济发展的重要组成部分，但因流动摊贩在相关制度中的法律地位尚不明确，他们的经营活动有很多阻碍。摊贩存在于社会生活中，为广大市民的生活带来了便利，他们会一直存在下去，这就需要在法律上承认他们的法律地位，保护他们的权利，同时规定他们应该承担的义务。为了保障流动摊贩能够通过经营活动获得利益以维持生计，在法律上承认流动摊贩的商事主体地位是有必要的，这也有利于为我国经济的发展营造良好的社会氛围，维护社会的和谐稳定。

作者简介：郭瑞琪，女，汉族，籍贯山东，青海师范大学法学与社会学学院2014级法学硕士研究生，研究方向为民商法。

一人公司单位犯罪主体资格问题探析

梁　云

一、一人公司的特点及发展现状

（一）一人公司的特点

按照我国《公司法》的规定及公司法一般理论，一人公司就是股东只有一个人的公司。一人公司的股东可以是自然人或者法人，并由该股东持有公司的全部出资或所有股份。一人公司最基本的法律特征包括股东的唯一性、股东责任的有限性、利益归属的复杂性等。

股东的唯一性是一人公司区别于普通公司的根本特性，这个特性致使一人公司在组织机构、决议程序、决策执行等方面的具体形态不同于普通公司，这些不同之处对大陆法系传统公司法理论中公司的社团性等提出了很大挑战，由此在民商法领域掀起了对一人公司在从事某些特定行为时的主体资格之争议。

股东责任的有限性这一特性是一人公司得以被市场追捧的一个根本原因，在法律未承认一人公司主体资格前，我国市场经济实践中就已经产生了实质意义上的一人公司，原因就在于投资者被有限责任所吸引，希望能够独自经营有限责任公司，既可以享有相对自由的经营自主权，又可以享受有限责任带来的低风险。这种形式上完全符合公司设立的条件和程序，但实际上只有一名股东拥有其全部股份，成为公司实际的控制者的实质一人公司已成为事实，而法律对此束手无策，无法进行有效的规制，只能最终承认一人公司的主体地位，并以法律规范对其行为进行规制。

利益归属的复杂性。一人公司只有一名单一的股东，同普通公司一样，一人公司的营业收入应归属于公司，即一人公司的初始利益属于法人，具有整体性。但是其在除去成本、税款等最后的净利润归属于唯一的股东，剩余利益属于单一股东，公司的利益就是单一股东的个人利益，这样看来一人公司的利益归属又具有个体性①。其利益归属是否不具有团体性特征，应该如何界定存在争论。

（二）一人公司的发展现状

自 2006 年 1 月 1 日修订的《公司法》颁行以来，我国正式承认了一人公司的主体地位，满足了投资者热切投资的愿望。一人公司在 2016 年修订的《公司法》实施后一段时间里的发展情况较好。自 2006 年商人王毅诚成立了全国第一家一人公司后的 3 个月里，温州诞生了 1888 家一人公司；2007 年 1 月至 6 月，北京新登记一人独资公司 5688 户，占新开办公司总数的 1/5，一人独资公司累计为 1.6 万户，市国有企业约 1.8 万户②；截至 2014 年 5 月 15 日，泉州市累计共有 70 588 户内资企业，其中 14 786 户为一人公司③。可见市场和广大投资者对“一人公司”的需求程度。然而，一人公司作为一个新生事物，还是存在一定的缺陷，近几年在市场经济活动中也有所体现。无锡一家内贸公司在会计财务审计中，发现注册资金是借来的，早已归还出借方，致使该公司几乎成了“空壳公司”；因为缺乏监管，外部环境信用体系不完善，经营者自身不重视监事会或监事的设置，即便设有监事会或监事，也很少有专业人士，基本是“挂名监事”，如此唯一的股东与公司在财产上、行为上极易混淆不清，危害利益相关人的权益，甚至以股东有限责任为掩护，实施违法犯罪行为。这些给公司法律制度的发展和一人公司这种企业组织形式自身的发展都带来了一定的

---

① 王吉春：《一人公司构成单位犯罪之否定》，《河北公安警察职业学院学报》2014 年第 3 期。

② 任思强：《北京“一人公司”数量逼近国企》，《北京商报》2007 年 7 月 31 日，第 2 版。

③ 陈云青、蔡珍贵：《工商登记制度以来一人公司数量接近翻倍》，《泉州晚报》2014 年 5 月 19 日，B 第 7 版。

负面影响。

二、单位犯罪的概念和特征

（一）单位犯罪与一人公司犯罪的概念及之间的联系

单位犯罪，人们往往称其为法人犯罪，其是指在法律法规条款规定的范围内，具备刑事责任能力和行为能力的单位所实施的具有刑事违法性和社会危害性的行为。弄清楚单位犯罪的概念和构成是我们探讨一人公司单位犯罪主体资格的前提。《中华人民共和国刑法》（以下简称《刑法》）对单位犯罪作了原则性的规定：公司、企业、事业单位、机关、团体实施的危害社会的行为，法律规定为单位犯罪的，应当负刑事责任[①]。从《刑法》的规定可见，公司犯罪是单位犯罪的下位概念，而一人公司犯罪必然要涵盖在公司犯罪的框架之下。

我国《公司法》在有限责任公司的章节之中规定了一人有限责任公司，并规定一人有限责任公司在登记中应当注明该一人公司是自然人独资或者法人独资，并且在公司的营业执照中进行载明；其公司章程由股东制定；在股东不能证明公司财产独立于股东自己的财产之时，应当对公司债务承担连带责任。

（二）单位犯罪的特征

第一，单位犯罪的法定性。单位犯罪的法定性是指单位所实施的犯罪行为是否具有违法性应当由法律法规来确定，如果法规中并没有相应的规定，就不能把单位所实施的行为认定为单位犯罪。除我国《刑法》规定的 134 个单位犯罪的罪名外，都不能以单位犯罪论处。

第二，单位犯罪的危害性。单位犯罪是单位作为一个主体所实施的严重危害社会、违反《刑法》规定、应受刑罚惩罚的行为，其本质在于危害了市场经济的健康发展和公司法律制度的权威性。

第三，单位犯罪的整体性。这是指单位实施犯罪行为时是作为一个不可分割的整体的，其所实施的犯罪行为是单位整体意志的外化体现，是单位作为独立行为主体所实施的行为。

---

① 丁英华：《公司法罪论》，北京：中国检察出版社，2011 年，第 50 页。

第四，单位犯罪主体的唯一性。事业单位、机关、组织和其他单位犯罪的争议很少，主要集中在特定类型的公司和企业中犯罪主体的认定问题上，一人公司就是对犯罪主体的认定。

因此，应严格控制单位犯罪主体的认定。一般来说，应当由法人控制，或者不具备法人资格但依法具有准法人资格，有自己的名称和组织，且拥有一定的财产可以独立地在民事活动中以个人名义进行，具有相对独立的利益。民事主体和诉讼当事人只有真正地在一定程度上享有民事义务，才能成为单位犯罪的主体。

三、一人公司单位犯罪主体适格性考量

先说一则案例。在最高人民法院公布刑事指导案例第 725 号[①]中，2008 年 1 月 8 日，被告人王志强注册成立以其一人为股东的新客派公司，王志强系法定代表人。2008 年，王志强以支付开票费的方式，通过他人让英迈（中国）投资有限公司（以下简称英迈公司）先后为新客派公司虚开增值税专用发票各一份，价税合计分别为人民币 22.1 万元、35 万元，其中税款分别为 32 111.11 元、50 854.70 元，并分别于开票当月向税务局申报抵扣，骗取税款共计 82 965.81 元。法院认为，被告单位新客派公司让他人为自己虚开增值税专用发票，致使国家税款被骗 82 000 余元，被告人王志强系直接负责的主管人员，其与单位均构成虚开增值税专用发票罪，应予处罚，虚开增值税专用发票罪成立。被告人王志强犯虚开增值税专用发票罪，被判处有期徒刑一年，缓刑一年。

该案判决的关键是确定一人公司是否具有单位犯罪主体资格，是否属于单位犯罪，公司是否作为具有独立资格的犯罪实体自行负责，或者对公司的法人人格予以否认，追究股东的自然人责任[②]。法院认为，该案中，该公司按照《公司法》规定注册，具有公司的独立人格和公司治理结构，并确实从事一定的符合法律的经营业务，理应按单位犯罪而不是个人犯罪处理。然而，由于对单位犯罪与自然人犯罪的惩罚之间有着巨大差异，对于一人公司是否可以作为

---

① 中华人民共和国最高人民法院刑事审判第一、二、三、四、五庭主办：《刑事审判参考》（总第 78 集），北京：法律出版社，2011 年。

② 满炫：《浅析一人公司单位犯罪主体资格的认定及司法会计侦查对策》，《河南高等公安专科学校学报》2009 年第 5 期。

犯罪主体确实有很多的争议。

（一）否认一人公司单位犯罪主体资格的主要理由

第一，一人公司不具备单位意志的整体性。一人公司只有一个股东，通常担任公司的董事、经理等重要职位，股东、董事会、监事会之间不能形成相互监督和制约机制，使公司的整体无法区分于公司的个人意志，普通公司治理结构在一人公司中无法实现。同时，由于一人公司的财产完全来源于唯一的股东，公司和股东个人的财产很容易混为一谈。可以看出，在一人公司中，很难区分公司和个人股东的意愿和财产，公司可能成为股东谋取私利、伤害经营相对人利益甚至犯罪的工具。因此，一人公司不具备单位意志的整体性。

第二，一人公司没有完全意义上的社团利益特征。一人公司有一个不可忽视的特征，上文已经提到，那就是利益归属的复杂性，一人公司只有一名单一的股东，同普通公司一样，一人公司的营业收入应归属于公司，也就是说一人公司的初始利益属于法人，具有整体性。但是其在除去成本、税款等最后的净利润归属于唯一的股东，剩余利益属于单一股东，公司的利益就是单一股东的个人利益，这样看来一人公司的利益归属又具有个体性①。有学者据此认为，公司的利益是一个股东的个人利益。刑事利益是股东的个人收益，利益的归属不具有集体性。

第三，《刑法》与民法标准存在差异。民法强调形式理性，《刑法》强调实体理性。单位犯罪对自然人的刑罚轻于自然人，单位犯罪的认定标准高于自然人的标准。对于一人公司犯罪，只将民商法领域的公司人格理论直接应用于《刑法》领域，便忽视了《刑法》的独立价值。作为认定标准，犯罪单位是指排除自然人的犯罪。其结果不仅是纵容犯罪，而且可能削弱惩处单位犯罪的预防监督功能②。

第四，《刑法》的刑事政策对待单位犯罪和自然人犯罪不同，单位犯罪对相关单位成员的处罚要比单纯的个人（自然人）犯罪宽。从《刑法》具体规定的角度来看，对自然人犯罪的法定最高刑为无期徒刑或死刑，对单位犯罪中的

① 王吉春：《一人公司构成单位犯罪之否定》，《河北公安警察职业学院学报》2014 年第 3 期。

② 吴娟、张华：《一人公司单位犯罪主体资格问题新探》，《长江大学学报》（社会科学版）2010 年第 3 期。

成员处罚不低于十年（如《刑法》第一百五十三条）或无期徒刑（如《刑法》第一百九十二条）；有的犯罪，自然人犯罪的法定刑，要高于单位犯罪成员的量刑水平（如《刑法》第一百七十五条）；有的犯罪，处罚单位犯罪的单位并没有并处罚金的规定，而自然人除了自由刑的处罚之外，还要承受罚款的处罚（如《刑法》第一百八十二条）。显然，无论具体情况如何，不论每一个尺码的大小，都承认他们具有单位犯罪主体的资格。有些自然人把单位看成犯罪的资格，就会把有些自然人犯罪看成单位犯罪，它不仅宽纵了躲藏在一人公司背后的犯罪分子，而且是不公平的。

（二）认可一人公司单位犯罪主体资格的主要理由

第一，有一人公司的法律基础作为单位犯罪主体资格的依据。修订后的《公司法》明确规定了一人公司的地位。同时，《刑法》第三十条规定："公司、企业、事业单位、机关、团体实施的危害社会的行为，法律规定为单位犯罪的，应当负刑事责任。"《最高人民法院关于审理单位犯罪案件具体应用法律有关问题的解释》第一条规定："刑法第三十条规定的'公司、企业、事业单位'，既包括国有、集体所有的公司、企业、事业单位，也包括依法设立的合资经营、合作经营企业和具有法人资格的独资、私营等公司、企业、事业单位。"从上述法律法规的字面意义上讲，一人公司可以纳入单位犯罪主体的范围。

第二，对一人公司的单位犯罪资质予以承认符合当前经济社会发展的趋势。目前，世界上所有主要发达国家都通过立法或修改法律，建立了一人公司制度。一人公司的出现及其日益得到普遍的认可，是投资者多元化、灵活多变的必然选择，同时也是鼓励投资创新的一个必要条件。刑法作为部门法的保障和最终制裁，应符合本部门法的立法宗旨和法律精神，与时俱进。否则，刑法的作用和功能就无法得到充分发挥。

第三，《刑法》的判断标准强调判决的本质合理性，一人公司作为犯罪主体可以满足这个评定标准。一人公司虽然只有一个股东，但并不意味着一人公司的规模和社会责任小于一般的有限责任公司。根据《公司法》的规定，一人公司应当在每一会计年度终了时编制财务会计报告，并经注册会计师审计，普通有限责任公司则不需要；在一人公司中，法律规定的股东会职权由股东行使。股东行使决定权时，应当以书面形式向公司利益相关人提供。普通有限公司也不需要这样做。如果一人公司的所有犯罪都是按照自然人犯罪处理的，则不能使犯罪、处罚相配合，不利于一人公司的经营和发展。

（三）折中说

此观点认为，一人公司能不能成为单位犯罪的主体不能一概而论，而应根据不同的具体情况来区分，如果一人公司犯罪形成了一定的规模，具有独立法人账户并且从个人财产中分离出来，形成一个一人公司的大体结构，可以成为一个主要犯罪单位①。也有人认为如果股东是法人，那么一人公司就可以成为单位犯罪的主体，股东是自然人，一人公司不能成为单位犯罪的主体，应认定为是个人犯罪。

四、一人公司单位犯罪主体资格分析

（一）应当在原则上承认依法成立、合规经营的一人公司的犯罪主体资格

有学者指出："我们可能会认为，如果我们拒绝改变规则，法律将永远是一样的。但事实上，不变的唯文字而已。"②随着社会经济的不断发展，公司的内涵也在扩大，一人公司从不被承认到现在已经占有了相当的市场份额，四川省社会科学院教授覃天云在2016年修订的《公司法》颁行前，接受记者采访时谈道："科学意义上的现代企业制度，并不是一般基于'股份'的企业组织制度，确切地讲其现代特征是公司制度，是股东和公司的人格分离。"虽然现行《公司法》还有一些需要完善的地方，但是其已经从立法的角度解决了一人公司股东和公司的人格分离问题，那么在《刑法》领域对一人公司犯罪主体资格彻底否认，在法理上很难自圆其说。

有人认为公司人格否认制度为不承认一人公司刑事犯罪主体资格的理由，笔者认为，人格否认制度的设立目的在于矫正因公司的股东滥用公司的优势地位使公司和债权人利益受损这一情形。人格否认制度只是揭掉了公司

① 刘全运：《一人公司单位犯罪主体的适格性探析》，《法制博览》2014年第9期。

② 〔美〕本杰明·N.卡多佐：《法律的成长——法律科学的悖论》，董炯、彭冰译，北京：中国法制出版社，2002年，第91页。

的面纱，股东承担无限连带责任，进而保障债权人的利益，只是否认了公司股东特定情形下的有限责任，并非完全否认公司作为民商事主体这一主体资格。认为一人公司人格否认制度等同于一人公司主体地位的否认是毫无根据的。当一人公司的人格被否认后，一人公司并不是只能构成自然人犯罪，其可以成为单位犯罪主体。

本文认为，确定一人公司是否具有犯罪主体资格，不仅是把民商法概念引入《刑法》的简单操作，也体现着实质上的公平。因为一人公司是依法设立的，股东和公司在财产上是分开的；所作的决策依法形成书面记录置备于公司，而普通的有限公司是不必如此的；一人公司及其股东分别缴纳企业所得税和个人所得税；一人公司除同普通的公司一样按规定提交财务报告外，在进行年检时必须提交审计报告，这就要求其在平时建立台账，请专业财务人员做账……这些针对一人公司的特殊规制，无形中给一人公司的运营增加了一定的成本，如果在判定单位犯罪时却将一人公司认定为自然人，显然也是不公平的。

（二）应进一步完善一人公司的监督管理机制以及内部组织机构

一人公司的刑事主体资格受到质疑，根源在于其组织机构的特殊性，虽然其民事主体资格被承认已经十年有余，但是伴随着一人公司在发展的过程中出现的种种问题都被归结为其先天的特殊性，若使一人公司成为单位犯罪主体，应具备一定的条件。

第一，一人公司必须具有独立的财产及意志力。首先，一人公司必须符合《公司法》规定的最低注册资本。根据《公司法》的规定，一人公司的最低注册资本必须达到10万元，必须一次性全部付清。如果一人公司的注册资本不到位，就会影响其责任的承担。在这种情况下，它不能成为单位犯罪的主体。如果一人公司没有一次性缴纳注册资本，但已在犯罪时足额支付，那么这种行为只是对《公司法》的一种侵害，是一种行政违法行为，依照相关规定予以行政处罚就可以了，犯罪主体资格不受影响。其次，公司的资产必须与股东的资产严格分开。如果股东的财产和公司的资产混合在一起，公司就成为股东的另一个股东，成为股东进行非法甚至犯罪行为的工具。既没有独立人格，也没有独立意志和独立责任的法人，不能成为单位犯罪的主体。根据《公司法》的规定，公司必须在每个会计年度结束前编制财务报表，并由会计师事务所进行审计。公司股东不能证明公司的资产独立于股东自己的财产的，应当承担公司债务的连带责任。在这种情况下，公司不能成为单位犯罪的主体，公司犯罪应以自然人犯罪处理。应当明确的是，如果公司的资产与股东的个人财产分离，股东就应当承担举证责任。如果股东不愿或无力承担举证责任，他们应当承担否定公司人格的法律后果。

第二，一人公司必须具有《公司法》所要求的公司治理结构。根据《公司法》的规定，一人公司应当有自己的章程，股东行使《公司法》规定的职权时，必须以书面形式作出，并置于公司备案。由于一人公司只有一个股东，在企业行为和股东行为中很容易发生个体竞争，因此公司的经营活动应以公司名义进行。以个人股东名义执行的行为，应当视为股东的个人行为，构成犯罪的，应当追究股东的自然人责任，不作为单位犯罪处理。另外，公司应当严格按照《公司法》的规定设立监事机构，否则会影响一人公司犯罪主体资格的成立。

第三，设立一人公司的目的是依法从事经营活动，客观从事一定的合法经营活动。以从事非法甚至犯罪活动为目的设立一人公司，或者主要从事犯罪活动，不能成为单位犯罪的主体。

（三）应将类似法人格否认的制度引用到刑法领域中

第一，一人公司所为犯罪行为，系股东以个人利益所为，按股东个人犯罪追究刑事责任。在这种情况下，我们可以看到一人公司已经成为个人犯罪的工具或手段。虽然犯罪似乎是单位犯罪，但如果不区分清楚，按单位犯罪进行定性，显然是不合理的。对此，《最高人民法院关于审理单位犯罪案件具体应用法律有关问题的解释》第二条规定：“个人为进行违法犯罪活动而设立的公司、企业、事业单位实施犯罪的，或者公司、企业、事业单位设立后，以实施犯罪为主要活动的，不以单位犯罪论处。”

第二，一人有限责任公司所为犯罪行为，是为了股东利益，并以公司名义，依照犯罪单位及其责任人的处罚规定定罪量刑。在这种情况下，我们应该注意，公司的法定代表人和股东并不完全一样，有限责任公司基本上只有一个股东，但他与一人公司本身也不一样，他的收入只不过是个人的股权收益。在个人犯罪的基础上，追究法定代表人、股东或者其他人的刑事责任是不公平的。

（四）进一步完善罚金刑在单位犯罪中的运用

单位犯罪的处罚原则有两条：一是双轨制，即对犯罪单位之单位以及直接责任人员的处罚；二是单一处罚制。对单位处罚，直接负责人不应受到惩罚，或者只处罚责任人，对单位不予处罚。法律上把一人公司的财产和股东的财产相分离，公司的财产具有区别于股东财产的独立性，一人公司的财产独立性也符合公司的责任性要求，即一人公司的股东以其出资为限对公司的债务承担有限责任，公司以其全部资产为限对公司的债务独立承担责任。我国采取的是双罚制原则，在单罚制中，《刑法》有单位犯罪的几种类型，如强迫劳动者从事劳动，提供虚假财务会计报告，只处罚单位的直接责任人员，而不处罚作为犯罪主体的单位。对于双罚制，有超过 80 余条规定的刑事法律，涉及 200 多起案件，但单位处罚的方式过于简单，仅仅罚款而已，且罚款的数额没有统一的标准。在经济快速发展和大规模生产犯罪的时期，单一罚款适用于各种单位犯罪，不符合罪刑均衡原则。

首先，应该明确界定罚金的法律地位。单位犯罪作为与自然人犯罪相关的犯罪主体，与自然人犯罪相比简单得多。我国《刑法》中的罚金刑罚属于附加刑，这显然是从轻处罚。其次，没收财产扩大到单位犯罪的处罚范围。在司法实践中，有的单位只在犯罪后罚款，还不能从根本上防止该单位再次犯罪，导致有的单位取得了巨大的经济效益后不收手、不收敛。最后，借鉴国外立法经验，直接承认行政处罚、吊销法人营业执照等行政处罚中的重行政处罚为刑事处罚形式。

总之，不同的社会结构、经济发展模式、企业犯罪标准下对一人公司犯罪的定义都有很大的不同，表现出明显的相对性①。如果一人公司符合《公司法》的适格性要求，一人公司犯罪是否构成单位犯罪取决于《刑法》的适格性条件；如果一人公司符合《刑法》的适格性要求，一人公司是否构成单位犯罪，取决于《公司法》的适格性“程度”。所以，正确把握一人公司的要求，一人公司犯罪主体类型的定性也可迎刃而解。企业社会理论不是静态的，随着《公司法》的修订，公司的法律地位和公司法理论的发展和完善已

① 丁英华：《公司法罪论》，北京：中国检察出版社，2011 年，第 37 页。

不再被理解为“人的集合”。单位犯罪理论也是与时俱进、不断完善和发展的需要。

作者简介：梁云，女，汉族，籍贯辽宁，青海师范大学法学与社会学学院2015级硕士研究生，研究方向为民商法。

法学的科学之维

——“分析法学”探索之路

马瑞灵

至今的人类认识成果以学科形式划分为自然科学、社会科学和人文科学等，法学被囊括在社会科学之中，似乎与研究客观世界的自然科学无关，但法学的自然科学化（以下简称“科学化”）之路似乎一直若隐若现。本文所谓科学是在狭义的“自然科学”的视角定义之，即强调科学认知对象的客观性、确定性，研究方法的实证性、可重复性与普遍适用性。虽然从法学与自然科学的研究对象上看两者似乎没有可比性，但并不排除法学对自然科学的思维方式、认知方法和确定性结论的借鉴和运用。其实人类的认知永无止境，而能够督促人类认知进步的动力，除了生活实践的需要之外，大概就是对世界认知对象的确定性把握而产生的成就感和进取心了。显然，尽管人类注定要永远生活在西西费斯“推滚石”的认知命运中，但对已获得的认知体系的梳理仍然是必要的工作。如果说法学是人类认知成果之一，即从今天的知识体系来看，法学称为一种社会科学，是研究法律现象的独立学科，那么，法学的认知命运也像整个人类认知状况一样，在对法律现象的认知中，在茫茫的不确定性认识中，蕴含着对确定性科学认知的渴望和冲动，只要时机成熟就会一跃而起。

一、“分析法学”开启法学的“科学化”之路

17、18 世纪西方资产阶级革命相继完成，极大地解放了社会生产力，科学技术突飞猛进，工业革命狂飙突进，这个时期产生的生产力成果比以前一切时代所积累的生产力总和还要多。引发这样一个历史巨变的除了思想观念和政治体制变革等深层原因外，最直接的表象因素就是科技的进步，而引发科技进步的重要原因又是一种实用主义思潮。法学家们着迷于科学所带来的现实生活的发展，他们迫切需要引进科学，以便促进法学的进步。科殷指出：“哲学的实证主义认为科学认识只能在观察‘事实’的基础上以及在数学和逻辑学的领域内获得，其他都被视为‘形而上学’的或‘意识形态’的，被视为主观的观察，必须被摈弃。”[①]基于这样的认识，分析实证主义妄图将法学打造成一门科学，仿照自然科学原理对法学的研究对象（事实或经验物）和研究方法（实验证明和数学推理等）加以改造，开启了法学的“科学化”之路。

（一）功利主义法学的“人间词话”

在“分析法学”出现之前，关于法律的学说常常借用“公平”“正义”等宏大词汇予以表达，虽然来自于日常诉求，却显得不食人间烟火。边沁以他那锐利的眼光，挥舞利剑挑去现实社会华丽的外衣，直指其内在的利益核心——现实社会是以确立、调整、维护各种利益为中心而聚合和变动的。因此，功利主义不论被多少人误解，但在法学发展史上却是重要的一环，它把法学的地盘牢牢地扎在人间，扎在了对日常生活的利益度量之中，从天上落实到人间，且倡导用每个人切肤的苦乐经验去感知法律的标准和法学的意义，使法律从冰冷的教义演变成人间的暖阳，即“权义”体系。

1. 功利主义法学的历史进步性

不论功利主义在现实中引发了怎样的误解和带来了多少弊端，其在法学发展过程中的重要价值却值得肯定。一是功利主义法学摒弃了自然法学的“宏大叙事”，把“公平”“正义”的理想与现实社会的日常生活对接，挖掘出“功利”（利益）是人类现实活动的基点，避苦求乐是人性的根基，开辟出法学在现实生活中的“自留地”，为法学园地进一步深耕细作打下基础。二是功利主

① 〔德〕H.科殷：《法哲学》，林荣远译，北京：华夏出版社，2002 年，第 42 页。

义法学认为立法的目的是谋求社会福利，公共利益的最大化即“最大多数人的最大幸福”应该是法律追求的主要目标。法律运行的过程应该增加当事人的幸福，实现社会利益最大化。

2. 边沁试图像数学般精确计量人间“苦”与“乐”尝试的科学光芒

功利主义法学不仅把社会利益关系作为其调整对象，还力图将社会利益关系计量化。其首先将“苦乐”作了复杂和单纯之别，并试图用“科学”的经典数学语言描述社会利益关系，甚至试图将充满各种主观感受的“苦”“乐”指数化（“幸福指数”），用数学计算原理来判断，以增加最大多数人的最大幸福……①

（二）“分析法学”的实在法“元素排列”

1. 法学研究的对象是主权者发布的切实规范人们行为的实在法

奥斯丁穷其毕生精力力图使法学也像一门真正的科学那样，有自己独立、固定的研究对象和范围，通过理性严谨的逻辑分析方法剥离了主观色彩浓厚的法的价值问题，区分了伦理学与法学（应然法与实然法）的差异，限定了法学研究的范围，使法学成为一门独立的学科。

2. 分解剖析组成实在法的元素和形式结构

“分析法学”秉承“分”解和剖“析”的基本科学方法，犹如大千世界可以化简为门捷列夫元素周期表一般，认为构成法律的基本要素主要有“主权者”“命令”“制裁”（奥斯丁的“法律命令说”）等。并且强调这些要素是按照行为的逻辑顺序排列，以法律义务的绝对遵循（法律强制力）为基本特征的，从实证角度及形式意义上揭示了法律的基本特点和法学的主要功能。

3. 摒弃影响法学成为科学的道德因素

奥斯丁在其《法理学讲义》中指出，法理学科学是关注实在法的法律，而不考虑这些法律的好与坏。认为关涉法律价值判断的问题是道德问题，只对实在法作“客观”说明的才是法律科学。因为价值判断是相对的，事实判断才是绝对的。因此“法的存在是一回事，它的好坏是另一回事。……一个实际存在

① 谷春德主编：《西方法律思想史》第三版，北京：中国人民大学出版社，2009 年，第 225 页。

的法律就是法律，尽管我们碰巧不喜欢它……”①

4. 逻辑实证分析的“科学”研究方法

“分析法学”重视法学研究的“科学”方法，突出“实证”和“分析”这些基本科学研究手段。在对各种实在法的梳理过程中，提取出法律的共同性要素和一般性原则，并运用严密的逻辑推理分析，使法学逐渐成为法学家的法学，成为一门有自己独特术语、知识结构、基本原理的不经专门训练无法胜任的“科学”。

（三）纯粹法学的“洁癖”和对法律规范的客观评价

进入20世纪以后，法学的“科学化”之路伴随着新兴流派的挑战，并未中断，而是产生了凯尔森、哈特等的新“分析法学”理论，他们在检讨前人的理论缺陷中继续推进法学的“科学化”。

1. 纯粹法学对法学研究范围的“异质剔除”

凯尔森不仅承继了奥斯丁的实在法理论，并且为了保持实在法的科学性（客观性），要求更彻底地清除法学园地里的“杂花异卉”，把不属于法学的“异质”剔除出去，使法学研究的内容更加纯粹化、专属化。“当我们称这一学说为‘纯粹法理论’时，意思是说，凡不合于一门科学的特定方法的一切因素都摈弃不顾，而这一科学的唯一目的在于认识法律而不在于形成法律。”②凯尔森的纯粹法学进一步厘清了法学与政治学、伦理学、神学、社会学的界限，明确了法学的研究对象和方法，从而使法学成为科学的法学，是“法律科学”，而不是形而上学。

2. 对法律规范的客观性评价

凯尔森认为法律规范与道德、宗教规范不同，为了维持必要的社会共同秩序，必须制定以制裁为后盾的实在法规则。因为这种实在法是客观存在的，不应该以个人的主观偏好为实施标准。例如，“正义”与否是主观价值判断，“一个纯粹法理论——一门科学——不能回答这个问题，因为这个问

① John Austin.*Lectures on Jurisprudence*,London：John Murray,1911,p.214.转引自严存生主编：《西方法律思想史》第二版，北京：法律出版社，2010年，第264页。

②〔奥〕凯尔森：《法与国家的一般理论》，沈宗灵译，北京：中国大百科全书出版社，1996年，第2页。转引自谷春德主编：《西方法律思想史》第三版，北京：中国人民大学出版社，2009年，第295页。

题是根本不能科学地加以回答的”[①]。因此，为维护实在法的科学性，法律科学对于法律规范不能作好坏与否的道德评价，只能作合法或非法的客观性判断。

（四）实证分析的坚持与完善

哈特作为西方法学的权威人物，依靠其深厚的学科背景，利用西方哲学转型契机，将“分析法学”理论推向极致。一是坚持“实然法”与“应然法”分离的实证分析立场。20 世纪中期，面对法学流派林立、学术观点多元的状况，哈特捍卫了“分析法学”的基本立场，指出不论自然法学还是社会法学，都没有抓住法学研究的真正问题，必将消解法学的存在，对法学的独立发展是极其有害的。“实际上确立的法律，不得不与‘应然’的法律区分开来。”[②]因此，法学研究的对象应该是实在法，而不是主观理想中的“应然法”。二是完善法律规则理论。哈特在批判“法律命令说”的基础上，提出了“第一性法律规则”与“第二性法律规则”结合的法律规则说。“第一性法律规则”主要是指义务性规则，“第二性法律规则”是为了克服法律的“不确定性”、“静止性”和“无效性”而引进的授权性规则。而关键是这两种规则（权利与义务规则）的结合，构成一个完整的法律体系。哈特关于法律两类规则及其结合学说将实在法的形式与结构问题全部囊括在内，至此，实在法的形式“科学化”（确定性、客观化）目标基本实现。

二、“分析法学”对法学“科学化”探索的意义阐释与困境发掘

（一）“分析法学”对法学“科学化”探索的意义阐释

“分析法学”在人类科技革命的时代背景中，在对自然法学的不满和批判中，走上了法学“科学化”之路，无论如何这都是法学学科的巨大革命和有益探索，这不仅丰富了法学内涵，大大扩展了法学学科的视野和领地，而且给法学发展带来了意想不到的成果。具体来说包括以下几个方面。

第一，“实在法”领地的建立，使法学成为独立的学科。从此法学有了自

① 〔奥〕凯尔森：《法与国家的一般理论》，沈宗灵译，北京：中国大百科全书出版社，1996 年，第 6 页。转引自谷春德主编：《西方法律思想史》第三版，北京：中国人民大学出版社，2009 年，第 296 页。

② 严存生主编：《西方法律思想史》，北京：法律出版社，2004 年，第 292 页。

己的用武之地和生存地盘，有了一个可以观察审视的客观存在的现实对象，也为法学摆脱主观臆断的形而上学色彩，成为一门“科学”奠定了基础。

第二，把人类苦乐的主观感受与社会利益的调控连接。把法学的正义路标和社会的现实利益结合起来，虽然不能完全保证幸福指数攀升，却为基本幸福找到了一个协调好各种利益关系的客观指标，把法学牢牢定在人类社会利益关系调控器和稳定器的功能上，从此不再无所适从。

第三，法律规范要素的发掘、法律规范形式结构体系的建立，为法学的“科学化”展现了形式上的样貌，以至于发展到今天，使法律从篇章结构、条款项目上获得了逻辑上的严谨性和形式上的威严性。

第四，拓展了法学认知领域，开启了新的学科发展维度。引用“科学化”视角梳理审查法学材料，运用“科学化”思维契合法律的公正性诉求，越来越获得利益对立者对其中立、客观、理性的期待。

第五，实证分析方法的运用，增强了法学研究、推理、结论的客观性、可操作性和科学性。尤其是逻辑分析与语义分析的方法不仅成为法学研究的重点，更是法律实用中控辩审判各方角逐机制的关键。

因此，不论从哪个角度而言，可以说没有“分析法学”对法学“科学化”的探求，都不会有今天法学这样严正的体例、肃穆的结构、丰富的内容和宽广的视野。

（二）“分析法学”对法学“科学化”探索的困境发掘

如果说功利主义思想是一种广泛的实用主义思潮，奥斯丁的实在法发掘也才刚刚给法律科学开发出了一块“自留地”，在这里是否能培育出法学的“科学之苗”，充满了艰辛和未知。随着“分析法学”理论的不断演进，法学“科学化”“种植的园地”，也是越来越“杂草丛生”，以至于凯尔森越想发展“纯粹”法学，越难以如愿，哈特越分析，也越加困惑。

1. 凯尔森规范法学的“主观性”

“法律规范”是凯尔森理论的核心概念。凯尔森通过对法律规范及其要素、结构的梳理，为法律的“科学化”奠定了最坚实的基础。与此同时，他也发现法律是一种行为规范，是行为主体“应该”选择的行为方式，而不是客观必然性的“规律”。应然性的规定或选择，难以祛除立法者的价值偏好和实施者的利益权衡，与不以人的意志为转移的客观法则不可类比。于是，对于运行于人类主观意志之外的客观规律来说，人类主观认定的法律规范也许只能永远趋近于科学规律，却不可能成为客观规律。这还是在人类尊重科学原理的前提下的假设，而更多的时候，当立法者或践行者的利益与客观规律相悖时，有多少法律规范能秉持科学规律运行呢？

2. 纯粹法学不纯粹

凯尔森为保障法学的纯粹性，主张剔除那些政治、社会、心理等非客观因素，构建一个从“个别规范”到“一般规范”，再到“基础规范”的法律规范体系。每一级规范的效力来自于上一级规范的赋予，但是其“基础规范”的效力来源使凯尔森陷入了无法自圆其说的困境，不得不放弃“科学”的实证立场，“它（指基础规范）之所以有效是因为它是被预定为有效的……”[①]。对于基础规范的这种解释使凯尔森理论蒙上了先验哲学的色彩，与其实证主义立场截然相悖，致使法学的实证“科学化”之路又回到了起点，与它的批判对象——自然法不谋而合了，留下了纯粹法学不纯粹的笑谈。

3. 法律语言的模糊性难题

不知是发展的必然还是历史的巧合，当实证分析路线不断演进的时候，不知不觉已经来到了组成实在法的最小单位——“语言”的面前。回顾“分析法学”的历程，从奥斯丁找到了“实证”法学的宝地——实在法，其追随者们从构成实在法的要素、形式、结构等一路“分析”过来，留给哈特的研究余地就剩下表达实在法的“语言”了[②]。这个转向法学研究的语言学博士，运用他擅长的语义分析方法发掘构成和表达法律的语言要素。一个法律规范因为语言表述和人们认识经验的差异，不再是板上钉钉般地明确无误了，有时甚至越抹越黑。例如，他举例对“秃头”的认识——发量少、无头发、秃顶等都是其脚注，这种差异化的认识来源于同一事物的语言表述，语言本身的多义性、模糊性彰显出来了。“在所有的经验领域……都存在着一般语言

①〔奥〕凯尔森：《法与国家的一般理论》，沈宗灵译，北京：中国大百科全书出版社，1996 年，第 132 页。转引自谷春德主编：《西方法律思想史》第三版，北京：中国人民大学出版社，2009 年，第 302 页。

② 其实，也许还有很多处女地尚未开发，哈特也无能为力，只能挑选其擅长的罢了。

所能提供的指引上的限度，这是语言所固有的。”“规则本身是使用语言的一般规则，而一般词语的使用本身也需要解释……它们不能自己解释自己。”[①]这给寻求法律确定性的哈特带来了尴尬，本想搭建“一座牢固栈桥”，不想却因“建筑材料”（法律语言）的不可靠而前功尽弃。

语言作为构建和表达法律的重要元素，如果不能做到像数学语言那样明确简洁的话，法律大厦的“科学化”构造就几乎成为妄想。而调整社会关系的法律规范，生于市井，长于民间，不可能成为脱离日常生活的纯洁语言[②]，这种语言的困境使法学的“科学化”努力几乎走到了尽头。

4.“最低限度”的自然法——道德回归

法律与道德之分离是“分析法学”的一贯立场，把那些无法客观把握的非实证的事物与法学剥离，是保证法学科学性的前提。道德与法律的关系问题是任何法学理论都无法回避的核心话题，正是因为对两者关系的认识不同，学术界划分出了不同的法学派别。因为道德认识的差异性、道德体系的多元性、道德规范的弹性等消解了行为规范的客观性、明确性要求，而主观色彩浓厚，实施主体差异极大，是法学“科学化”的大敌。于是，把道德剔除出法学的视野是法学“科学化”的强烈要求。但失去道德底蕴的法律规范将失去基本的价值标准和理想目标，成为冷冰冰的技术手段，无法回应温暖的人性需要。在经过“分析法学”早期尝试后，学者们不得不承认法律与道德事实上的不可分离性。“法律反映或符合一定的道德要求，尽管事实上往往如此，然而不是一个必然的真理。”[③]而一旦把道德拥在了法律的怀中，就注定法学的客观性和确定性追求将大打折扣。

因此说明，“分析法学”寻求法学的“科学化”之路，除了收获值得赞赏的科学精神之外，也表明法学本身的复杂性和人类应对社会问题的艰巨性，绝不是单纯的自然科学规则就可以完全框定的，法学还有其更复杂的价值性的机制。

---

①〔英〕哈特：《法律的概念》，张文显、郑成良、杜景义等译，北京：中国大百科全书出版社，1996年，第128页。转引自谷春德主编：《西方法律思想史》第三版，北京：中国人民大学出版社，2009年，第307页。

② 也许真成为那样了，法学也就只能自说自话了。

③〔英〕哈特：《法律的概念》，张文显、郑成良、杜景义等译，北京：中国大百科全书出版社，1996年，第182页。转引自谷春德主编：《西方法律思想史》第三版，北京：中国人民大学出版社，2009年，第317页。

三、法学“科学化”的想象与摇摆

（一）法学“应该”成为一门科学

1. 法学是社会科学中“科学化”要求迫切的学科之一

这是因为：第一，法律是社会利益的调节器。尤其是在现代社会，利益主体多元，利益类型细分，利益算计精确等是复杂精细化社会的必然要求。法学的客观化、精确化能为利益主体提供明确的预测、算计、实施前提，为社会利益的归属和积累奠定基础。第二，法律是社会行为的标尺。法律行为的分类与管理，认可与制裁等牵涉到当事人的切身利益，关乎社会价值取向与社会秩序，不能模棱两可。否则，或使社会主体行为犹疑、无据；或使社会生活混乱，社会秩序失范。第三，法学的社会实践属性，比起形而上学的主观理念论争来说，具有浓厚的现实操作性要求。否则，或因指向不明，无法指示社会行为、规范社会秩序；或可导致操作性缺失，使法律流于形式。

2. 法学“科学化”是法学稳定性、确定性、成熟化的要求

第一，法学的“科学化”是法学稳定性的要求。这仍然源自于法律是社会行为规范的属性。社会生活的连续性、社会演进的过程性和社会主体的心理惯性，以及社会规范的权威性等都要求法律具有可预测性和稳定性。这就应该将人类长期实践中获得的类似于客观“规律性”的经验事实以法律“科学化”的方式固定起来，虽然说很难像自然规律那样亘古不变，但也应该相对稳定。迄今为止的人类实践虽然因地理、文化、民族、观念等导致法律的差异，但也有许多共识和规律性的认知和实践，这些规律性的法律经验既是法学稳定性的基础，也是法学“科学化”的开端。

第二，法学的“科学化”是法学确定性的要求。对法律确定性的追求是法学“科学化”的原动力。法律作为以国家强制力为后盾的行为规范体系，比起任何社会规范对行为主体的现实利益影响都要深。违反法律，或利益受损，或名誉扫地，甚至丧失身家性命，对于任何潜在的施法者与受罚者不可谓不重要、不严厉。因此，对法律的确定性关注几乎等同于法律本身，也就是说一个不确定的法律几乎等同于无法，一个缺乏确定性指引的法律就不能被称为法律。从这个意义上讲，法律的确定性追求就是法学的“科学化”历程，两者相

辅相成，殊途同归。

第三，法学“科学化”是法学成熟化的要求。法学的复杂性虽然难以完全实现自然科学的客观性、重复性、规律性等属性，但法学的不断发展必将日益趋近客观性、规律性等科学属性，这是随着学科发展积累的认知成果丰盛的必然，也是衡量学科发展进步的标志。对人类行为动机、方式、模式、程序、结果的研究和规范必然伴随着对之客观性和规律性的认识和把握。因此，对人类行为和社会秩序的认知越深入、越成熟，也必然使法学越客观、越科学，越符合法学发展的规律。

3. 法学“科学化”是提高法学发展和运行效率使然

学科加速发展的重要条件是将已获得的确定性成果客观化、“科学化”，这样既是对已有成果的及时总结，又能为学科进一步发展奠定基础。一个学科停滞不前的重要原因是对已有的普遍化成果缺乏梳理、总结和科学性固化，无视共同的学科“垫脚石”，重复性、纠缠性论述充斥期间。几乎所有分支学科都要从零开始，缺乏分支学科之间的层级递进阶梯。

尽管法学因其研究对象和研究主体的特殊性，很难脱离社会意识形态和研究者自身的利益羁绊，但也并不是所有学科内容都不能客观化和“科学化”，如法律形式、逻辑推理、法律程序等问题，甚至市场经济运行的普世性规律等实体内容都具有客观规律性色彩，应该加以梳理和总结，及时固化为学科的通识性内容，避免纠结其中，阻碍学科轻装上阵，进一步发展。

“分析法学”以其开创性的示范性思维和方法为法学的“科学化”努力作出了表率。其部分法学领域秉持科学的方法构建出实在法的形式、结构等法律规范体系，使法学成为屹立于学科之林的无以替代的独立学科。没有“分析法学”的确定性成果，法学也许还在与道德正义的争论中找不到自己的学科领地，更不要谈学科发展了。

（二）法学也许永远难以成为一门科学

法学的“科学化”固然值得期待，但也许永远难以美梦成真，这主要是因为以下因素。

第一，法学研究主体的价值偏好和社会利益的差异性存在。法学研究主体的认识、观点的非客观性几乎是难以避免的。这主要是因为研究者本身生活在特定的社会历史环境中，因其个人或家庭的价值偏好、社会阶层地位等差异，不同的研究主体对共同的论题经常得出完全对立的认识结论，而这种认识成果很难像自然科学那样有客观标准加以评判，并且价值判断的多元合理性是不能用是否“科学”来衡量的，正所谓“凡存在皆合理”。因此，不像自然科学研究者面对自然物的超然态度，法学研究主体（其实每个公民都是潜在的研究者）注定要身陷其中，并不自觉地因自身利益关系而得出自认为的“客观”结论。但这个“客观性”并不具有普遍性，常常被另一个研究者斥为荒谬。

第二，法学研究对象的异常复杂性和相互关联性难题。法学是研究调整各种社会关系的法律现象的，而社会关系的复杂性是自然科学研究的对象无法比拟的。这主要反映在：一方面法学研究的各种社会关系种类繁多，除了各种物质社会关系外，还包括思想社会关系；另一方面各种社会关系交织在一起，不可分离，即所谓有机联系的统一整体。这是法学等社会科学难以“科学化”的主要障碍。自然科学的基本研究方法是实证分析，可以把研究对象孤立地提取出来，并不影响其自然属性，这在无机世界畅通无阻。但人类社会各种社会关系的有机联系性就如生命有机体般不可分割。而在各种社会关系交织运行中对其观察、梳理等就显得异常困难，是今天的科学思维、方法和手段难以克服的，甚至是永远无法逾越的障碍。

第三，人的行为的主观意志性和难以度量性困惑。人的行为是意思表示的结果，任何外在举动受制于其内在的心理动机和主观愿望。而每个社会主体都有其主观意志性，即使是社会地位、种族、文化、习惯等要素相同的个体，行为差异也是巨大的。人的行为的主观意志性的内核就是人的意志的自由选择性，这种自由选择带来了对人类行为的可预测性、可度量性程度的降低，即使是在基本行为规范规定的前提下，也不可能丝毫不差，只能是大体把握。即便如资本主义早期的所谓“泰勒管理法”，人们在产品流水线上的机械动作也是各有千秋。随着人类社会的发展，个体性、创造性、智能型行为日益多样化，尤其是创造性行为的突发性（灵感），对法律规范的调控能力要求更高。因此，随着人类行为的创造性和复杂性程度的提高，法律规范的控制性难度加大，对行为过程的调控必将日益艰难。

第四，法律语言表达的模糊性断崖。法学是以语言表达准确、严谨、逻辑性强而著称的。法律语言表达的规范性和严谨性本是法学学科的重要标志和学科自信心的基础，这个优势在“分析法学”发展到现代，在哈特的发掘中走到了顶点。日常语言（包括法律术语）内涵和外延的不确定性（只能指示大致的范围），距离“科学化”的确定性要求相去甚远。至此，法学的“科学化”之路几乎消失在语言表达的断崖之下，除非创造出如数学般简练纯净的语言表述方式。而复杂的社会关系如何提炼出数学式表达，又有多少人能运用日常语言之外的另一套表达系统呢？

调整社会关系的法律要求贴近社会生活，而社会生活本身的不可准确描述性、日常法律语言的多义性、社会主体语境的巨大差异性，常常导致“对牛弹琴”的表达和交流效果，这几乎成为法学“科学化”无法超越的最大的“技术性”难题，也许就此意味着法学的“科学化”之路走到了尽头。

四、结语

在已经经历了“分析法学”“科学化”的实验操作，并有了值得肯定的巨大成果的基础上，也许法学的“科学化”路径已然确定，别无选择。但同时，“分析法学”的“科学化”实践并不顺利，甚至陷入了法律语言指向不确定性的泥潭，不能自拔，摇摆在法学“科学化”的能与不能之间。

不过，法学的“科学化”不是法学的核心价值目标。也就是说，“科学”不是法学的唯一价值，甚至不是主要的价值追求，这是由法律的属性决定的。法律毕竟不完全是客观世界的规律，尽管它应该反映客观规律的要求，但在特定的社会生活中，在社会利益纠缠与是非纷扰中，抚平对立，化解冲突，维护安全与秩序更是当务之急。可能因此与法学的“科学化”背道而驰，但也是必经的迂回与曲折。好在科学与否不是评判法学的首要标准。

难道法学“科学化”之路就此停止，宣告破灭？这一判断似乎为时尚早，虽然遇到法律语言表达的无法确定化难题，但并不意味着法学“科学化”的其他方面就此完结，更大的原因是法学尚未开始在其他路径上做“科学化”实验。法学的“科学化”可能不是法学发展的方向性错误，更多的是人们的认识、表达（语言）及研究方法的局限罢了。因此，法学的科学之维应该是法学的永恒主题之一，必将随着学科发展而不断扩展其“科学化领地”。也许法学受其研究主体、研究对象及方法的局限，永远无法变成一门科学，但“分析法学”开启的法学“科学化”之路值得珍惜，顺着法学“科学化”之路演进，也许会为法学发展带来意外惊喜。

作者简介：马瑞灵，女，汉族，籍贯河南，法学硕士，青海师范大学法学与社会学学院教授，研究方向为理论法学。

摒弃与探索：行政案件集中交叉管辖与建立跨区划行政法院

——以青海法院行政案件情况为分析样本

刘富梅　余慧玲

当前困扰行政审判工作的三大难题是“立案难”“审理难”“执行难”，其根源在于司法管辖区域与行政区划重叠，导致行政审判极易受到行政权的不当干预。为根治这一顽疾，我国行政法学界和实务界先后提出了提级管辖、交叉管辖、相对集中管辖等行政诉讼管辖改革的方案和设想，并在司法实践中进行了有益的尝试①。党的十八届四中全会作出的《中共中央关于全面推进依法治国若干重大问题的决定》明确要求：“完善行政诉讼体制机制，合理调整行政诉讼案件管辖制度，切实解决行政诉讼立案难、审理难、执行难等突出问题。”2017 年 6 月修订的《中华人民共和国行政诉讼法》第十八条第二款则为各地探索行政诉讼管辖机制的改革提供了合法性依据②。全国各地法院积极探

① 程琥：《行政案件跨行政区划集中管辖的法治意义》，《人民法院报》2015 年 5 月 20 日，第 6 版。

②《中华人民共和国行政诉讼法》第十八条第二款规定：“经最高人民法院批准，高级人民法院可以根据审判工作的实际情况，确定若干人民法院跨行政区域管辖行政案件。”

索行政案件跨区划集中管辖，通过几年的探索，在保障依法独立公正行使行政审判权等方面凸显出重要价值，但在实际运行过程中仍存在不少问题。本文通过对跨行政区划含义的理解，阐述行政案件跨区划审理的意义，通过对实践的分析，提出合理建议。

一、跨行政区划行政法院的内涵及意义

（一）跨行政区划行政法院的内涵

2013 年最高人民法院下发《关于开展行政案件相对集中管辖试点工作的通知》，要求全国各级法院尝试试点工作。2015 年，青海省在西宁市、海东市、海西蒙古族藏族自治州辖区内实行行政案件集中管辖，由集中交叉管辖法院管辖所在中级人民法院辖区内其他基层人民法院管辖的一审行政案件。所谓的行政案件跨区划集中交叉管辖，是指将基层人民法院管辖的一审行政案件，通过统一指定的方式，交给原管辖法院之外的集中交叉管辖法院管辖。集中交叉管辖法院所在地行政机关为被告的案件，由其他集中交叉管辖法院管辖。试点以来，行政案件集中交叉管辖取得了一定成效，在一定程度上减少了不必要的行政干预，有利于体现司法公正，但实践中我们发现也存在一定问题，如巡回审判力量弱、当事人诉讼难等。

《中共中央关于全面深化改革若干重大问题的决定》提出："加强知识产权运用和保护，健全技术创新激励机制，探索建立知识产权法院。"2014 年北京、上海、广州设立知识产权法院。我国知识产权法院的成立，有既能培养专业人才，又能避免地方行政的过度干预，充分发挥保护知识产权推动中国创新，推动司法改革的双重意义。2014 年，党的十八届四中全会作出设立跨行政区划人民法院的决策部署。笔者认为，跨行政区划集中管辖，是指人民法院对部分案件实行集中管辖审理，如环境资源案件、行政案件、知识产权等部分案件的集中管辖审理。在当前法院行政案件实现集中交叉管辖的基础上，应积极探索建立跨行政区划行政法院，即在行政案件相对多的地区成立基层行政法院，实现管辖多个行政区域（县）的行政案件。积极探索行政巡回审判模式，有效避免行政干预，解决"民告官"难的问题。

（二）跨行政区划行政法院的意义

1. 建立跨行政区划行政法院，有利于全面推进我国的法治建设

司法体制改革关乎国家民主法治建设，关乎依法治国基本方略的实施，关乎社会公平正义的实现。党的十八大明确提出了全面推进依法治国的要求，同时提出司法体制改革。其中司法体制改革的一项重大改革是部分案件跨行政区划集中管辖以及建立跨行政区划法院管辖制度，其符合我国国情，司法能够实现适度与行政区划相分离，无疑会使我们国家的治理体系在社会管理的体制与方式上发生重大、真正意义上的体制性变革①。最高人民法院院长周强提出，公正司法是人民法院工作永恒的主题、任务和价值追求。所以，建立跨行政区划行政法院，有利于确保人民法院依法独立行使审判权，依法公正审理案件，维护社会公平正义，从而人民法院的工作才能真正体现党的意志，才能真正符合最广大人民的根本利益，全面推进法治中国建设。

2. 建立跨行政区划行政法院，有利于依法独立公正行使审判权

从青海省调研情况分析，司法体制改革前，基层法院承担着当地政府大量的工作，角色类型繁多。例如，某州州庆活动，法院担负着公安机关维持治安秩序的职责（5 天 24 小时执勤）；还担负着环卫工作的职责，即分段清扫马路及会场；也承担着文艺会演、方块队成员及观众等任务。个别县在土地征用、房屋拆迁工作中，违背中央明令禁止法院参与此项工作的规定，仍然在工作方案中，将法院院长列为征用或拆迁指挥部副组长，并要求随时待命。在社会结构中，“附属于某一地位的一组角色被称为角色丛，其中每一种角色丛都会产生相应的角色期待和角色意识”②，转型社会中的基层法院也身处角色丛中③，其职能已经不单纯是审判工作，而是根据政府工作需要担任各种角色。所以，建立跨行政区划行政法院，辅之以法院人事与财政体制的相应调整，实现法院不再受制于地方，则能够尽量隔绝司法地方保护主义对法院裁判造成的消极影响，有利于法院依法独立公正行使审判权。

---

① 葛先园：《人民法院跨行政区域管辖行政案件路径探索——以新〈行政诉讼法〉第 18 条第 2 款为中心》，《苏州大学学报》（哲学社会科学版）2015 年第 2 期。

②〔美〕伊恩·罗伯逊：《社会学》上册，黄育馥译，北京：商务印书馆，1990 年，第 106 页。

③ 邬耀广、周强：《基层法院在转型社会中的角色回归》，万鄂湘主编：《探索社会主义司法规律与完善民商事法律制度研究》，北京：人民法院出版社，2011 年，第 15 页。

3. 建立跨行政区划行政法院，有利于优化司法资源配置

在当前的形势下，如何在现有资源的基础上进行合理分配、节约成本，有效利用现有司法资源发挥法院审判职能，成为司法体制改革的一项重点内容。十八届三中全会提出“司法体制改革”，建立跨行政区划法院，一方面实现环境资源案件、行政案件、知识产权等跨行政区划集中管辖审理；另一方面可以充分考虑现有行政区划下基层法院案件少，地方偏远，经济不发达的法院机构进行撤并建立跨区划法院，或对专业化案件建立跨行政区划行政法院、环境资源法院，能够最大限度地利用有限的司法资源，克服法院辖区与行政区域生硬的重合，既避免有的法院对审判工作应接不暇、案多人少，又杜绝有的法院案少人多的状况，达到物尽其用、人尽其力，提高司法资源的总体利用效率[①]。

二、摒弃：行政案件集中交叉管辖

（一）试点法院及集中交叉管辖情况

2015 年，青海省高级人民法院制定《青海省部分法院行政案件跨区划集中管辖若干规定》，明确在全省八个市（州）中，选择西宁市、海东市、海西蒙古族藏族自治州各确定两个基层法院为集中或交叉管辖法院，集中交叉管辖指定范围内原属其他基层法院管辖的一审行政案件[②]。集中交叉管辖法院不再管辖本地行政机关为被告的案件，而由其他集中交叉管辖法院管辖。非集中交叉管辖法院仍承担辖区内非诉行政案件的审查。具体为：城西区人民法院管辖原由城北区、城中区人民法院管辖的一审行政案件；城北区人民法院管辖原由城西区、城东区人民法院管辖的一审行政案件；西宁铁路运输法院管辖原由湟中县、湟源县、大通回族土族自治县人民法院管辖的一审行政案件；民和回族土族自治县人民法院管辖原由平安区、乐都区、互助土族自治县人民法院管辖的一审行政案件；平安区人民法院管辖原由民和回族土族自治县、循化撒拉族自治县、化隆回族自治县人民法院管辖的一审行政案件；德令哈市人民法院管辖原由格尔木市、乌兰县、都兰县、天峻县人民法院管辖的一审行政案件；格尔木市法院管辖原由德令哈

① 张龙亭：《我国司法区域改革设想——与行政区域的分离》，重庆：西南政法大学硕士学位论文，2013 年。

② 本文以 2015—2016 年青海省部分法院行政案件集中交叉管辖试点情况为分析样本，阐述试点法院集中交叉管辖的具体情况以及取得的成效和问题，进而针对问题提出改革建议。

市、冷湖矿区、茫崖矿区、大柴旦矿区法院管辖的一审行政案件。

2016年，青海省法院受理一审行政诉讼案件644件，结案514件；与2015年同期621件、502件相比，分别上升3.70%和2.39%。2016年行政机关的败诉率约为23.74%，比2015年上升了9.81个百分点。7个推行集中交叉管辖方式改革的基层法院2015年受理一审行政诉讼案件238件，占全省一审行政诉讼案件总数的28.33%；2016年受理一审行政诉讼案件334件，占全省一审行政诉讼案件总数的51.87%（表1、表2、表3）[①]。

表1　西宁地区实行管辖机制改革法院收结案情况比较

年份	基本情况	西宁地区法院							
		城东法院	城中法院	城西法院	城北法院	大通法院	湟中法院	湟源法院	铁路运输法院
2015	新收案件/件	20	40	65	65	17	17	6	—
	结案/件	15	37	60	56	15	13	6	—
	行政机关败诉案件/件	1	4	2	8	1	2	—	—
	行政机关败诉率/%	6.67	10.81	3.33	14.29	6.67	15.38	—	—
	协调撤诉案件/件	5	8	20	10	1	6	5	0
	协调撤诉率/%	33.34	21.62	33.33	17.86	6.67	46.15	83.33	0
2016	新收案件/件	0	0	70	98	0	0	0	32
	结案/件	0	0	66	86	0	0	0	24
	行政机关败诉案件/件	0	0	12	13	0	0	0	2
	行政机关败诉率/%	0	0	18.18	15.12	0	0	0	8.33
	协调撤诉案件/件	0	0	19	14	0	0	0	19
	协调撤诉率/%	0	0	28.79	16.28	0	0	0	79.19

表2　海东地区实行管辖机制改革法院收结案情况比较

年份	基本情况	海东地区法院					
		平安法院	民和法院	乐都法院	互助法院	化隆法院	循化法院
2015	新收案件/件	17	51	10	6	6	3
	结案/件	13	49	10	6	6	3
	行政机关败诉案件/件	1	3	3	3	2	1

① 数据来源于青海省高级人民法院司法统计。

续表

年份	基本情况	海东地区法院					
		平安法院	民和法院	乐都法院	互助法院	化隆法院	循化法院
	行政机关败诉率/%	7.69	6.12	30	50	33.33	33.33
	协调撤诉案件/件	8	20	3	1	1	2
	协调撤诉率/%	61.54	40.82	30	16.67	16.67	66.67
2016	新收案件/件	28	49	0	0	0	0
	结案/件	28	53	0	0	0	0
	行政机关败诉案件/件	2	17	0	0	0	0
	行政机关败诉率/%	7.14	32.08	0	0	0	0
	协调撤诉案件/件	17	14	0	0	0	0
	协调撤诉率/%	60.71	26.42	0	0	0	0

表3　海西地区实行管辖机制改革法院收结案情况比较

年份	基本情况	海西地区法院							
		格尔木法院	德令哈法院	乌兰法院	都兰法院	天峻法院	大柴旦法院	冷湖法院	茫崖法院
2015	新收案件/件	23	5	1	5	1	1	0	0
	结案/件	21	3	2	2	1	1	0	0
	行政机关败诉案件/件	4	0	0	0	0	0	0	0
	行政机关败诉率/%	19.05	0	0	0	0	0	0	0
	协调撤诉案件/件	4	1	0	1	0	0	0	0
	协调撤诉率/%	19.05	33.33	0	50	0	0	0	0
2016	新收案件/件	7	14	0	0	0	0	0	0
	结案/件	7	13	0	0	0	0	0	0
	行政机关败诉案件/件	3	0	0	0	0	0	0	0
	行政机关败诉率/%	42.86	0	0	0	0	0	0	0
	协调撤诉案件/件	1	6	0	0	0	0	0	0
	协调撤诉率/%	14.29	46.15	0	0	0	0	0	0

（二）集中交叉管辖的成效

1. 诉权保护渠道进一步畅通

管辖制度改革实施后，各集中交叉管辖法院对凡是符合受理条件的，均依法受理；凡是对是否受理一时难以确定的，先立案，畅通诉讼渠道，不将矛盾推诿上交，不让当事人跑冤枉路。在管辖机制改革与立案登记制改革的双重推动下，青海省一审行政诉讼案件数量在几年来整体上升的趋势下继续上升 3.71

个百分点。集中交叉管辖法院在对案件的受理中明显感觉到思想无负担，工作无压力，完全可以放开手脚大胆积极受理案件，这对行政案件降低立案的门槛、拓宽受理案件的领域极有益处，改变了过去有案不敢立的现状。

2. 行政审判司法环境进一步优化

通过推行管辖制度改革，审判区域与行政管理区域进行适度分离，被告不在自己辖区诉讼，其对案件的干预现象较少，打招呼的现象没有了土壤，当事人服判息诉率也提高了。作为受理法院无须迎合当地政府，敢判被告败诉，加大了当地政府的危机感，促使其自觉依法行政，规范执法行为。当事人对法院偏袒政府的顾虑明显减少，增加了老百姓对行政审判的信任与信心。2016 年，青海省法院审结一审行政案件 514 件，依法判决行政机关败诉 122 件，行政机关败诉率约为 23.74%，与 2015 年的 13.93%相比，上升了 9.81 个百分点。其中民和回族土族自治县人民法院 2016 年审结的 53 件一审行政案件中有 17 件判决行政机关败诉，行政机关败诉率 32.08%，超过全省平均水平（图 1）。

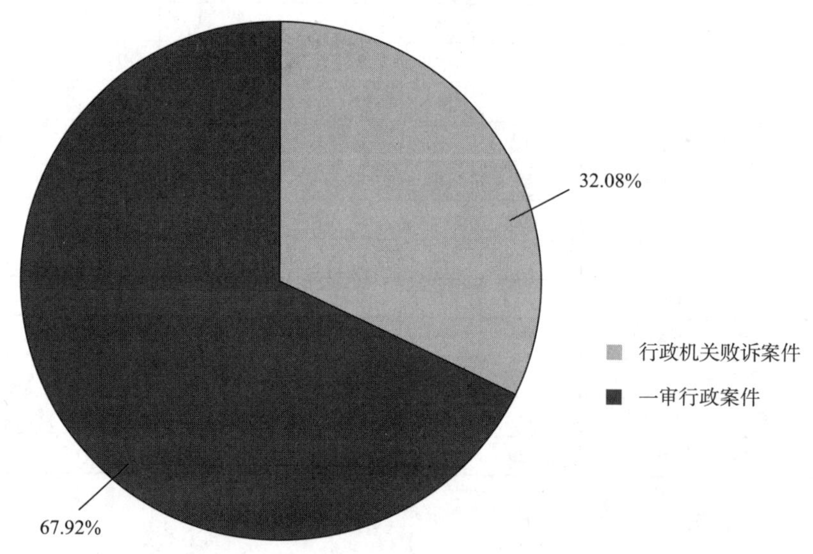

图 1　民和回族土族自治县人民法院 2016 年实施集中交叉管辖法院判决行政机关败诉情况

3. 行政机关依法行政和应诉意识进一步增强

行政案件相对集中管辖制度的实施，在一定程度上将司法权对行政权的依附割裂开来，打破了基层法院对当地政府的依赖，有效避免了行政权对司法权的干预。由于管辖、受案、审理、执行的法院脱离了被告的行政管理区域，行政机关对案件审理结果的干预难度较大，同时审理法院依法审查的力度加大，因此各级行政机关参加诉讼更为积极主动，诉讼当事人地位平等的意识也进一步增强。

4. 裁判尺度统一性进一步提高

实行管辖制度改革后，审判权由分散到集中，影响裁判尺度差异的因素减少，管辖法院统一裁判尺度更为容易，上级法院的监督指导也更具有针对性，丰富管辖法院的审判实践，积累行政审判经验，提高审案质量，这些特征都比较明显。行政案件的裁判率和公正性有了质的提高，增强了司法权威。

（三）弊端

行政案件集中管辖改革虽取得了一定成效，但这项改革打破了传统的行政案件管辖模式，实行异地管辖，而原有的体制机制和配套措施尚未相应创新或调整到位，导致管辖改革在实施过程中，出现了一些新情况、新问题。

1. 立案审查环节衔接不畅

行政案件集中交叉管辖以及立案登记制度实施后，非集中交叉管辖法院就集中交叉管辖对当事人所作的解释和说明不够，仅仅停留在告知当事人应去集中交叉管辖法院立案的层面，没有告知缘由，极易被当事人误解为态度不好或推诿，使当事人对集中交叉管辖法院在审理前存在抵触心理。个别法院存在立案审查粗糙的现象，对于不在本院审理的案件未经适当审慎审查就直接登记立案，然后移送到集中交叉管辖法院，给集中交叉管辖法院后续的审理带来很多不便，同时也导致诉讼资源浪费，引起当事人不满。有的案件当事人通过传统邮寄方式寄送诉讼材料，缺乏详细的联系方式，影响案件进程。利用异地管辖之机就同一案件分别到两地起诉，或者就已处理的案件重复起诉，也浪费了大量司法资源。

2. 诉讼便利性相应减弱

虽然相对集中管辖与便民原则冲突不大，而且相对于审判工作而言，即使需要增加一些诉讼成本，行政机关和公民都更希望能够获得公平公正的审判。但毋庸置疑的是，相对集中管辖的方式确实增加了当事人的诉讼成本，如在异地审理需要付出额外的交通及住宿费用，增加的诉讼成本对于行政机关而言或许没有问题，但对于公民而言，一些原本就经济困难的当事人，可能因无法负担增加的诉讼成本而放弃诉讼。按照《青海省部分法院行政案件跨区划集中管辖若干规定》，集中交叉管辖法院要根据实际情况，尽可能到当地巡回审判、调查取证、调解，以减轻当事人的诉讼负担。但现实情况是集中交叉管辖法院通常离案件发生地较远，加之行政审判人员明显不足的现状制约了该项制度的落实。此外，异地调查取证成本本来就比当地成本更大，往往当地政府、行政机关为了自身利益并不配合异地调查取证，而集中交叉管辖法院的行政审判人员对案件发生地的政府机关不了解，进一步增加了取证难度。

3. 案件协调化解难度加大

化解行政争议是行政诉讼的目的之一，通过协调化解工作，可以实质性化解行政纠纷，实现案结事了。实行管辖制度改革后，由于集中交叉管辖法院与被告行政机关相对陌生，双方对案件持谨慎态度，心存顾虑，协调沟通的基础比较薄弱。加之集中交叉管辖法院对案件原管辖地的行政执法环境、风土人情缺乏深入了解，故对协调化解工作也存在一定的畏难情绪。并且，集中交叉管辖法院与原管辖地党委、政府及其相关部门尚未建立广泛、常态化的联系，借力多方化解纠纷存在困难，协调化解能力明显不足。2016 年，青海省法院审结的 514 件一审行政案件中，有 125 件原告撤诉，协调撤诉率约为 24.32%，与 2015 年的 25.49%相比，降低了 1.17%。城西区人民法院的协调撤诉率从 2015 年的 33.34%下降到 2016 年的 28.79%，城北区人民法院的协调撤诉率从 2015 年的 17.86%下降到 2016 年的 16.28%，民和回族土族自治县人民法院的协调撤诉率从 2015 年的 40.82%下降到 2016 年的 26.42%①。

4. 审判力量分布与审判任务不相适应

立案登记制与管辖改革实施后，进一步破解了行政案件立案难的问题，案件数量进一步增加。2016 年，西宁地区确定城区集中交叉管辖的城西、城北区人民法院受理一审行政诉讼案件 190 件，较 2015 年的 138 件上升 37.68%，但同期两院行政庭审判人员并未增加，案多人少矛盾加剧，客观上影响了行政审判的质量和效率。2016 年，全省法院只有 29 个法院单独设立行

① 数据来源于青海省高级人民法院司法统计。

政审判庭，共有 69 名行政审判法官，基层法院基本上都是“一人庭”“二人庭”。从全省实施管辖机制改革法院的情况看，集中交叉管辖法院的行政审判人员并没有相应增加，虽然集中管辖的初衷是将案件交由有审判经验和能力的审判人员进行审理，同时避免地方保护主义和行政机关对案件的影响，以此提高司法审判的公正性和公信力，但是案件数量的增长和审判人员不足的不平衡，反而使得案件审判效率降低，同时，一个法官需要审理来自不同地域的不同行政诉讼案件，这对于办案法官来说无疑也增加了工作压力。刑事、民事、行政三大审判职能本是一个法院完整的审判职能配置，但是相对集中管辖制度本身的特点注定会造成非集中交叉管辖法院行政庭行政案件空白的尴尬情况发生，使得非集中交叉管辖法院行政庭的审判人员处于闲置状态或被抽调至其他审判业务部门，非集中交叉管辖法院的行政审判功能严重流失。

5. 法院与行政机关良性互动机制弱化

由于不再审理当地的行政诉讼案件，原管辖法院与当地政府及其行政机关之间的互动减少，而管辖法院与案件当地政府及其行政机关之间尚未建立常态化联系，沟通渠道不畅，良性互动机制逐渐弱化。良性互动工作的具体形式和内容，如联席会议的召开形式、白皮书的制作主体、报送对象等问题均有待进一步明确。通过与集中交叉管辖法院沟通交流，海东、海西地区实行集中交叉管辖的平安、民和、格尔木、德令哈人民法院行政首长出庭数量均有所降低，地域范围大的实际情况与案件异地审理相交织，给行政首长出庭增加了不便，导致行政首长出庭积极性降低，出庭率有所下降。

三、探索：建立跨行政区划行政法院

（一）建立跨行政区划行政法院之改革思路与设想

1. 改革思路

基于上述跨行政区划集中交叉管辖审理中弊大于优的弊端，笔者认为，在条件成熟的区域，积极探索建立跨行政区划行政法院，有利于解决集中交叉管辖审理行政案件的弊端，更能发挥集中管辖后的成效，真正实现 “民告官”异地审理，避免地方行政干预的发生。

2. 政革设想

（1）建立条件。在人口集中、案件数量相对多的地区建立县级行政法院。

以青海省为例，在西宁市、海东市、海西蒙古族藏族自治州成立行政法院，管辖范围为所辖地区一审行政案件。优点如下：第一，有利于解决集中交叉管辖给当事人不知在何处起诉的盲目性导向。第二，对于行政案件相对较少的基层法院来说，行政案件由行政法院集中受理，有利于缓解其他基层法院案多人少的矛盾。第三，有利于培养专业化法官，提升案件质效。县级行政法院，院长为正处级，副院长为副处级，法官相应提高法官等级，有利于预防行政干预。法院内部设立立案庭、审判一庭、二庭、三庭（根据案件量进行设置）、审判监督庭、审判管理办公室、办公室、政治处（包括监察室）、法警队等必要的内设机构，审判庭法官、法官助理、书记员实现 1∶1∶1 模式，加强审判团队力量。

（2）审判方式。采取以巡回审判为主、本院审理为辅的方式，方便异地当事人的诉讼。

（二）行政案件集中交叉管辖的建议

1. 完善立案审查衔接机制

加强行政案件的立案审查和释明指导工作，指派业务能力较强的人员专门负责行政案件立案。增强对案件立案审查的责任心，认真负责地对行政案件起诉材料进行必要的审查，对不符合立案条件的案件应依法不予立案，对材料欠缺、诉状书写不明、诉讼请求不清的案件应做好立案前的释明和退补工作。要加大行政审判信息化建设力度，将行政案件纳入网上立案系统，避免当事人为立案而往返于异地，增加诉讼成本。行政庭要与立案庭在立案审查标准上达成共识，统一行政案件立案程序和标准，规范立案审查，避免法院内部之间互相推诿①。要建立完善省内行政案件信息数据库，并向各级法院开放共享和查询权限，以解决信息不对称问题，避免当事人利用异地管辖重复起诉。

2. 健全落实便利诉讼机制

集中交叉管辖法院在非集中交叉管辖法院设立巡回法庭，解决异地办案的不便。集中交叉管辖法院应当积极争取地方党委、政府的支持，从非集中交叉

---

① 张春波：《跨行政区划法院的行政审判实践与探索》，《中国审判》2015 年第 18 期。

管辖法院选调具有丰富行政审判工作经验的优秀法官，充实到集中交叉管辖法院的行政审判队伍中，同时解决有关人员的人事关系，也就是说通过组织程序将其调入集中交叉管辖法院。但相关法官不一定离开原生活和工作地到异地重新安家立业。集中交叉管辖法院可以在非集中交叉管辖法院所在地设立巡回法庭，被选调的法官可以在该巡回法庭工作，继续从事行政审判工作。这样一是可以解决集中交叉管辖法院审判人员紧张的问题；二是方便非集中交叉管辖法院所在地当事人的诉讼；三是使对被选调法官的生活和工作影响降低到最低程度；四是能够有效地解决不同地区法院之间的协调和配合，更加有利于提高行政审判质量和效率。同时进一步完善法院信息化远程视频系统，充分利用信息技术设备，以远程视频方式核实、补正异地立案信息。科学统筹安排，积极运用远程视频开庭的方式进行异地审理。

3. 建立沟通协调化解机制

健全法院之间的协调配合机制，提升审判效率。上级法院应当将集中交叉管辖法院与非集中交叉管辖法院之间的工作协调度纳入法院工作考核，通过量化考核促使相互之间配合，精简集中交叉管辖法院的基础工作，进而提升审判效率。集中交叉管辖法院应定期将审理的案件数量、案件类型、审理结果等统计数据及时报送给上级法院和被告所在地法院，以便非集中交叉管辖法院掌握本地区的行政诉讼案件情况，并对行政机关依法行政作出相应指导。非集中交叉管辖法院应认真做好起诉材料的接受、移交工作，积极配合好集中交叉管辖法院的案件审理和送达、协调工作，杜绝推脱延误的情形发生。集中交叉管辖法院应主动与非集中交叉管辖法院加强信息交流工作，将收集到的当事人的思想行为动态及时通报给非集中交叉管辖法院，建立涉诉信访防控预警机制，在矛盾萌发前期做到可控可化。对于一些重大敏感案件，中级人民法院应当及时介入，在协商一致的基础上解决分歧。

4. 建立审判力量整合机制

针对行政审判人员调动频繁和管辖机制改革后集中交叉管辖法院案多人少、非集中交叉管辖法院行政审判功能萎缩的情况，建立中级人民法院统一调配使用辖区内所有行政审判人员的制度，行政庭要积极配合政治部做好行政审判人员调研工作；将部分非集中交叉管辖法院行政审判人员合理调配给集中交叉管辖法院和上级法院使用，配齐配强集中交叉管辖法院和上级法院行政审判力量，实现审判人员随案件集中而集中。

5. 创新司法与行政互动机制

改进地方政府及其行政机关与法院联席会议形式，良性互动由一对一的法院与政府之间的互动，提升为片区内法院与政府之间的良性互动。可以以地区为单位，由同一片区的中级人民法院和政府共同召开政府和法院联席会议，对相应问题形成会议纪要。集中交叉管辖的基层法院也要建立相应的辖区内良性互动机制，定期召开管辖区域内的联席会议，邀请原管辖法院和当地政府参加。完善行政审判白皮书制度。实行谁审理案件谁制作白皮书制度，审理法院要定期发布行政审判白皮书，对行政审判中发现的行政执法等方面的突出问题及时总结，分析原因，提出对策建议，原管辖法院应积极配合提供相关信息和材料[①]。进一步完善行政机关负责人出庭应诉机制，提高负责人出庭应诉比例。按规定或根据实际需要应由行政机关负责人出庭应诉的，及时发送出庭通知书或者出庭建议书。审理法院可以对行政机关负责人出庭、行政案件败诉、司法建议反馈率等情况进行通报。

四、结语

跨行政区划集中交叉管辖行政案件是我国司法体制改革的重要举措，是解决“民告官”瓶颈的有效途径。在此基础上大胆创新改革，建立跨行政区划行政法院，更能加强司法权对行政权的监督制约，助推法治政府建设，实质解决各种行政争议，维护广大人民群众的合法权益。

作者简介：刘富梅，女，汉族，籍贯陕西，法学学士，青海省高级人民法院行政审判庭副庭长，青海师范大学法学与社会学学院实务导师，主要从事行政审判工作。

余慧玲，女，藏族，籍贯青海，法学学士，青海省高级人民法院研究室副主任，主要研究方向为民商法学。

① 李少平：《为什么要设立跨行政区划法院》，《求是》2015 年第 14 期。

认罪认罚从宽及其适用速裁程序合理性分析

王水明　李芝春

认罪认罚从宽制度在最高人民法院、最高人民检察院确定的18个城市经过一年的试点探索，其实施效果逐步显现。而该制度究竟依托何种办案程序予以实现，学术界的观点不一，鲜见较为翔实的论证。为推动该项制度的成功实施，对理论和实践方面提供理论和实践导向，为认罪认罚从宽的理论基础、实体从宽及程序从宽内容进行界定，本文从认罪认罚从宽制度的界定、认罪认罚从宽案件适用刑事速裁程序的必要性分析、认罪认罚从宽案件与刑事速裁程序相结合的九点建议来展开论述，不妥之处，祈请方家斧正。

一、认罪认罚从宽制度的界定

（一）认罪认罚从宽制度的含义

“认罪”就是犯罪嫌疑人、被告人对触犯刑律的行为不仅表现为价值方面供认的自愿性，也表现为对自己所犯案件事实的追溯回忆和如实供述。在办案过程中，“认罪”除对事实予以必要的说明和合理辩解外，对指控的犯罪事实不存在异议。具体可以根据《刑法》关于自首、坦白中“如实供述自己的罪行”来把握[①]。如实供述个人的罪行不仅指供述司法机关已掌握的，还包括未被掌握的犯罪事实，对作案情节的供述实事求是，不掺杂任何虚构的事实，更不能避重就轻，对部分事实作刻意的隐瞒。其核心精神，就是认罪的自愿性，行为人须自愿供述所有犯罪事实，诱供、逼供与“认罪认罚”的思想是相违背的。

“认罚”是被追诉人对于可能刑罚的概括意思表示[②]，即犯罪嫌疑人、被告人在供述全部犯罪事实后，接受司法办案人员提出的抽象刑罚，这种抽象刑罚是根据案情及量刑幅度对嫌疑人、被告人应承担刑事责任的合理预计，其中应包含嫌犯“认罪认罚”之后予以“从宽”的尺度。“认罚”不仅包括犯罪嫌疑人、被告人对可能判处刑罚的认可，还应包括犯罪嫌疑人、被告人悔罪表现，主动退赔损失后须取得被害方的谅解。假如行为人承认了基本犯罪事实，也有应受《刑法》处罚方面的认识，但对定罪量刑存在异议，仍需司法机关对案件进行大量侦查、调查予以证明，或者行为人在语言和行动上表明不愿承担刑事责任或有“取舍”“附条件”地承担刑事责任，案件起因上归责于被害方或强调客观原因，悔罪意识欠佳等，便不能确定为“认罪”又“认罚”而加以从宽处理。因而，从字面意思上理解，“认罪”与“认罚”应该是一个递进的关系，体现出二者之间的“同步”“同体”性。

司法实践中还存在犯罪嫌疑人、被告人供述与被害人陈述不一致的情况，不外乎有两方面的原因，一是犯罪嫌疑人、被告人作了虚假供述，这必然要排除在“认罪认罚”之外；二是被害方有夸大案件事实的陈述，这说明犯罪嫌疑人、被告人并未实际取得被害人的谅解，被害方有加重行为人罪责和惩罚力度的主观意图。无论出现上述哪种情况，都需要司法机关投入一定精力，用大量证据加以甄别。类似的案件，无论犯罪嫌疑人、被告人作何种供述，都不能以“认罪认罚”而得以从宽处理。

从《关于在部分地区开展刑事案件认罪认罚从宽制度试点工作的办法》中

---

① 最高人民检察院副检察长孙谦在2016年11月召开的“检察机关对刑事案件认罪认罚从宽试点工作部署会议”上的讲话摘要。参见孙谦：《刑案认罪认罚从宽制度试点工作九大问题要注意》，http://www.jcrb.com/gongsupindao/FXTX/201702/t20170208_1713961.html［2017-02-08］。

② 陈光中、马康：《认罪认罚从宽制度若干重要问题探讨》，《法学》2016年第8期。

不难推定，推行认罪认罚从宽制度包含两方面的意思。一方面，对于认罪认罚的案件在实体处理层面上的从宽，这便是“宽严相济”刑事政策从宽的一面。行为人认罪认罚，认可司法机关的定罪量刑，一是出于对量刑从宽的期盼，在刑事处罚方面给予优惠；二是出于缩减诉讼程序，缩短诉讼周期，期待早日结案见到裁判结果的原因。尤其是被剥夺人身自由的人犯，尽快结束羁押的煎熬，是他们所渴望的。这便是体现在程序权利上的从简和从速，切萨雷·贝卡利亚提出“惩罚犯罪的刑罚越是迅速和及时，就越是公正和有益”①。在办案流程中，根据犯罪嫌疑人、被告人的认罪认罚时间早晚及诉讼阶段，随时进入“速裁”程序，使犯罪嫌疑人在刑事诉讼程序中获得了有利的程序适用，在程序上表现出优惠的最大化。另一方面，程序从宽体现在对强制措施的变更、解除上，显现出减少、限制适用羁押措施的特点。《最高人民检察院关于办理当事人达成和解的轻微刑事案件的若干意见》明确规定：“对于公安机关提请批准逮捕的案件，符合本意见规定的适用范围和条件的，应当作为无逮捕必要的重要因素予以考虑，一般可以作出不批准逮捕的决定。”这在强制措施的选择、侦查、起诉阶段体现得更为明显。

（二）不适用认罪认罚从宽制度的几类案件

一是不适用速裁程序审理的几种情形的案件。《最高人民法院、最高人民检察院、公安部、国家安全部、司法部关于在部分地区开展刑事案件认罪认罚从宽制度试点工作的办法》第十七条列出了几种不适用速裁程序审理的情形：被告人是盲、聋、哑人的；案件疑难、复杂，或者有重大社会影响的；共同犯罪案件中部分被告人对指控事实、罪名、量刑建议有异议的；被告人与被害人或者其代理人没有就附带民事赔偿等事项达成调解或者和解协议的。另列“其他不宜适用速裁程序的情形”为兜底条款。

本文认为以上几种情形不仅排除在速裁程序之外，也有悖于认罪认罚从宽的精神内涵，不应纳入认罪认罚从宽案件范围之内。

二是故意剥夺他人生命的案件，从法理角度及实践意义上不宜适用认罪认罚从宽制度。因为无论是速裁案件，还是认罪认罚从宽案件，其中重要的一条就在于犯罪嫌疑人、被告人必须取得被害人的谅解，谅解要旨在于经济部分双

① 〔意〕切萨雷·贝卡利亚：《论犯罪与刑罚》，黄风译，北京：北京大学出版社，2015年，第47页。

方达成赔偿协议，将被害人所遭受的人身、经济、精神损失以金钱形式予以赔偿，而被害人不再要求司法机关追究犯罪嫌疑人、被告人刑事责任或对其予以“从轻发落”。刑法意义上的被害人指的是直接遭受犯罪行为的侵害，是犯罪的侵害对象和损害结果的直接承担者①，享有刑事诉讼法赋予的对犯罪的追诉权和其他的诉讼权利。故意杀人等故意剥夺他人生命案件中的被害人属于人身性法益的被害人，其生命已因不法侵害剥夺，人身法益已遭受无法复原的消亡。因为生命只有一次，一旦死亡无法复生，其刑事追诉权及其他民事诉讼权利亦随之灭亡。死者（被害人）的亲属只是案件中经济和精神方面的间接受害者，只能在民事赔偿方面提出有限的主张。“罪行极其严重的犯罪嫌疑人、被告人一般不适用认罪认罚从宽制度。”②我国的刑法制度应充分体现对生命的尊重，任何人无权替代死者（被害人）在刑事责任方面提出对犯罪嫌疑人、被告人从轻处罚的请求，也无权替代死者因经济方面的赔偿对加害人予以刑事谅解。从司法实践层面看，基于我国几千年的刑事文化及刑罚制度的实际，国外“以钱买刑辩诉”交易不能直接移植于中国法律，来挑战中国法律的严肃性和权威性，否则会给民众以犯罪成本过低、刑罚过于软弱的感觉而造成不良影响。当今形势下我国侵犯人身权利的犯罪率居高不下的原因之一，便是刑罚较之于过去比较“温和”。因此，认罪认罚案件必须确保宽严有据、罚当其罪，避免片面地从严和一味地从宽这两种错误的倾向。如果对犯罪性质恶劣、犯罪手段残忍、社会危害严重的犯罪分子，其坦白认罪不足以从轻处罚的，也必须依法严惩③。因而对于故意剥夺生命的恶性犯罪案件，无论从保护被害人合法权益，还是维护社会稳定及对案件证据要求方面，均不适合适用认罪认罚从宽制度。

三是放火、决水、投毒、投放危险物质等危害公共安全、后果严重、社会影响恶劣的案件，亦应慎重适用认罪认罚从宽制度。危害公共安全犯罪侵犯的是不特定多数人的生命、健康和重大公私财产安全，是《刑法》分则规定的普通刑事犯罪中危害性最大的一类犯罪。其犯罪行为一经实施，犯罪后果就具有

---

① 王海娇、吴郯光：《刑法中的被害人基本理论界定》，《广西社会科学》2011 年第 3 期。

② 陈光中、马康：《认罪认罚从宽制度若干重要问题探讨》，《法学》2016 年第 8 期。

③ 最高人民法院刑一庭庭长沈亮在全国人民代表大会常委会于 2016 年 9 月 3 日召开授权最高人民法院、最高人民检察院在部分地区开展刑事案件认罪认罚从宽制度试点工作的决定的专题新闻发布会上提出。参见韩建平：《刑事案件认罪认罚从宽制度试点 两高：非一律从宽》，http://www.xinhuanet.com/local/2016-09/05/c_129269511.htm［2016-09-05］。

严重性和广泛性[①]，所造成的社会影响是巨大而恶劣的，给人民群众造成严重的不安全感。因而无论行为人的悔罪表现如何深刻，由于其造成的后果及负面影响的难以消除性，亦不宜适用认罪认罚从宽制度。

二、认罪认罚从宽案件适用刑事速裁程序的必要性分析

对于认罪认罚案件量刑上的从宽制度已存在于1949年以来历次修订的《刑法》中，《刑法》总则中的自首、坦白制度，适用于所有刑事犯罪案件。最高人民法院出台的《关于常见犯罪的量刑指导意见》中[②]，对于常见犯罪中的认罪认罚情形规定了具体的量刑幅度。程序从宽方面虽然也有简易程序、刑事和解制度、附条件不起诉制度，轻刑快办机制[③]，但每个制度对适用条件进行了严格限定，并不适用大多数刑事犯罪案件。因而鉴于认罪认罚从宽案件范围的宽泛性，有必要探讨将其纳入正处于试行中的刑事速裁制度，以契合程序从宽的改革精神。

（一）基于认罪认罚从宽制度关于程序从宽的改革精神

《最高人民法院、最高人民检察院、公安部、国家安全部、司法部印发〈关于在部分地区开展刑事案件认罪认罚从宽制度试点工作的办法〉的通知》中提出："这项改革……有利于优化司法资源配置，在更高层次上实现公正与效率相统一；有利于探索构建科学刑事诉讼体系，推进以审判为中心的刑事诉讼制度改革。"在犯罪率居高不下的今天，效率价值越来越受到关注，改革的目的就在于整合司法资源，提高办案效率。那么整合司法资源，实现公正与效率相统一的唯一途径就是"科学设定从宽和从简的评价机制，推动繁简分流，优化司法资源配置，构建多层次的案件处理机制"[④]，这也是世界刑事司法的

① 张军：《刑法分则及配套规定新释新解》上册，北京：人民法院出版社，2011年，第70页。

② 最高人民法院2014年制定出台的《关于常见犯罪的量刑指导意见》对自首、坦白、当庭自愿认罪、退赃、退赔、取得被害人谅解、达成刑事和解的盗窃、故意伤害、交通肇事罪等15种犯罪的量刑提出了具体的量刑幅度。

③ 最高人民检察院于2007年1月1日实施的《最高人民检察院关于依法快速办理轻微刑事案件的意见》规定，对于案情简单、事实清楚、证据确实、充分，可能判处三年以下有期徒刑、拘役、管制或者单处罚金，犯罪嫌疑人、被告人认罪，适用法律无争议的轻微刑事案件依法予以快速办理。

④ 最高人民检察院副检察长孙谦在"检察机关对刑事案件认罪认罚从宽试点工作部署会议"上的讲话摘要。参见孙谦：《刑案认罪认罚从宽制度试点工作九大问题要注意》，http://www.jcrb.com/gongsupindao/FXTX/201702/t20170208_1713961.html［2017-02-08］。

发展趋势。整合司法资源，对案件进行归类，办案实行“流水线作业”是实现程序正义的价值追求。现行刑事诉讼程序中不同类型案件尚未形成系统化的办案模式，除少数轻微刑事案件外，几乎所有案件都运用一个诉讼模式，通用一个诉讼周期。因未建立系统归类的办案通道，各种案件混杂在一起，办理上得不到合理有序的安排，极易造成案件积压，办案力量分布不均，办案周期长，使人力、物力等司法资源大量浪费。而认罪认罚从宽制度，控辩双方不存在或极少存在争议，在一定程度上减轻了司法机关的举证责任，节省了司法资源，有必要将这类案件从普通办案程序中剥离，单独设立从简从速的办案程序快车道，进一步整合司法资源，实现程序正义。如果将认罪认罚案件仍以普通程序办理，就体现不出程序从宽精神，至少在公正与效率方面的改革是失败的。对于当事人双方争执导致事实不清、需要用更多的证据予以佐证的案件，办案程序需要精细化设计，则须以普通程序审理。整合司法资源也是追求办案人员专业化和效能化的目标，做到人尽其用，什么样的人办什么样的案，最大限度地节约司法资源。而已成雏形的刑事速裁制度贯穿于侦查至审判的整个刑事诉讼过程，符合认罪认罚从宽制度的实体及程序上的办案要求，用刑事速裁程序办理认罪认罚从宽案件是值得探讨的制度设计。

（二）基于实践要求，刑事速裁机制的适用存在区域上的差异，需要扩大其适用范围

2014年6月27日全国人民代表大会常委会通过了授权最高人民法院、最高人民检察院《在部分地区开展刑事案件速裁程序试点工作的决定》，对危险驾驶、交通肇事等情节较轻、可判处一年以下有期徒刑、拘役、管制，或者单处罚金的案件，进一步简化诉讼法规定的相关诉讼程序。速裁程序在北京等18个城市已试行 2 年有余，积累了一定的经验，各地都制定出了实施细则和工作文书，公、检、法系统形成了操作流畅的办案机制。“宽严相济”的刑事政策已得到了较为充分的贯彻。例如，杭州某区检察院总结形成了13类速裁程序工作文书，成立公诉二科专门承办速裁类案件，由于该地区刑事案件年办案量均在2000件以上，速裁类案件也在200件以上，源源不断地有速裁案件移送起诉，完全具备了另开辟办案部门专门承办该类案件的条件，满足了长期“维护”速裁案件通道的需要。我国所有中、东部发达地区城市情况大致相同，由于案件

量大，完全可以形成速裁案件快车道。但西北部地区则不然，西宁是青海的省会城市，是全省政治、经济、文化中心，刑事案件量居全省首位。尽管如此，西宁市刑事案件最多的某区检察院，年办案量只有 300 件左右，案件量只是中、东部地区的 1/7 至 1/8，速裁类案件一年只会有一二十件，其他区（县）案件量则更少。所以，无法形成速裁案件办案通道，满足不了速裁案件办案需要。如果专门固定办案人员甚至成立专门机构办理速裁案件，只会造成司法资源的巨大浪费。但如果不建立办案快车道，而与普通案件混办，由于速裁案件办案时限的限制，必须进行“插队”才能在规定的时限内完成案件审查。如此，又势必会打乱正常的办案秩序，影响其他案件的如期办理。但如果速裁案件不局限于目前规定的可能判处一年以下有期徒刑的 11 类案件，将认罪认罚从宽案件纳入其中，进一步扩大速裁案件范围，案件量将会成倍增加，就容易满足办案量相对少的地区，也就具备了建立速裁快办机制的条件要求。所以统一法律的实施，将认罪认罚案件归入速裁办案机制也是现实的需要。

（三）基于认罪认罚从宽机制需要进行系统、统一的制度设置

我国现有刑事诉讼制度框架下，刑事和解制度、轻刑快办机制、附条件不起诉制度及审判阶段的简易程序等，由于制定部门、诉讼阶段的不同而分散于刑事诉讼中，被人为地隔离开来，显得零乱繁杂，不利于办案人员掌握和适用，更不便于被案件当事人了解。例如，简易程序只适用于基层法院一审程序中某些简单轻微刑事案件，只利于缓解法院审判压力；刑事和解制度是犯罪嫌疑人、被告人真诚悔罪，通过向被害人赔礼道歉、赔偿损失等方式获得被害人谅解，司法机关依法对案件从宽处理的制度。此制度适用于有特定被害人的刑事案件，在诉讼阶段上没有特殊的要求。而附条件不起诉制度只适用于检察机关审查起诉阶段可以不追究刑事责任的轻微刑事案件，多适用于未成年人犯罪案件。轻型快办机制只针对事实清楚、证据充分、可以判处三年以下有期徒刑的轻微刑事案件。这些从宽机制既是独立的，又相互交叉、重复，没有形成统一的认罪认罚从宽制度体系，在司法实践中很难得到有效的统一，认知上很难把握认罪认罚从宽制度，阻挠了人们对认罪认罚从宽制度本质的认知和理解。从法理及实践运用上看，这些分散的机制有待于吸纳和统一，有待于形成一套科学合理、便于司法办案人员掌握和操作、易于涉案人员理解接受的办案制

度，并以速裁程序为载体予以运作。

三、认罪认罚从宽案件与刑事速裁程序相结合的几点建议

（一）建立统一认罪认罚从宽案件速裁制度

根据被告人是否认罪认罚这一标准，未来的刑事诉讼程序将区分为两大类型：一是被告人不认罪案件的诉讼程序；二是被告人认罪案件的诉讼程序[①]。现行刑事诉讼程序中，无论是哪一种从宽速办制度，均以合理配置司法资源、提高办案效率、维护当事人合法权益为出发点和落脚点，适用于被告人自愿认罪、事实清楚、证据充分、控辩双方对犯罪事实无异议的轻型刑事案件。基于速裁程序贯穿于整个刑事诉讼过程这一主基调，适合建立以速裁机制为主线的“收纳箱”，将各诉讼阶段的从宽就简程序“串联”一体，形成一套系统、规范的认罪认罚从宽案件速裁制度。如此，速裁程序案件的范围自然而然得到了扩充，合理吸纳上述几种程序从宽制度的有价值部分，进行科学、合理的归类汇总，形成一套系统、科学、体现程序从宽从速精神的新刑事速裁制度。刑事案件从立案侦查开始便贯彻“宽严相济”的刑事政策和认罪认罚从宽制度，如此，自然就形成了普通程序和认罪认罚从宽速裁程序两种诉讼“车道”，根据各类案件具体情况，通向适合的诉讼“车道”，这两种“车道”并行，犯罪嫌疑人犹如“乘客”，“沿途”设立若干个“站点”，而这些“站点”正是处于诉讼中的犯罪嫌疑人、被告人随时认罪认罚或反悔后的“换乘”点。当然，还要规定刑事案件侦查、起诉、审判不同诉讼阶段认罪认罚所“享受”的从宽幅度。如此，办案程序明了，易于掌握和操作，以显而易见的从宽制度吸引更多的“乘客”换乘“快车道”，追求真正意义上的认罪认罚从宽的司法精神，实现实体正义与程序正义。

（二）确定认罪认罚从宽的量刑幅度

建立认罪认罚快车道，在办案程序和时间上的缩减尚不足以吸引犯罪嫌疑人从立案之初就选择认罪认罚，对于其而言，量刑减让才是认罪认罚的最大动力，因此，充分发挥量刑激励机制的作用是认罪认罚制度的基础[②]。量刑激励

① 陈瑞华：《“认罪认罚从宽”改革的理论反思》，《当代法学》2016 年第 4 期。

② 喻丹、李清：《关于刑事案件认罪认罚从宽制度的几点思考》，http://www.legaldaily.com.cn/zfzz/content/2016-11/02/content_6862814.htm?node=81129［2016-11-02］。

机制是犯罪嫌疑人、被告人对量刑结果的合理预期。《关于常见犯罪的量刑指导意见》在很大程度上消减了法官自由裁量权的弹性，增加了案件的刑罚预见性和透明度，对被告人认罪认罚起到了一定的促进作用。但《关于常见犯罪的量刑指导意见》只适用于已进入审判阶段的15种常见罪名。要将量刑合理预见性提前到审查起诉阶段和立案阶段，规定清楚各种犯罪在不同诉讼阶段认罪认罚的具体量刑比率。例如，《关于常见犯罪的量刑指导意见》规定对于自首、坦白、立功、退赃退赔的，“可以”而非“应当”减少基准刑，具有一定的不确定性。为使司法机关对案件刑罚作出较为准确的估量，对于法条从轻、减轻的规定应更趋明朗化，使犯罪嫌疑人即便在立案侦查阶段，在办案人员的明释和辩护律师的帮助下，对通常情况和认罪认罚情况下所能获得的刑罚后果形成明显对比，使行为人能够较为准确地预见对于自首、坦白、当庭认罪、取得被害人谅解、达成刑事和解以后的刑罚量刑幅度，保证司法的确定性。使认罪认罚在刑事处罚方面的“优惠”对犯罪嫌疑人形成吸引，让其有必要认真考虑认罪认罚需要付出的实际行动。建立统一的认罪认罚从宽量刑幅度，从而统一从宽尺度，可防止“从宽”权力的滥用，同时从宽还要体现罪刑相适应原则，避免以钱代刑，以罚代刑。

（三）公、检、法部门需实现联网办案

目前，公、检、法部门拥有各自的信息化办案系统，可进行网上办案，实现了内部信息共享，使办案更加快捷。但由于三者尚未实现联网办案，在案件的移送、受理、审查方面，没有建立网络一体化办案模式，仍然沿用传统的人来人往的书面卷宗送交方式，影响了办案进程和效率。例如，轻微刑事案件快办机制中，对于符合轻刑快办制度的案件，公安机关在移送起诉时，除移送案件材料、诉讼文书外，还要制作适用该机制的意见表，加盖特制“轻型快办”章。而检察机关移送起诉时，需要走同样的诉讼流程，除了法定办案期限有所缩短外，并未减轻办案人员工作量。如果实现三者联网办案，只需电脑操作，案件就自动按照设置的流程传输和移送，根本上减少了人来人往和文来文往，无形中会节约很多办案时间，更有益于促成认罪认罚从宽案件的速裁办案模式。

（四）保障认罪认罚案件犯罪嫌疑人、被告人获得律师帮助的权利

各国在认罪案件中都十分重视律师的作用，美国将被告人享有律师辩护权写进了宪法中。辩护律师的有效参与不仅有利于保障犯罪嫌疑人、被告人的辩护权，防止冤案错案，也有助于推动其在获得法律帮助后适时认罪认罚，提高量刑的明确度。《试点工作办法》第五条集中规定了保障犯罪嫌疑人、被告人获得有效的法律帮助的原则性规定；第八条、第十条分别规定犯罪嫌疑人在侦查、起诉阶段需要获得律师帮助的事项。认罪认罚案件的犯罪嫌疑人、被告应当聘请或指定律师为其提供法律援助。根据第十届四中全会提出的“完善法律援助制度”的精神，中共中央、国务院办公厅《关于完善法律援助制度的意见》进一步提出，法律援助机构在法院、看守所派驻法律援助值班律师。因而今后对于认罪认罚案件，辩护律师在侦查阶段就应介入案件，为犯罪嫌疑人提供法律帮助，答疑解惑，消除他们的顾虑，增加他们对司法人员的信任感，提高认罪认罚所惠及的对实现程序正义和实体正义上从宽处理的确信程度。同时辩护律师的任务还在于引导犯罪嫌疑人创造认罪认罚所要求的条件，使从宽的愿望得以实现。

作者简介：王水明，男，汉族，籍贯浙江，法律硕士，青海省大通回族土族自治县人民检察院检察长，三级高级检察官，青海师范大学法学与社会学学院实务导师。

李芝春，女，回族，籍贯青海，法律学士，大通回族土族自治县人民检察院纪律检查委员会办公室负责人，四级高级检察官。

第二编

社会问题研究

政府购买背景下社会工作机构与政府的互动关系研究

张　琳

一、引言

社会工作自西方传入中国以来，其理论与实践都经历了一个迅速本土化的过程，其间得到了政府的大力支持。党的十六届六中全会提出“要建设宏大的社会工作人才队伍”，为社会工作职业化的发展奠定了基石。在近几年的政府工作报告中，李克强总理连续几次强调社会工作在社会建设中的重大意义。以上种种都表明国家越来越重视专业的社会工作在关注民生、发展社会保障、实现社会公平正义等各个方面实现的重要社会职责和功能。

作为社会工作发展过程中里程碑式的一个阶段，政府购买社会工作服务已在北上广深等发达城市逐渐实行开来，政府购买服务（government procurement of services）模式下的社区综合服务中心遍地开花。政府购买服务是指政府在社会福利的预算中拿出经费，向社会各类提供社会公共服务的社会服务机构，直接拨款资助服务或公开招标购买社会服务的福利模式[①]。在我国，政府购买服

① 罗观翠、王军芳：《政府购买服务的香港经验和内地发展探讨》，《学习与实践》2008 年第 9 期。

务的引进主要是与单位制的解体和社区建设的需要有关的。在计划经济时期，单位制曾经作为我国政治、经济、社会的基石，起着至关重要的作用。然而，20 世纪 80 年代之后，改革开放的巨大浪潮极大地影响着我国的社会结构，以往固定僵化的单位制不再适应社会的需要，单位制逐渐衰落乃至解体。单位制的解体同时也导致我国的公共社会服务事业失去了承载者，与此同时，新生的社区也难以满足人们的日常社会生活所需。在经济发展的同时，福利的失落使部分人对政府和政策产生了一些不满，也让政府意识到重建社区的重要性①。由此可见，政府购买的产生和发展与我国国情的变化息息相关，发展至今，社会建设的主要阵地已经转移到社区层面。正如张和清所言，从国际社会工作百余年的发展历程来看，社会工作源于欧美国家的“睦邻运动”，传统的社会工作有扎根“贫民窟”社区的传统，与社区居民共同解决贫穷及社区分化等社会发展中的问题。因此，专业社会工作者扎根社区，在与社区民众同行的过程中推动社区居民安居乐业，这也是社区工作者的必然使命②。

政府购买社会工作服务模式在北上广深等发达城市方兴未艾，内陆大部分城市也纷纷效仿，2015 年起，作为内陆地区版图较为边缘位置的青海省也开始以民政系统为主逐步推动政府购买公共服务的项目。本文就以在政府购买公共服务背景下产生、成长、发展的一家社会工作机构——M 社会工作服务中心为个案研究对象，探讨该机构的介入路径、生存策略、行动实践等问题，从而揭示社会工作机构与政府的互动关系。在整个研究中，笔者采用社会工作行动研究和个案研究的方法，这两种研究方法在社会工作研究中也较为前沿。笔者作为高校社会工作专业教师，从 2016 年 5 月起至 2018 年，在 M 机构开展督导工作，见证了该机构的产生、成长、发展的各个阶段，作为研究者的同时，也在推动着实践，符合行动研究行动—实践—再行动的社会工作研究特质。

---

① 华伟：《单位制向社区制的回归——中国城市基层管理体制 50 年变迁》，《战略与管理》2000 年第 1 期。

② 张和清：《中国社区社会工作的核心议题与实务模式探索——社区为本的整合社会工作实践》，《东南学术》2016 年第 1 期。

二、社会工作的实践过程

（一）合作缘起

2015年6月，青海师范大学的9名实习生和督导老师进驻Q社区，开始开展工作。在街道方面，与我们进行密切配合的是Z主任、C主任，以及街道办事处的领导——M书记。M书记是Q社区家庭综合服务中心的主要负责人，有着街道办事处工作人员典型的热情能干特性，这次合作之所以能够促成，是因为M书记的努力，用她的话来讲，之所以想要在社区引进专业的社会工作服务，是因为她在外地参观的时候发现很多样板社区都成立了专业的社会工作服务机构，回来之后她咨询高校的社会工作专业，联系到了高校的专业负责人，极力促成了西宁市第一个政府购买服务项目在Q社区落地。Z主任则是M书记的副手，负责Q社区家庭综合服务中心具体工作事项的安排，她也十分关注Q社区家庭综合服务中心的工作进程，是在合作过程中与机构工作人员接触最多的人。

合作初期的主要工作是调研与制订服务计划。在这个过程中，青海师范大学社会工作教师作为机构督导和9位社会工作实习生与街道办事处工作人员一起，完成了Q社区的前期走访与预评估，以及对Q社区家庭综合服务中心进行服务策划和选址工作。社会工作者查阅了关于Q社区的基本资料，包括政府报告、相关会议记录等，初步了解了Q社区的居民构成、社区环境、文化传统、生活状况等大致情况。同时，社会工作者主要针对当地的居民和社区负责人进行了走访调查和问卷调查，以了解社区层面的需求和意愿，从而进行相应的项目设计。经过初期的评估，社会工作者了解到Q社区辖区内有许多原属于国企的单位下属的家属楼，经过国企改制之后有些单位职工成为下岗人员，其中稍微有能力的家庭早就搬到了社区环境较好的小区，而留下来的更多的是在下岗过程中未能实现再就业的人群，大多数人都是自谋生路，在Q社区祖孙三代同住的家庭特别普遍，体现了较为典型的“单位人”转“社区人”的特征。与此同时，Q社区还居住着大量的流动人口，他们主要在社区内或者周边做生意，因为Q社区的房租便宜，而选择短暂或者长期租住。这部分人群几乎没有享受到社区提供的社会服务，他们彼此之间的社会关系更加缺乏，与社区的互动也较少，是整个社会服务的难点。同时，这部分人群对比社区原有的居民来说更加缺乏必要的社会支持系统。例如，外来人口的子女教育方面，因为外来人口多数从事小本生意，整天早出晚归，忙于生计，无暇顾及子女的功课，他们更需要有专业的社会服务解决子女的课余时间照顾问题。针对以上情况，我们在充分预评估的基础上，初步制定了面向社区所有居民的综合服务，既包括针对原有社区各类居民的服务，也兼顾了加强流动人口和原有居民互动的社区服务，希望借此呈现出一个良性的社区互动环境。在前期调研的基础上，社会工作者还与社区主任一起，对家庭综合服务中心的选址以及室内规划进行了初步设计，最终决定将家庭综合服务中心设在街道办事处所在地Q社区的街道内，服务中心的选点也经过慎重的考虑，以方便居民到访为第一原则，连接了该社区现有的公共资源，试图进行资源整合，更好地为居民服务。

经过进一步的社区调研，实习生和督导老师根据社区现状和居民需求设计了提供社区综合服务的初步方案，内容涵盖社区老年人、青少年、志愿者队伍建设以及家庭亲子互动等方面。该初步方案经由城东区区政府审核，最终决定由社区划拨经费购买专业的社会工作服务，为Q社区居民提供为期两年的公共服务项目。至此，M机构在Q社区落地，其资金主要来源于Q社区的“三区计划”政府购买项目，购买提供方为以M书记为第一负责人的Q社区基层组织，是一个典型的政府购买社会工作服务的项目。

（二）实践行动

在项目周期内的政府购买项目中，Q社区以政府购买服务方式与M机构合作引进专业社会工作服务，目的也在于提升原有社区的专业社会服务。按照M机构构建社区综合服务的设想，包含安养老年人服务项目、启程青少年服务项目以及和睦家庭综合服务几个相互关联、相互支撑的社区服务模块，主要针对社区内的老年人、青少年和妇女提供具体的服务。

老年人服务工作，如举办老年人冬季保健知识讲座、防骗知识讲座、老年人社区厨房、老年兴趣小组等。为社区困难老人特别是“三无”（无收入、无工作能力、无法定赡养人）老人、收入偏低的独居老人以及子女不在身边的高龄老人和其他有需要的老人提供上门探访服务。已基本建立了一套以街道为依托、以社区为基础的老年人服务体系。

青少年服务工作，如M机构为青少年群体提供了“四点半乐园”服务，针对社区上班群体多、流动人口多的特征，面对青少年群体回家无人辅导作业和无同辈群体陪伴的问题，为青少年辅导课业，并且在写完作业后为青少年开展各种课外活动，缓解青少年的学习压力，让他们有一个轻松的状态面对学习生活。机构还为青少年提供了专门的阅览室，根据青少年的阅读需求及兴趣购置了一批图书供青少年借阅，通过宣传和活动的方式提高青少年阅读的积极性。机构每月还会举办亲子阅读会、青少年阅读故事小分享和绘本阅读等活动来提高青少年的阅读兴趣和阅读量，为社区青少年提供了一个良好的文化氛围。在社会工作者的推动下，社区青少年还成立了各种兴趣小组，如棋类小组、手工绘画小组、观影小组、社区苗圃小组、模型制作小组、桌游小组等，增添了青少年在课余的生活乐趣和动手能力，培养了社区青少年丰富的兴趣爱好，增进了青少年朋辈群体之间的相互交往。社区工作站还会在每年寒暑假期间，组织社区青少年的夏令营和冬令营活动，让青少年群体亲近自然，丰富了社区青少年的文化生活，促进彼此之间的互动和交流，增强了团队的凝聚力。

在家庭综合服务方面，项目期的工作主要集中在以下几个方面：一是对特殊家庭的排查建档，社会工作者会定期对有特殊需求的家庭进行调查，如隔代家庭与单亲家庭等，尝试建立具有普遍性的需求评估档案以及社区家庭能力清单。二是充分发挥社会工作专业优势，通过组织各种活动让青少年和他们的家长之间有沟通的途径和机会。例如，社会工作者组织一系列以“生活体验”为主题的活动，旨在通过青少年亲自采购食材、制作美食、送给自己的父母进行品尝，增进亲子之间的相互了解。三是为了让青少年在暑假时期能够与自己的父母有更多的接触时间，同时让家长学会沟通、交流，学会处理亲子之间的问题与矛盾，社区工作站招募社区家庭参与共同体验游，由社会工作者组织，以家庭为单位赴西山、南山等地，增加父母与青少年的相处时间，增进彼此之间的沟通和理解。

（三）困境与契机

经过两年的运行，M 机构在 Q 社区与居民建立起了一定的联系。然而一次来自政府部门的人事调动使 M 机构一度陷入了困境，引进专业社会工作服务并一直支持 M 机构的 M 书记因为升迁调离 Q 社区，而新来的社区书记由于年龄偏大，采取相对保守的社区管理方式，对于支持社会机构毫无兴趣，自他上任以来，一直良好的合作的关系一度中断，他甚至提出让社会工作者搬离原有的办公场地的要求，再加上机构自身的问题，M机构一度面临长达6个月的关闭状态，在这期间，M机构虽然还为Q社区居民提供基本的常规服务（如“四点半乐园”服务），然而处于没有任何支持的状态，M机构一度决定要解散。

在困境下M机构一直坚持到2017年6月，青海省民政厅出台了一项在省级层面试点推行社会组织参与购买社会工作和便民服务项目的申报工作，为M机构的发展带来了一线生机，从6月开始，M机构就与全省100多家机构一起参与竞争性的申报工作，省民政厅组织专家评审进行评分，最终确定了包括M机构在内的34家机构承接40个社区的2017年度民政部门向社会组织购买的社会工作服务和社区便民服务项目，M机构得以继续在Q社区开展社区服务。在第二次的合作中，M机构的支持主要来自于青海省民政厅的“三社联动”政府购买项目，购买提供方为省民政厅。

目前政府购买服务主要有三种模式：一是形式性购买，即民办公助；二是非竞争性购买，即公办私营；三是竞争性购买。在M机构的两次购买过程中，虽然购买方有所不同，但都属于民办公助类的形式性购买模式，这也比较符合青海地区社会建设发展初期的现状。

三、政府购买背景下社会工作机构与政府的互动关系

理解政府购买背景下，看待社会组织和政府之间的关系，需要一个从宏观到微观的分析框架，笔者结合在M机构的实践，也一直试图去回答社会组织如何处理好与各个层级的政府部门之间的互动关系这一问题。从宏观层面讲，政府与非营利组织之间的关系可以被认为是国家与社会关系在公共事务治理层面上的一个缩影。国家和社会的关系在公共事务治理层面就是政府和社会组织之间的关系。针对中国的国家与社会关系，又会有公民社会理论、法团主义理论、治理理论等几种主要的研究视角。

其中学术界讨论较多的是公民社会理论，公民社会又称“市民社会”“民间社会”，是指相对独立于国家，有一定自主性或自治权的社会共同体[①]。公民社会理论强调社会的自治，认为国家与社会是相互独立的，有着各自的权力

① 郭道晖：《社会权力与公民社会》，南京：译林出版社，2009年，第369页。

与责任。公民社会强调的是国家与社会的相互独立，是“小政府、大社会”的追求，而在中国，这种独立实际上是不存在的。再如法团主义理论视角，有学者认为，法团主义作为一个利益代表系统，是一个特指的观念、模式或制度安排类型，它的作用是将公民社会中的组织化利益联合到国家的决策结构中①。法团主义理论主张促进国家和社会团体的制度化合作，而非对立与分野。这些讨论注重理论上社会机构的独立性，构建了一个基于平等的合作设想，但仍然无法回应现实中胶着的困境。进一步地，有学者提出了“多元共治”观念，从这个概念去理解当代中国国家与社会的关系。朱健刚、胡明通过对非营利组织参与灾后重建的过程和问题进行研究，认为社区发展需要社区骨干、国家权力、公民组织与市场的共同作用，来实现“多元共治”的治理模式②，“多元共治”的提出更是将国家和社会合作发生的阵地聚焦到社区层面。

然而结合M机构的实践，笔者认为，公民社会、法团主义、治理理论以及政府与非营利组织的类型等观点都无法清楚地概括转型时期中国特色的国家与社会关系的本质。这一方面既有中国社会环境的复杂性的原因，中国各个层级的政府无法在短时间内将权责让渡给社会，也要看到现有的社会组织或专业社会工作机构自身还存在多方面问题，无法满足多元化的公共服务需求，存在自身建设不足的短板。另一方面我们仍然能够看到，在国家治理层面，近十年政府一直在大力提倡“小政府、大社会”的社会建设目标，旨在通过发挥社会组织在社会服务方面的活力来进行社会建设。所以社会工作首先经历了一个由西向东的过程，即从西方国家传过来经历了一个本土化的过程，然后经历了一个由东向西的过程，即由东部发达城市向西部地区发展的过程。在这两个过程中，社会建设作为一个国家层面的诉求，就是一个不可逆的过程，其中一个途径就是政府推动社会组织和专业社会工作的发展。

要理解政府部门和社会组织之间的关系，需要认清中国的社会工作是一种“嵌入式发展”，正如王思斌所言，专业社会工作在中国的发展是一种嵌入式的发展，改革开放使舶来的专业社会工作在与原生的本土社会工作实践的互动中不断进入本土实践领域，并从政府主导下的专业弱自主性嵌入状态走向政府-

① 张静：《法团主义》，北京：中国社会科学出版社，2005年，第76页。

② 朱健刚、胡明：《多元共治：对灾后社区重建中参与式发展理论的反思》，《开放时代》2011年第10期。

专业合作下的深度嵌入[①]。他提出中国的社会工作是一种嵌入式的发展，具体就是由在政府主导下专业弱、政府强的自主性嵌入慢慢地走向政府-专业合作下的深度嵌入，我们正处在过渡的这个阶段。社会工作要嵌入原有的由政府提供的社会服务体系中，专业的社会工作发展无论是在资金、资源、合法性认同等各方面都依赖政府的推动，嵌入式发展是当下比较符合现实的一种发展策略。社会工作机构从成立、生存与发展的各个阶段对政府有不对称性依赖，双方也各有诉求，对于政府而言，他们既希望继续与社会工作机构合作以减轻基层政府的行政负担，但又无法或不愿提供机构发展所需要的资源。而对于社会工作机构而言，既要依赖政府资源，又要发展专业的社会工作。在这样的冲突之下，双方需要回归到对方的目标诉求，从目标契合这一角度来分析具体的运作。综上所述，笔者主要选择江华等提出的利益契合（笔者更倾向用目标契合这种表述）这一分析框架作为本文的研究视角[②]，期望运用这一视角来解释政府与社会工作机构之间的互动关系。

（一）双方的诉求

1. 基层政府部门的诉求

通过与街道办事处领导的接触和共事，笔者认识到，对于Q社区基层政府而言，当前其主要的目标诉求包括公共服务改善带来的社区稳定和发展。合作初期，Q社区的主要任务为成立社区社会工作服务中心，这既是上级政府下达的工作任务，也是基层社区治理创新改革的一大亮点。在成立社区社会工作服务中心这一项事务上，社区主任既要按时完成任务，也期待社会工作服务中心能成为城东区行政改革的一个示范点。

同时，通过改善社区服务促进社区的稳定和发展也是居委会的主要诉求。在合作后期，笔者拜访新到任的社区主任，他在言语间明确地表明社区不需要社会工作机构，社会工作机构在过去两年的实践里没有给社区带来改变。然而

---

① 王思斌：《中国社会工作的嵌入性发展》，《社会科学战线》2011年第2期。

② 该分析框架认为，转型期中国国家与社会关系既非完全的政府控制，又非控制与支持并行，而是在政府控制下的支持。作为“经济人”的政府选择控制还是支持，取决于二者利益契合的程度。与其他分析框架相比，新分析框架的动力机制有所不同，即认为国家与社会的利益诉求因情境不同既有一致又有分歧，利益契合是根本驱动力。参见江华、张建民、周莹：《利益契合：转型期中国国家与社会关系的一个分析框架》，《社会学研究》2011年第3期。

在日益增加的维稳职能面前，基层政府越来越觉得单纯地依靠自己的力量很难应付日常工作，在不需要承担财务支出的前提下，基层政府也乐于为社会工作机构提供行政方面的便利。例如，在M机构申请到“青海省第一届民政部向社会组织购买社会工作服务”两个社区的服务项目之后，原本已经要收回社会工作机构办公场地的社区主任又主动提出将辖区内闲置的日间照顾中心提供给社会工作机构，并主动提出今后所有的活动由M机构和街道办事处共同举办，M机构提供活动方案和人手，街道办事处提供必要的经费。在最近的一次社区中秋活动中，之前对社会工作机构不屑一顾的社区主任更是亲自参与。这一方面解决了基层政府不善于组织居民活动的问题；另一方面也满足了基层政府由于忙于“创文”而无暇顾及社区服务的需求。

2. 社会工作机构的诉求

对于M机构而言，当前主要的目标诉求则是专业价值的实现和机构生存与发展的需求。在民政部门购买社会工作服务项目中，M机构需要通过项目的形式争取资金，解决生存问题和必要的服务经费，并在这个过程中履行及实现自己作为社会工作机构的专业责任及机构价值。同时，以项目的形式获得政府支持，是现状下社会机构进入社区的主要路径，作为外来者，社会工作服务需要由基层政府赋予其“合法性”。因此，无论从公益责任的实现还是从发展需求来看，M机构都应该与政府合作，特别是与基层政府组织合作，承接民政部门的政府购买项目，共同致力于社会服务的提升。然而，如果这种合作需要建立在牺牲机构独立性和自主性的基础上，又会对社会机构的可持续性发展带来负面性的影响，长远来看，将会给社会工作者提供专业公共服务带来困境。

（二）目标契合：合作发生的关键

在充分了解双方的目标及诉求之后，发掘基层政府与M机构的目标契合点，平衡双方的目标契合程度，成为政府与M机构合作的关键，也成为决定政府与M机构互动关系的关键所在。

1. 利益契合点之一：成立Q社区家庭综合服务中心

通过上述分析可以看出，在合作初期，成立Q社区家庭综合服务中心是双方共同的目标诉求，这也成为社区和社会机构之间能形成合作的重要目标契合点。对于政府而言，尽快成立Q社区家庭综合服务中心是其目前主要的工作任务，也是Q社区领导人在社区治理改革方面的亮点。Q社区希望通过家庭综合服务中心的成立，由服务中心分担其社区活动的任务，在促成服务中心成立方面态度较为积极。首先，Q社区家庭综合服务中心是一个政府购买社会服务的项目，政府作为资金的提供者，需要由一个正式注册的社会机构承接其资金购买。其次，社区在行政体制改革过程中，实际上还是更多地承担了行政管理方面的任务，任务较为繁重，再加上社区人员不足，无法提供高质量的社区活动等原因，需要有专业化的社区服务机构。最后，M机构虽然刚刚成立，但它是由高校专业的社会工作毕业生注册，并由高校社会工作教师持续性督导的专业机构，其专业性能够得到保证，是一个典型的高校和社区共建的社会机构，而这一模式在北上广深等社会工作发展较好的城市也是比较典型的社会工作机构介入路径。另外，对于M机构本身而言，成立Q社区家庭综合服务中心对于社会机构的发展意义更为重要。承接Q社区家庭综合服务中心项目，一方面可以解决高校毕业生的实习和就业问题；另一方面可以发展青海本地的社会工作职业机制。从这个角度考虑，青海师范大学孵化出M机构建立社会工作机构的意愿同样十分强烈。而在走访的过程中，我们对于Q社区居民的经济状况、居住情况、公共空间和现有的社区服务情况也有了一定的了解。Q社区居民迫切的渴望和需求也使我们希望为Q社区贡献一点力量，以改善当地民生。从上述分析得知，政府、M机构和当地居民在建立Q社区家庭综合服务中心方面的目标十分一致，目标契合度较高。

2. 目标契合点之二：提高社区服务质量

政府与M机构的第二个目标契合点，也是社区目前工作的短板，即如何提高现有的社区服务，从而改善居民民生、促进居民融合。根据社区概况分析，该社区有较多下岗居民、无业居民和外来流动人口。对于Q社区基层政府而言，促进居民融合、改善居民民生、发展社区生计是其工作的重点和难点之一。Q社区居民有较多的外来流动人员，这些居民大多数租住在Q街的棚户区内，他们收入大多不高、文化素质较低、亲子关系较为紧张，大多数的生计方式为在社区附近打工或在农贸市场做个体生意，这部分人群的社会支持更为薄弱，特别是在子女照顾方面，由于他们忙于生意，无暇关注子女的学业和心理健康等问题。针对这些流动人员，Q 社区基层政府虽然有意采取一些措施，以改善其生活条件和对社区的归属感，然而由于社区的行政性色彩，流动人员对社区工作人员具有不信任感，政府发挥的作用有限，这种现状一时难以改变。在对 Z 主任的访谈中，她也多次提到："我们也曾经在社区内举行过一些社区活动，但是没有多大效果。社区的失业人员和流动人口经常会上门投诉，但是他们提出的要求过高，社区这个层面根本无法满足。针对困难人群其实社区也做了很多工作，我们给失业人员组织的技能培训，几乎都没有人来。"从她的话语中，我们可以听到她对社区居民不积极参与活动的不满，也可以看出社区领导希望在提供公共服务的方式方面有所改善，其最终的目的还是改善社区居民的民生，促进居民更好地融合。对于 M 机构而言，上述问题都是在专业实践中需要回应的问题。作为社会工作机构，社会工作伦理要求其必须追求社会正义、照顾弱势群体。M 机构必须实现社会工作的价值，通过专业手法提供社区活动，从而与社区居民建立起良好的互动关系。从上述的分析可知，社区基层政府与 M 机构有着较高的目标契合度，这既是双方进行合作的前提，也影响着双方处理合作过程中的相互关系的方式。

（三）互动与妥协：合作的双向选择

在具体的运作过程中，M 机构与政府部门各有妥协，特别是在与基层政府互动的过程中，既有彼此的支持，又互有张力，体现了一个双向选择的过程。

1. 机构方面——以独立性为前提寻求合作

在与政府合作的过程中，M 机构对于政府与基层社区的关系也有一些细微的变化，但始终坚持在保持机构独立性的前提下寻求与政府的合作。而在具体服务内容方面，M 机构与社区在前期进行了充分沟通。在详尽调研的基础上，根据 Q 社区的具体情况、社区居民的具体需求制订了一份有关社区综合服务的方案，这一方案计划通过老年人、青少年、亲子家庭及志愿者建设四大服务内容，提升社区居民的综合能力，改善社区民生状况，促进社区居民参与社区事务，加快社区融合。在服务计划方面，M 书记也多次提出 M 机构提供的服务虽然与她设想中的示范点有所不同，但还是回应了部分居民需求，特别对"四点半乐园"服务赞赏有加，因此，在一年的项目结束后社区主任与 M 机构签订了第二年的服务合同。但是在具体的服务过程中行政性色彩依然很浓厚。例如，有段时间社区有大量的“创建文明城市”入户宣传任务，一线社会工作者一方面觉得行政工作不属于自己的职责范围，占用了大量的本该用于服务的时间；另一方面又碍于情面难以推辞，这种困扰一直持续。但是不同于本省其他机构将社区活动和机构活动混为一谈的做法，M 机构在项目的设计上始终坚守自己的独立性，按照社会工作的理念、程序和方法设计每一次活动，这种独立性的持守使得双方呈现出一种割裂状态。

2. 政府方面——控制下的支持

由于政府购买方的变化，在第二次合作的过程中，Q 社区基层政府和 M 机构的关系又发生了改变，政府对于 M 机构的态度也渐渐发生了变化，由绝对控制转为相对支持，然而这种支持是基于 M 机构能分担他们一部分行政工作下的支持，是在控制下的支持。在合作的初期，基层政府在处理与 M 机构的关系上主要采取控制手段。从服务的内容到工作人员的日常安排，社区的主任对待 M 机构的态度更像是在告知，而不是商议，更是对机构提供的服务百般挑剔。在合作的初期，政府更多的是将 M 机构视为“配合”的单位，而不是“合作”的单位。政府对 M 机构的态度也更倾向于控制和指使。随着合作的深入，政府对待M机构的态度也渐渐发生了变化，政府不再简单地将M机构视为“配合”的单位，而是将M机构视为合作伙伴。M机构作为资金的带入者，为社区带去服务，这也是社区乐见其成的。近期开展的数次合作，都以双方合作的形式，各自承担各自的职责，各取所需。这个阶段，虽然 M 机构与政府是合作伙伴，然而在当前的国家与社会关系下，社会工作机构与政府的关系并不是绝对平等的，政府仍然掌握着控制权。虽然获得了 Q 社区基层政府的暂时支持，然而这种支持并不是一种可持续的合作关系。

3. 机构与政府的互动关系——控制下的合作关系

根据以上对M机构与Q社区基层政府部门之间的合作、互动以及态度变化的梳理，笔者发现，在政府购买模式下，M 机构与政府的关系更倾向于一种控制下的合作关系。在与各个层级的政府部门互动的过程中，社会工作机构首先是政府的合作者，双方由于目标契合度高，特别是在完成本社区的社会服务方面，社会工作机构有着天然的优势，因而促成了社会工作机构的产生与发展。然而政府与专业社会工作机构在互动过程中，政府强、机构弱的关系一直持续，关系是不对等的，基层政府也一直试图将机构纳入其控制范围中，双方是一种控制下的合作关系。

四、对策与建议

在青海省社会工作机构发展的过程中，政府购买服务这一模式为专业的社会工作发展提供了必要的资金来源与第三方监督，在一定程度上促进了专业社会工作的发展。然而在参与政府购买的过程中，各级政府部门依然处在强势的支配地位，且对专业社会工作没有必要的认同，社会工作机构无可避免地面临丧失机构自主权和独立权的处境。在政府购买模式背景下，社会工作机构既要通过发掘双方的共同关注点，加强与政府的合作，又要坚守社会工作的基本价值观，保持自己的独立性。

（一）与基层政府积极协商、发掘共同目标

政府购买背景下，社会工作机构要善于与政府开展良性的合作关系，这是由中国社会特别是西部欠发展地区的社会现状决定的。就青海省而言，社会工作机构与政府的合作尚处于初级阶段，合作过程中彼此的权责和沟通方式等很多方面还需要进一步磨合。对于政府而言，源自于西方的政府购买社会服务是其进行社会治理改革的重要尝试，这种模式最大的特点就是政府做好管理、评估、监督等方面的工作，而具体的社会服务工作交由专业机构执行，两者是独立的合作关系，两者的地位也应该逐步倾向于平等对话，否则很有可能使社会工作机构变成另一种形式的居委会、街道办事处或是社区行政管理部门，失去专业的社会合法性和居民认可。

然而现阶段，社会工作机构确实无法离开政府的资源、资金及合法性的支持，特别是地处西部地区的青海省社会工作尚处于起步摸索阶段。因此，在具体的合作过程中，社会工作机构需要从双方的共同目标出发，与基层政府积极协商，目标契合度越高，政府对社会工作机构的态度就越倾向于支持，机构在解决生存问题的同时能争取相对的自主权来履行公平正义的责任、提供公共服务，是一种良性的互动。然而，一旦社会工作机构在发展过程中未能发掘出与基层政府的共同目标，基层政府也未能从中认可专业社会工作服务的成效，其态度就很可能偏向于不支持，甚至终结与社会工作机构的合作。因此，为了履

行公益责任，谋求生存及发展，社会工作机构必须充分发掘与基层政府的共同目标，并从这方面出发，与基层政府进行积极合作。

（二）社会工作的“嵌入”和“脱嵌”

目前，青海省社会工作机构的资金和资源几乎全部都来自于政府，政府购买服务仍然是社会工作服务介入的主要路径。在政府购买的过程中，社会工作机构要平衡好与基层政府的关系，一方面要通过共同协商，挖掘共同目标；另一方面要保证自己的独立性和自主性。要更加有策略性地平衡“嵌入”和“脱嵌”的关系，既要“嵌入”又要“脱嵌”，要“嵌入”社区日常的社会服务工作中，与社区合作为居民提供服务。但是要从行政管理体系中“脱嵌”，坚持专业的价值持守，保持自己的独立性和自主性。在当前政府购买社会服务的大环境下，政府部门与社会工作机构之间关系不对等，再加上社会工作机构未能提供更加可见的社会服务成效，社会工作机构要想获得可持续性发展，还需“嵌入”政府部门原有的社会服务体系中，谋求机构的生存。

同时，社会工作机构在日常运行和专业服务方面，需要从基层政府的行政体系中脱离出来，保持自身的独立性和自主性，特别是在经济自主权方面，当政府掌握了社会工作机构的经济命脉后，也就更容易掌控社会工作机构的具体事务，社会工作机构更容易受到政府的影响乃至控制，失去自己的决策权和独立性。因此，在承接政府购买服务的过程中，社会工作机构要更加注意保持自己的独立性和自主性。在与基层政府的合作过程中，平衡好“嵌入”和“脱嵌”之间的关系，在坚持自主性的前提下，“嵌入”政府部门原有的社会服务体系中，积极配合社区开展社会服务。

（三）支持普惠性的社区服务，规范政府购买流程

在青海省，政府购买服务是一个较新的模式，还处在初步的探索阶段。一方面，政府支持下的政府购买社会服务还远远不够，既不能解决社会工作教育先行现状下社会工作职业的转化需求，也不能满足社会发展过程中社区居民对社会服务的需求；另一方面，目前青海省的社会工作机构发展正处于初级阶段，社会工作机构规模小、数量少、服务质量偏低，并且民众与基层政府对社会工作的认识严重不足，需要依托于省一级的民政部门的政策和资金支持，进

一步建立普惠性的社会服务和社会工作职业准入机制，需要社区基层政府部门的积极引导，用开放的态度支持社会工作机构的发展，共同致力于社区社会服务和居民民生的改善。

与此同时，一个公平公正的政府购买流程和评估体系急待建立，就目前几次政府购买行为来看，青海省尚未有一个明确的政府购买政策指南和评估标准，在专业社会工作、社会服务、社会工作督导的数量和质量上没有清晰的要求，这就导致参与到政府购买中的社会工作机构良莠不齐，专业性不强。总之，政府购买服务的目的是促进社会工作机构参与到为居民提供高质量的公共社会服务、放权于民众、促进社区建设。促进政府购买服务的发展，应充分考虑到社会福利环境、社会工作机构情况，以及政府购买服务发展现状，促进社会工作机构参与到社区服务中。更需要逐步规范政府购买流程，建立评估标准，以服务成效作为项目申请的主要标准，以公平的原则选择社会工作机构作为政府购买服务的单位，最大限度地避免政府在评选社会工作机构时的主观性和人为性，让社会工作机构专注于提升自身的社会服务成效。

作者简介：张琳，女，汉族，籍贯青海，社会工作硕士，青海师范大学法学与社会学学院讲师，研究方向为社区研究、农村社会工作研究。

符号身份与现实身份的冲突

——青海新生代农民工城市融入中的困境

何爱民

进入 21 世纪以来，出生于 20 世纪 80 年代和 90 年代的农民工大量进入城市工作和生活，他们被学术界称为“新生代农民工”。与其父辈及上一代农民工相比，他们具有自己的鲜明特征，如具有更高的文化水平，对新事物的接受度更高，思想观念也产生了很大变化，不再是希望在城里挣钱，老了以后再回到农村生活，而是希望融入城市，成为市民中的一员。但是，他们的融入之路并不顺利，而是面临着各种障碍。农民工的城市融入问题近年来一直是学术界关注的焦点，对于这一问题，学术界一直有两种视角，一是宏观的视角，认为解决这一问题的关键在于改革现行户籍制度；二是微观的视角，关注农民工融入城市所面临的非制度性障碍。党的十八大以后，我国在户籍制度上的改革步伐加快，推动城镇化发展已经成为我国的基本国策，从中央到地方都开始了户籍制度的渐进式改革。在户籍制度逐渐改革的背景下，各种影响农民工融入城市的非制度性障碍也更受关注。

一、基于户籍制度的身份认同

人与人的身份地位的分隔就是这些非制度性障碍之一。孙哲、陈映芳在分析阿马蒂亚·森的理论时指出，人的身份应该是多重的，包括政治身份、经济身份、教育身份、职业身份等[①]。根据该理论，工人、农民等本应该是职业身份，但在我国，这种职业身份由于与户籍相关联，便成为一种集社会福利等诸多要素为一体的社会复合体身份。改革开放以后，大量的农村人口离开农村，到城市工作和生活，原有的工人、农民职业界限被打破，从户籍上说，他们仍然是农民，但是其所从事的工作却基本与农业无关，属于传统的产业工人的范畴。如何给这些流动到城市的人口一个合适的称谓，就成为一个难题。最初，他们被称为“打工仔”“打工妹”，这些带有典型的南方地域特色的称谓曾经广为流传，但是这种称谓未能反映这一人群的本质特征。后来，有学者提出了“农民工”这一称谓，由于这一称谓指出了现有制度下，这些在城市工作的大量流动人口的本质特征，便迅速得到学术界和民间的广泛认可。虽然后来学术界希望以诸如“城市新移民”“新市民”这些更为中性的其他称谓来代替，但都难以得到广泛的认可，尤其是在普通人群中，人们仍然觉得“农民工”的称谓更为贴切。

上一代农民工由于文化程度低，长期贫困积累形成的经济窘迫，以及城市对他们的限制，在城市中大多从事脏、苦、累等低技术工作。同时，长期的农村生活所养成的生活习惯与观念使他们与城市生活中的各种规范格格不入。因此，“农民工”这一称谓便与一些负面性的印象联系在一起。这一形象通过传播而放大，逐渐成为这一群体成员的“标签化”特征。无论他们的文化程度如何、从事的职业有何不同，“农民工”就是他们共同的符号化身份。这一符号化身份一旦形成，就会影响他们对自己所处身份的认同。

（一）个体身份认同

“identity”一词在《牛津词典》中的释义是人或物在所有的时间或者场合与自身的同一。而在现代汉语中，“身份”一词是指自身所处的地位，即个人的出身、个人的社会地位。由此可见，个人对自我身份的认同是以“自我”为起点，在他人和社会整体文化氛围的大环境的交错影响之下逐渐形成的。

① 孙哲、陈映芳：《农民工权利资格问题反思：以多重身份为视角》，《南京社会科学》2016 年第 3 期。

美国学者埃里克森认为，所谓个人的身份认同是指从他信赖的人们中获得所期待的认可而产生的一种内在自信[①]。这一观点强调了个人的身份认同是在与他人的互动过程中建构起来的，是对他人的社会承认与自己对所处的社会归属感的一种自我内化。

欧文·戈夫曼在其《污名——受损身份管理札记》一书中指出，个人身份是独一无二的，是与“明确记号”或者“身份”挂钩的概念，是将某个个体与其他个体区分开来的信息综合体，是“生平细节的独一无二的组合”。这种个人身份需要得到他人或者国家的鉴定和认可，并且得到精确记录，个人身份开始与社会相联系，成为整体的社会信息的一部分[②]。

新生代农民工在融入城市的过程中不可避免要涉及个人（自我）身份的建构与认同过程，这一过程是否与其心理期待相符合，能否真正建立起其对所生活的城市的归属感，引导其形成与城市生活相适应的行为模式，进而建立正常的人际交往关系，是一个需要探讨的问题。

（二）群体身份认同

人是群体性的动物，个人要在社会中生活，往往需要寻找与自己类似的人，组成具有鲜明特征的群体，在其中寻找个体的归属感，摆脱个体在面对社会整体时的无助感。这种鲜明的特征就是区分不同群体的界限，是将“我们”或“我群体”与“他们”或“他群体”区分开的标志。

个体寻找“我群体”的过程实际上就是一个对自身群体的认同过程。美国心理学家奥尔波特认为，这种认同与不同群体的价值观念和态度相关[③]。

个体对群体的认同并不是完全从自身所处的经济与社会地位出发的，而是往往以其心理期望作为参照点，确定其希望进入的群体，并对其产生一种认同感。这就是社会学所称的“参照群体”。戴维·波普诺认为参照群体对个人信念、态度、价值观念等的形成有着十分重要的影响[④]。默顿认为，如果个体以

① 袁靖华：《边缘身份融入：符号与传播——基于新生代农民工的社会调查》，杭州：浙江大学出版社，2015 年，第 25 页。

② 〔美〕欧文·戈夫曼：《污名——受损身份管理札记》，苏国勋译，北京：商务印书馆，2009 年，第 77—81 页。

③ 袁靖华：《边缘身份融入：符号与传播——基于新生代农民工的社会调查》，杭州：浙江大学出版社，2015 年，第 26 页。

④ 〔美〕戴维·波普诺：《社会学》，李强等译，北京：中国人民大学出版社，1999 年，第 189 页。

非自己真实身份所处的群体作为参照群体，并且通过对参照群体的学习，进而促使自己在价值观念、态度、行为模式上与之趋同，就为今后真正加入这一群体创造了条件，这有利于群体的交流和流动，进而促进社会的协调与融合[①]。

但是，正如美国学者斯托弗所指出的那样，当人们将个人的现实处境与其期望的参照群体相对比，并且发现自己在各个方面处于一种难以改变的劣势，从而使自己最终难以成为参照群体中的一员时，就会产生强烈的相对剥夺感，并由此出现失望、怨恨、愤怒等负面情绪，甚至产生报复社会的行为[②]。

针对农民工这一群体，很多学者的研究表明，他们往往具有较强的相对剥夺感。王春林认为，农民工的相对剥夺感主要来自三个方面，即福利待遇差、工资收入低、流入地居民的歧视[③]。

蔡禾等则对珠江三角洲农民工在利益受损时的抗争行为进行了研究，他们指出，农民工的相对剥夺感与两个方面相关，一是与参照群体相比较得出的主观感受；二是与自身期望或者历史状况相比较得出的主观感受[④]。

上一代农民工在遭遇各种不公平对待时，往往以自己在农村的生活或者仍在农村生活的乡邻作为比较对象，从而产生一种心理上的安慰，削弱对相对剥夺感的感知。但是，很多学者对新生代农民工的研究表明，他们中的很多人从小跟随父母生活在城市之中，已经习惯了城市的生活，生活习惯和价值观念已经与城市青年群体趋同，由于基本没有在农村生活过，很难以农村的伙伴作为比较对象，有着强烈的融入城市的愿望，且通过各种渠道了解法律知识，接受社会公平观念的熏陶，在融入城市的努力受阻之后，往往比他们的父辈具有更强的相对剥夺感。

相对剥夺感影响人们对自己所属群体的认同感，使他们产生一种深深的挫折感，少数人甚至采用一些较为极端的方式向社会展示自己的存在。但适得其反的是，这样的行为进一步加深了他们与社会的隔阂，进而影响

---

① 〔美〕乔纳森·特纳：《社会学理论的结构》下册，邱泽奇等译，北京：华夏出版社，2001 年，第 18 页。

② 〔美〕乔纳森·特纳：《社会学理论的结构》下册，邱泽奇等译，北京：华夏出版社，2001 年，第 21 页。

③ 王春林：《农民工相对剥夺感产生原因分析》，《安徽农业科学》2011 年第 10 期。

④ 蔡禾、李超海、冯建华：《利益受损农民工的利益抗争行为研究——基于珠三角企业的调查》，《社会学研究》2009 年第 1 期。

了他们的社会身份认同。社会身份认同是指个体对自己所处群体的一种认识，并以此将自己所属群体与其他群体区分开来。

英国心理学家费舍尔认为个体认同是指个体认识到他或她属于特定的社会群体，同时也认识到作为群体成员带给他或她的情感重要性和价值意义①。

社会身份认同理论认为，人们对社会身份的认同有助于帮助群体中的成员在与“他群体”的比较中产生归属感，进而建立起自尊感，并且通过与其他群体的良性互动赢得他人和社会的尊重，产生对自己所属群体的积极和正面的评价，进而产生个人积极向上的内在动力。

新生代农民工的相对剥夺感所产生的负面情感与行为，使他们在与参照群体的比较中产生了巨大的心理落差，更加难以对自己所属的群体产生认同感。

当然，新生代农民工对个体身份、群体身份与社会身份的认同是一个渐进的过程，在这一过程中，他们通过与社会其他群体，尤其是参照群体的互动不断修正自己的认识，而社会也逐渐对他们的身份产生了一种符号化的认知。

二、符号身份分析

（一）符号与身份论辨析

符号互动论认为，符号是指所有能代表人的某种意义的事物，符号是社会生活的基础，人们通过各种符号进行互动，也可以借助符号理解他人的行为，同时可以借此评估自己的行为对他人的影响②。

库利的“镜中我”理论认为，人对自我的认知不是与生俱来的，而是在与他人的互动中建立起来的，通过与他人的互动，个人初步建立起对自我的认识，并在持续的互动中进行完善，最终形成对自我身份的认识③。

米德则认为，自我是人们在与他人的互动过程中逐渐获得的，“自我”在形成之后，又影响着个人与他人的交往。个体自我形成的过程实际是个体进入群体之中，受到群体影响并对所属群体认同的过程④。

---

① 袁靖华：《边缘身份融入：符号与传播——基于新生代农民工的社会调查》，杭州：浙江大学出版社，2015 年，第 30 页。

② 郑杭生主编：《社会学概论新修》，北京：中国人民大学出版社，2003 年，第 126 页。

③〔美〕乔纳森·特纳：《社会学理论的结构》下册，邱泽奇等译，北京：华夏出版社，2001 年，第 3 页。

④〔美〕乔纳森·特纳：《社会学理论的结构》下册，邱泽奇等译，北京：华夏出版社，2001 年，第 5—6 页。

从符号互动论的理论可以看出，身份是个人对自我存在的一种认同，也是一种符号，是在人们的持续互动过程中构建起来的。这种符号身份一旦形成，便会在人际的交流中得到强化，正如库恩所说的那样，这种符号身份和“特定的情境相结合，影响着人们在交往中的规则与秩序”。

（二）符号身份的建构

美国学者彼得·伯格指出：“身份不是与生俱来的，而是靠他人的社会承认行为赋予的。”“成为某种人就是被‘他人’承认为某种人。”[①]

斯特赖克认为，认同是自我的一部分。具体来说，它们是个体在不同的社会背景中与所占据位置相连的自我标定的内在化[②]。

随着建构主义理论的兴起，很多学者开始致力于研究这种符号身份的建构过程。法国社会学家皮埃尔·布迪厄在分析符号权利时指出，语言并不仅仅是沟通的手段，语言关系总是符号权利的关系，通过这种关系，言说者和他们分属的各种群体之间的力量关系转而以一种变相的方式表现出来。符号是一种构建现实权利，“符号系统”既作为知识的工具，同时也是支配的手段。这种支配手段会转化为对被支配者的一种暴力控制。这种符号权利对于被支配者来说，很多时候并不会把那些施加在他们身上的暴力领会为一种暴力，反而予以认可[③]。

由此可见，身份作为人类符号系统中的一种，是被社会建构起来的。其建构过程往往遵循这样一种路径，某种新生的社会事物产生，并被人们认识到它的存在，然后尝试去接触它、了解它，在这一过程中，人们往往带着各种好奇与质疑。在对这一新生社会事物产生初步印象之后，具有话语权的权威在整合人们的初步共识的基础上，赋予这种新生事物符号化的表达（当然，这一过程往往带有其特定社会立场），这就是“它”的符号化身份。这种符号化身份如果得到社会主流人群（往往是在社会结构中占有优势的一方）的认可，就会通过各种其占有的传播手段广泛传播开来，最终形成所谓的“共识”。在这一过程中，被支配者是很少有话语权的，他们往往是被动的接受者，直到“社会共识”形成之后，他们由被迫认可渐渐转化为一种“自我认同”，并且这种“自

---

① 袁靖华：《边缘身份融入：符号与传播——基于新生代农民工的社会调查》，杭州：浙江大学出版社，2015 年，第 36 页。

②〔美〕乔纳森·特纳：《社会学理论的结构》下册，邱泽奇等译，北京：华夏出版社，2006 年，第 39 页。

③ 杨善华、谢立中主编：《西方社会学理论》下册，北京：北京大学出版社，2006 年，第 172—175 页。

我认同”会成为他们日常表达中的一部分。

（三）“农民工”的符号身份

在我国传统的社会结构体系中，向来有“以农为本”的思想，在一般的文化表达中，农民也往往被赋予“勤劳”“朴实”“善良”等褒扬。但是，农民又被迫和“贫穷”“落后”“没文化”等具有贬义性的词汇相关联。由于城乡二元的存在，城市人口和农民相比，具有了身份上的优越感。

改革开放之后，大量的农民涌入城市，在给城市带来了活力的同时，对原有的城市生活格局造成了冲击，也给城市的管理带来了新的挑战。这些流动人口被赋予了新的符号身份——农民工。而随着有关负面信息的传播，符号身份可能产生“污名化”倾向。

欧文·戈夫曼在其著作《污名——受损身份管理札记》中指出，污名其实是人类社会的一个古老社会现象，从古希腊就开始有记载。他认为，污名就是个人或者群体被赋予某些社会特征（可能是真实的，也可能是虚拟的），这些特征往往和不太受人欢迎的现象联系在一起，使其名誉受损。“污名理论”是一种“意识形态，它用来解释他低人一等或者代表的危险；有时将基于其它差异的敌意合理化了”[①]。

很多学者通过自己的研究指出，这一倾向实际上是在我国特殊的社会背景下形成的结果。老一代农民工在面对这一问题时，由于生活处境的艰难，话语权的缺失，被迫默认了这一“身份标签”。

新生代农民工对此有着不同意见，他们从事着和城市人口一样的工作，有着相同的价值观念，对社会问题的认识也更为深刻。在面对自己的参照群体——具有城市户籍的同龄人时，对这一有“污名化”倾向的符号身份便不再认同，并迫切希望改变。

三、符号身份对新生代农民工融入城市的影响

随着青海社会经济的发展，大量的流动人口进入青海。据统计，2016 年全省流动人口总数达到 84.53 万人，其中省内流动人口为 59.13 万人，省外流入人

① 〔美〕欧文·戈夫曼：《污名——受损身份管理札记》，苏国勋译，北京：商务印书馆，2009 年，第 3—8 页。

口 25.40 万人[①]。这些流动人口大多居住在省内各个城市中，省会西宁更是流动人口的聚集之地。

为了了解新生代农民工的城市融入状况，我们在西宁市的流动人口聚集地选择了出生于 1980 年之后的 300 个农民工作为样本，利用问卷对他们进行了调查，收集相关资料，共计回收问卷 299 份，回收率约为 99.67%。

（一）被调查新生代农民工的基本情况

1. 户籍构成情况

从调查的情况来看，这些被调查的农民工来自全国 21 个省（自治区、直辖市），其中，青海本地籍农民工 174 人，约占 58.4%，外地籍农民工 124 人，约占 41.6%[②]。除青海外，外地流入人口较多的三个省份依次是甘肃、河南、四川（图 1）。

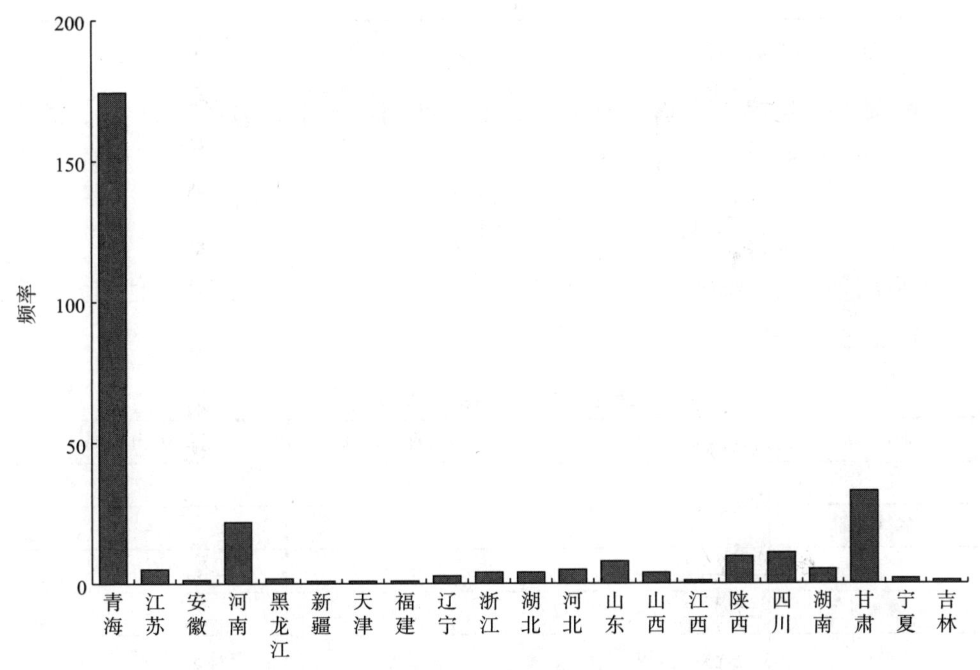

图 1　样本总体的户籍构成

① 青海统计信息网人口处：《青海省 2015 年全国 1%人口抽样调查主要数据公报》，http://www.qhtjj.gov.cn/tjData/surveyBulletin/201605/t20160524_42254.html［2016-05-24］。

② 此处回收有效问卷 298 份，有 1 人未回答此问题。

2. 文化程度

从表 1 可以看出，新生代农民工高中/中专及以上文化程度占 56.6%，远高于上一代农民工的文化程度。

表 1　样本总体的文化程度

文化程度	频率	有效百分比/%	累积百分比/%
小学以下	5	1.7	1.7
小学未毕业	14	4.7	6.4
小学毕业	13	4.3	10.7
初中未毕业	19	6.4	17.1
初中毕业	79	26.4	43.5
高中/中专	83	27.8	71.3
大专及以上	86	28.8	—
合计	299	100.0	100.0

3. 年龄及性别构成

被调查的农民工平均年龄为 26 岁。性别构成中，男性 142 人，约占 47.5%，女性 157 人，约占 52.5%。

（二）新生代农民工对自己身份的认知

新生代农民工来到城市后，基本不再从事与农业相关的工作，他们分布在各个行业之中（表 2）。

表 2　样本总体的行业构成

职业构成	频率	有效百分比/%	累积百分比/%
无工作	2	0.7	0.7
餐饮服务	72	24.1	24.7
娱乐业	25	8.4	33.1
零售业	66	22.1	55.2
家政服务	10	3.3	58.5
企事业单位	61	20.4	78.9
务农	2	0.7	79.6
运输建筑	24	8.0	87.6
收购废品	1	0.3	88.0

续表

职业构成	频率	有效百分比/%	累积百分比/%
其他	36	12.0	100.0
合计	299	100.0	—

从表 2 可以看出，这些被调查的新生代农民工的行业分布很广泛，其中主要分布在餐饮服务、零售业、企事业单位、运输建筑等行业。

从他们的工作性质来看，已经不再局限于传统的为别人打工，部分人通过自己的劳动获取了一定的资源之后，开始了创业的历程，有的新生代农民工甚至已经成为有一定规模的私营企业的老板（图 2）。

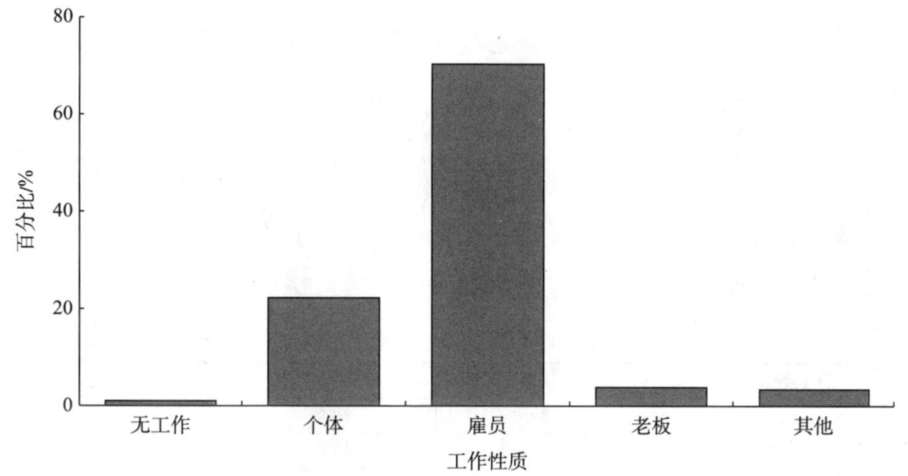

图 2　样本总体的工作性质

从被调查农民工的收入来看，其收入也有了很大的提高，平均月收入为 3704 元，与调查时间（2015 年）的城镇职工收入基本持平。当然，部分人通过自己的努力，甚至进入了社会的高收入人群之中（图 3），被调查者中，最高月收入为 30 000 元。

新生代农民工在自己的职业生活中，获取了与过去不同的多重身份，并且通过这种职业身份与他人进行持续互动，在互动中，他们对自己新的身份——基于目前职业的现实身份有着较强的认同感。他们不再认为自己是农民，而是与他们的参照群体——城市同龄青年一样，是工人、公司职员、服务人员、小

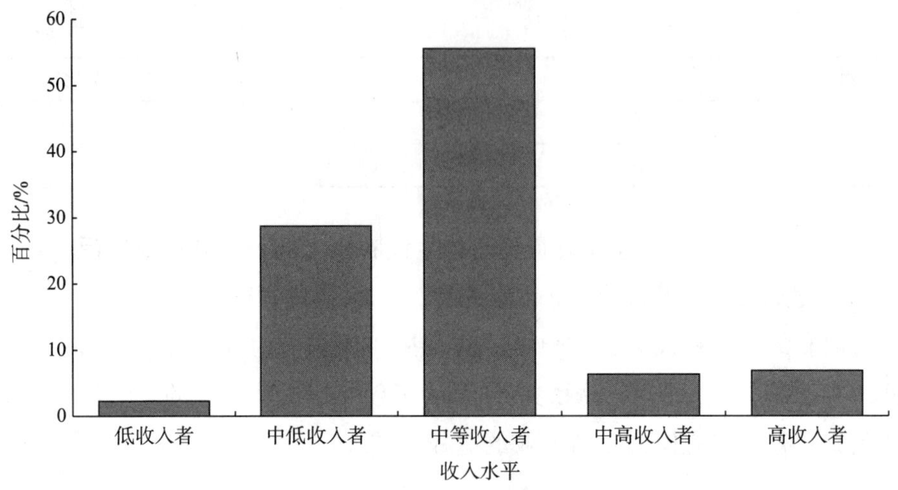

图 3　样本总体的收入分布状况

注：根据青海省统计局公布的居民收入相关数据，我们将样本总体的收入状况划分为五个等级，分别是：①低收入者，月收入 0—1250 元；②中低收入者，月收入 1250—2500 元；③中等收入者，月收入 2500—5000 元；④中高收入者，月收入 5000—8000 元；⑤高收入者，月收入 8000 元以上

店主、私营企业老板等，对于学术界和城市居民口中的“农民工”这一称谓普遍反感（表 3、表 4）。

表 3　你觉得除了户籍之外，和城市人有区别吗?

区别程度		频率	有效百分比/%	累积百分比/%
有效	有区别	89	30.2	30.2
	基本没有区别	98	33.2	63.4
	没有区别	108	36.6	100.0
	合计	295	100.0	—
缺失	未回答	4	—	—

表 4　样本总体对“农民工”这一称谓的态度

态度		频率	有效百分比/%	累积百分比/%
有效	愿意	35	11.8	11.8
	不愿意	215	72.6	84.5
	无所谓	46	15.5	100.0
	合计	296	100.0	—
缺失	未回答	3	—	—

我国的户籍制度还在改革中，城市居民对新生代农民工的身份的“符号化

认知”也难以在短时间内得到消除。因此，新生代农民工在与城市居民的互动中，面对自己对自我现实身份的认知与外界所赋予的符号身份，常常感到一种矛盾性的冲突，使他们试图融入城市的努力陷入一种非制度性的困境之中。

（三）符号身份与歧视

新生代农民工的现实身份认同难以得到普遍认可，在现实生活中，一些人表示，明显感到了这种歧视的存在（图 4）。

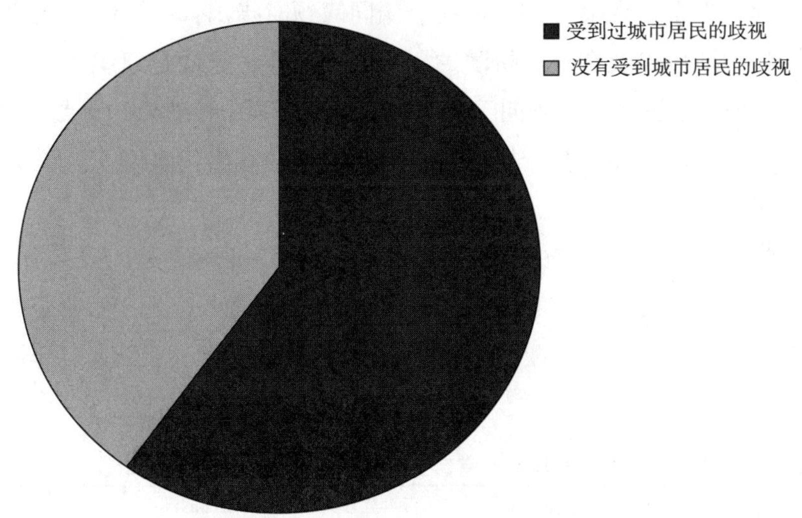

图 4　样本总体感到受歧视的状况

从表 5 中可以看出，无论受访者从事何种工作，他们都认为能感受到来自城市居民的歧视。

表 5　从事的工作与有没有感受到过城市居民的歧视交互表计数

从事的工作	有没有感受到过城市居民的歧视		合计
	有	没有	
无工作	2	0	2
餐饮服务	44	28	72
娱乐业	18	7	25
零售业	36	29	65
家政服务	6	4	10
企事业单位	34	27	61
务农	1	1	2

续表

从事的工作	有没有感受到过城市居民的歧视		合计
	有	没有	
运输建筑	17	7	24
收购废品	1	0	1
其他	19	16	35
合计	178	119	297

美国社会学家斯克莱克在分析社会认同问题时指出："认同与人们在社会结构中所处的地位以及在其中扮演的角色紧密相连，认同是组织于显要序列之中的，在序列中位置高的，倾向于要比在那些在序列中位置低的更受欢迎。"①根据这一理论，那些在社会结构中处于较高位置的新生代农民工应该更少感到来自城市居民的歧视。

但是，通过对样本总体的分析，却没有看到这一现象。

首先，从工作性质的角度来看，除了无工作的人之外，处于私营企业老板位置的新生代农民工有 72.7%的人表示感觉受到歧视，反而高于其他工作性质的人（表 6）。

表 6　工作性质与有没有感受到过城市居民的歧视交叉制表

工作性质		有没有感受到过城市居民的歧视		合计
		有	没有	
无工作	计数	1	0	1
	工作性质中的占比/%	100.0	0.0	100.0
个体	计数	35	31	66
	工作性质中的占比/%	53.0	47.0	100.0
雇员	计数	129	79	208
	工作性质中的占比/%	62.0	38.0	100.0
老板	计数	8	3	11
	工作性质中的占比/%	72.7	27.3	100.0
其他	计数	5	5	10
	工作性质中的占比/%	50.0	50.0	100.0
合计	计数	178	118	296
	工作性质中的占比/%	60.1	39.9	100.0

①〔美〕乔纳森·特纳：《社会学理论的结构》下册，邱泽奇等译，北京：华夏出版社，2001 年，第 40 页。

表 7 的相关性分析表明，工作性质与感受到过歧视的 Pearson 相关性系数仅为−0.036，即$|r|$=0.036，说明二者之间的相关性非常微弱。

表 7　工作性质与感受到过歧视的相关性

相关性检验		工作性质	有没有感受到过城市居民的歧视
工作性质	Pearson 相关性	1	−0.036
	显著性（双侧）	—	0.540
	平方与叉积的和	116.406	−3.250
	协方差	0.392	−0.011
	N	298	296
有没有感受到过城市居民的歧视	Pearson 相关性	−0.036	1
	显著性（双侧）	0.540	—
	平方与叉积的和	−3.250	71.320
	协方差	−0.011	0.241
	N	296	297

其次，从对新生代农民工收入与受歧视状况的交互分析来看，调查样本中，各个收入层次的人大多感到受歧视，低收入者对此感受更为明显，但有意思的是，调查样本中，高收入者中居然也有 57.1%的人表示感到受歧视（表 8）。

表 8　收入与有没有感受到过城市居民的歧视交叉制表

收入水平		有没有感受到过城市居民的歧视		合计
		有	没有	
低收入者	计数	4	3	7
	收入中的占比/%	57.1	42.9	100.0
中低收入者	计数	56	30	86
	收入中的占比/%	65.1	34.9	100.0
中等收入者	计数	97	67	164
	收入中的占比/%	59.1	40.9	100.0
中高收入者	计数	9	10	19
	收入中的占比/%	47.4	52.6	100.0
高收入者	计数	12	9	21
	收入中的占比/%	57.1	42.9	100.0
合计	计数	178	119	297
	收入中的占比/%	59.9	40.1	100.0

表9通过相关性分析表明，收入和感受到过歧视状况之间的 Pearson 相关系数仅为 0.062，二者之间的相关性极为微弱。

表 9　收入与感受到过歧视的相关性

相关性检验		收入	有没有感受到过城市居民的歧视
收入	Pearson 相关性	1	0.062
	显著性（双侧）	—	0.287
	平方与叉积的和	211.913	7.626
	协方差	0.711	0.026
	N	299	297
有没有感受到过城市居民的歧视	Pearson 相关性	0.062	1
	显著性（双侧）	0.287	—
	平方与叉积的和	7.626	71.320
	协方差	0.026	0.241
	N	297	297

通过以上分析可以看出，在调查样本中，新生代农民工表示感受到歧视的状况是普遍的，即使他们与城市同龄青年相比，有更好的工作和更高的收入，也难以得到城市居民对他们现实中的新身份的认可，改变城市居民对他们的“刻板印象”。

我们在调查的过程中还对居住在调查地区附近的城市居民进行了访谈，了解他们对于周围新生代农民工的看法，其中一位居民的看法很有代表性：

> 我认为流动人口给城市发展带来了好处，他们能吃苦，干一些城里人不愿意干的活。但是负面影响也多，很多进城的农民素质低，在城里找不到工作……
>
> 我个人不喜欢和流动人口打交道，和他们没什么接触。
>
> 政府应该想办法对进城的流动人口进行培训，提高他们的素质。①

这位居民的态度说明了城市居民对“农民工”的排斥心理。新生代农民工也深深地意识到这种排斥，在与城市居民互动的过程中，他们采用“工具性策略”，即仅仅将城市居民视为顾客、业主等业缘性交往对象，而不是投入多重

① 西宁市城东区建设巷社区居民 Y 先生，男，36 岁。

性的人格，进行深入的交往。他们在工作之外的日常生活中，除了家人之外，主要交往对象依次是同事、同乡/同学、亲戚（表 10）。

表 10　工作之余的主要交往对象及频率

主要交往对象	响应		个案百分比/%
	N	百分比/%	
无	6	1.3	2.0
家人	152	33.3	50.8
亲戚	51	11.2	17.1
同乡/同学	93	20.4	31.1
同事	137	30.0	45.8
雇主	12	2.6	4.0
其他	5	1.1	1.7
总计	456	100.0	152.5

从图 5 中可以看出，新生代农民工在他们日常的交往对象中，喜欢和城市居民进行交往的比例是最低的，仅占 2.4%。

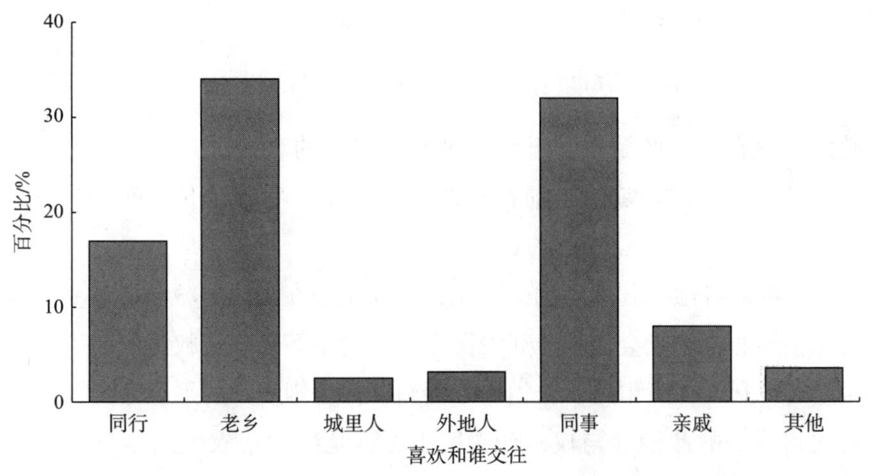

图 5　新生代农民工的社会交往对象

这种“工具性交往”策略，使他们很难与所住城市居民产生更多情感上的联系，从而成为朋友（图 6）。这也导致了他们与城市居民的隔阂较难消除，融入所住城市的愿望较难实现。

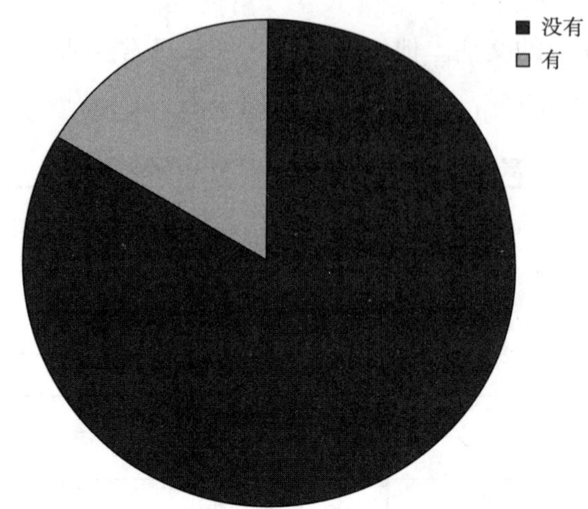

图 6　是否有户籍所在居住城市的朋友

四、对策与建议

新生代农民工面临的现实身份与符号身份的冲突问题是普遍的，这种身份上的“二元化困境”使他们在所居住的城市中难以找到归属感。这种城市融入中的非制度性障碍的解决，需要多方面的共同努力。

（一）全面、彻底的户籍改革是解决这一问题的核心

政府应该在宏观政策方面继续推进户籍制度的改革，当然，这是一个漫长的过程，不可能一蹴而就。目前在现行户籍管理制度情况下，政府应该在以下方面做工作。

首先，推动各项福利制度的公平化，使农民工在工作的城市能享受到与原有城市居民相同的各项社会福利，如农民工子女的平等受教育权；农民工参与各项社会保险的权利；在廉租房、公租房等福利性住房制度中的平等分配权等。

其次，平等的政治参与权，让农民工尤其是新生代农民工参与到所居住社区和城市的各项管理活动中来，与城市居民享有同等的选举权和被选举权，在社区组织以及各级人大代表中有自己的代表，从而使他们的利益诉求能够有一个畅通的表达渠道，并得到重视。

最后，在实行积分落户等户籍改革时，不应采取“高端人才”与“低素质人才”差别对待的态度，应该将那些有融入城市意愿的各个层次的农民工都考

虑在内，使他们都能通过努力实现自己的城市梦。

（二）促进城市居民与新生代农民工的交往，改变他们对农民工的“刻板印象”

“农民工”这一符号身份虽然是现实状况造成的一种特殊称谓。但是，在城市居民的“刻板印象”中，其被赋予了低素质等负面成分。要改变这一情况，政府可以在社区层面建立对话平台，通过制度性的对话机制，加强彼此的了解，减少各种误会，通过互动，逐渐建立起所有社会大众对新生代农民工的现实身份的认同。

（三）通过各种途径提升新生代农民工的符号资本

符号资本是布迪厄提出的，他认为资本共有四种主要的形式：经济资本、文化资本、社会资本、符号资本。其中，符号资本是最难以获取的，它是在其他三种资本积累的基础上形成的。对于新生代农民工来说，经济资本和文化资本可以通过自身的辛勤付出慢慢获得，社会资本也会随着城市生活的深入，与他人交往的增多而逐步积累。而符号资本则需要依靠他人的认可才能获得，符号资本的获取和积累恰恰是他们解决目前符号身份和现实身份冲突的关键，也是他们实现真正融入城市的必要条件。

要解决这一问题，媒体具有十分重要的责任。首先，传统的各种媒体，如报纸、电视等在报道农民工相关的消息时，应该以正面宣传为主，多报道农民工中先进人物的优秀事迹，在涉及农民工的负面消息时，应该以报道事实为主，不要刻意强调“农民工”这一符号身份特征。其次，传统媒体应该逐渐取消“农民工”这一称谓，代之以诸如“新市民”等较为正面的称谓。最后，在各种新媒体渠道的消息传播中，政府和各个运营平台应该制止各种针对农民工的谣言传播，同时，应该通过公众平台宣传农民工对城市的贡献以及他们中的好人好事，使他们的贡献得到彰显。

（四）广泛开展新生代农民工与城市居民的各种联谊活动，拉近彼此之间的心理距离

人际交往理论认为，人们之间的相互联系会随着交往频度的增加、交往深度的多层次深入、交往范围的扩大而逐渐加强，彼此的心理距离也会逐渐拉近。

新生代农民工采取的“工具性交往”策略不利于改善与城市居民的关系，也不利于他们在彼此的互动中获取社会对他们的友好情感，从而赢得社会的尊重，并在此过程中获得新的身份认同。

政府和各种社会组织应该在各个微观的层面中，采取多种方式开展各种联谊活动，推动居民间的友好交流。例如，开展各种文化体育比赛、节假日晚会、亲子游戏、社区义务劳动等。

另外，新生代农民工正处于人生中的婚恋阶段，社区和各种社会组织应该组织开展各种联谊活动，增进友谊和情感交流。同时，也应解决他们在建立家庭以后所面临的诸如子女入学、福利性住房申请等各种困难。

（五）新生代农民工要通过提升自身素质来实现身份的重构

旧身份的改变和新身份的确立都需要在与他人的互动中得到广泛认可，并被整个社会赋予。新生代农民工应该从自身出发，实现身份的重构。

首先，学习城市生活中的各种生活规范。当然，政府或者各种社会组织应该提供帮助，建立多种培训机构，使他们能够了解自己生活的城市，认识在城市生活中的普遍行为规范以及本地特有的风俗习惯等。

其次，积极和社区居民共同参与社区内的公益活动，如改善社区环境，维护社区治安，参与志愿者活动等，使自己真正成为社区中的主人，而不是客人。通过这些活动，最终实现身份的重构。

总之，创建一个公平、宽容的社会环境，解决新生代农民工所面临的符号身份与现实身份的冲突，帮助他们顺利融入城市，需要整个社会的努力，只有这样，才能真正推动“人的城市化”，实现社会的和谐与稳定。

作者简介：何爱民，男，汉族，籍贯四川，社会学硕士，青海师范大学法学与社会学学院讲师，主要研究方向为应用社会学。

老年人家庭照顾者的照顾困境及支持策略分析

裴敏超

我国有着悠久的家庭养老传统，在相当长的时间内家庭一直承担着主要的养老职能，以配偶、子女等家庭成员或者其他亲戚等提供非正式照顾为主要的照顾方式。当前，我国处于养老社会化的初级阶段，社会照顾资源相对于老年照顾需求来说仍然非常短缺，家庭照顾依然发挥着不可替代的重要作用。然而，在对养老服务和老年照顾的广泛关注和研究中，无论是学术界的研究，还是养老服务领域的政策设计和社会支持，更多的是以需要被照顾的老年人为对象，而较少关注家庭照顾者，尤其是家庭长期照顾者，作为主要的照顾力量，在照顾老人的过程中，家庭照顾者面临着身体、心理、情感、经济等诸多方面的压力和负荷，迫切需要得到相关的政策性支持和社会支持性服务。养老社会化是必然的趋势和发展的方向，在这个发展过程中，尤其是现阶段我国的社会化养老服务体系建设尚处于初级阶段，在广泛发展正式照顾的同时，如何采取支持政策鼓励家庭成员承担部分照顾，继续发挥家庭在老年照顾中的作用？解决方法是针对家庭照顾者的需求提供有效支持和帮助。从个人角度来看，这有利于减轻照顾者的照顾负荷，提高生活质量，提升生活满意度；从家庭角度来看，这有利于家庭成员更好地照顾老人，让照顾者和被照顾者都能健康地生活，有利于改善照顾者和被照顾者之间的关系，促进家庭关系的和谐；从全社会角度来看，这有利于提高照顾者的健康水平，避免其成为医疗卫生资源的消耗者，从而减轻医疗保障的负担，节约健康成本的支出。

本文以老年人家庭照顾者为研究对象，主要依据在西宁市的 QZX 社区、HT 社区和 HYL 社区开展的“老年人家庭照顾者状况调查”项目，依据社会调查数据和相关统计资料，借鉴国内外相关实践经验，分析老年人家庭照顾者的照顾负担、照顾内容、希望得到的支持与帮助等，并在此基础上尝试构建以老年人家庭照顾者需求为导向的支持体系。

一、老年人家庭照顾者面临的主要困难分析

我国老年人口的数量一直呈现上升趋势，解决老年人口的照顾问题越来越急迫。2012 年全国性的调查数据发现，近 20%的城市老年人表明日常生活需要照顾，虽然他们绝大多数都能得到或多或少的照顾，但仍有一半以上的人存在照顾担忧，这反映出照顾的稳定性和充分性不足①。随着家庭养老功能的弱化，老年人家庭照顾者面临着巨大的身心压力，自我效能及照顾能力的高低不仅影响着照顾者的身心健康，也关系着能否为老年人提供高质量的照顾。

“老年人家庭照顾者状况调查”项目中调查的老年人家庭照顾者专指老年人的家人及亲属，包括老年人的配偶和子女以及到老年人家中照顾的亲属，不涉及家庭以外的人员。从目前的城市生活现状来看，特别是身患重病不能自理的居家老人主要是靠家人照顾，家庭照顾者主要以老人的配偶为主，尤其是在其还有能力照顾时。一旦老人配偶的精力、体力欠佳，他们的子女则上升为主要照顾者。子女主要包括女儿、女婿、儿子和儿媳。然而，我国固有的传统观念又把女婿自觉排除在主要照顾者的阵列之外，因而儿子一家人就自然而然地成为照顾居家老人的主要人员，而具体的日常照顾工作主要落到了儿媳肩上。就照顾工作而言，我国照顾资源 90%以上来自家庭，同时在我国传统性别角色规范下，照顾被视为女性的责任。然而，照顾工作，尤其是对长时期负担照顾

---

① 陈秀青：《照顾配偶的老年女性照料问题与支持策略》，《经营管理者》2016 年第 8 期。

工作的女性而言，在生理和心理健康、经济、家庭及社交生活等方面所受的负面影响不容忽略。

根据调查数据分析，老年人家庭照顾者面临的主要问题有以下几点。

（一）家庭“一代化”特征导致老年人家庭照顾者以老年女性为主，其自身年龄也已偏老，难以承担较大压力的老年人照顾任务

随着老龄化的加剧，老年人的照顾需求急剧增长。在承袭家庭养老传统的中国社会，女性作为老年人的主要照顾者，承担着繁重的老年人照顾责任，其家庭照顾者的重要性日益突出。相关研究也表明，照顾者女性化、老龄化的趋势并未随着社会的发展而发生质的变化。“老年人家庭照顾者状况调查”结果显示，老年人家庭照顾者以女性为主，占 62.1%，男性照顾者占 37.9%。从照顾者与被照顾者的关系来看，在被调查的家庭照顾者中，38.2%是被照顾者的配偶，37.4%是被照顾者的女儿，11.2%是被照顾者的儿媳，6.9%是被照顾者的儿子，0.5%是被照顾者的女婿，3.9%是其他家庭成员。老年人的家庭照顾者主要有女儿、儿媳和老年女性（即配偶），然而随着社会转型及家庭结构的变化，面对工业化、城市化的发展及推进、子女数的减少以及传统代际居住模式的改变，子女与老年女性的传统联系模式受到挑战。在社会转型的影响下，近年来家庭呈现出一些新特征，其中最主要的是夫妇二人家庭的大幅增长，家庭“一代化”特征凸显。第六次全国人口普查数据显示，2010 年城市 65 岁及以上老年人居住方式中，夫妇二人家庭占比达 34.27%（1982 年仅为 12.77%）[①]，家庭“一代化”特征的凸显以及老年人夫妇二人家庭的居住模式的比例上升表明，随着居住模式的改变，老年人家庭照顾者中女儿和儿媳的照顾就显得不太实际，照顾老年人的重任落到了老年女性身上。因此，在老年人家庭照顾者群体中，健在的老年女性在照顾配偶方面发挥着重要的作用，从某种程度上来说甚至超过了子女的作用。但对于老年女性照顾者而言，其本身年事已高，体力有限，并且有一部分人身体状况欠佳，加之照顾配偶的负担，随着其年龄的增长及身体机能的不断退化，老年女性在照顾其配偶的过程中，往往会出现心有余而力不足的现象，自身身体很容易出现问题，如患感冒、风湿、关节炎、骨质疏松甚至是老年痴呆、中风等一系列疾病。长此以往，力不从心，难以承担较大压力的老年人照顾工作。

---

① 赵丽宏：《老年社会工作视阈下城市老人家庭照顾者的社会支持研究》，《学术交流》2013 年第 6 期。

（二）照顾时间长，心理压力大，影响家庭照顾者的身心健康

老年人家庭照顾者以女性居多，以夫妻关系为主的照顾关系较为简单，只要两人关系良好，发生矛盾的概率相对较小，大多数由夫或者妻担当的照顾者都能相对细致体贴、无怨无悔地提供照顾。但当照顾者涉及子代，问题就复杂了。现实中身为照顾者的儿媳与照顾对象之间的关系一般较难处理，也给照顾者带来了繁重的心理压力，甚至有时候需要外部介入才能相对融洽。尤其是长期患病的老年人需要持续的细微照顾，由于没有帮手，照顾者整天足不出户地照顾老人。

照顾时间是影响照顾者身心健康的主要因素之一。对于需要提供长期照顾的老年人家庭照顾者而言，其照顾压力之重是不言而喻的。“老年人家庭照顾者状况调查”结果显示，从照顾时间来看，在受访的家庭照顾者中，照顾老人时间为2—5年的人占41.5%，6—10年的人占27.1%，10年以上的人占16.9%，即85.5%的老年人家庭照顾者照顾时间为2年及以上，44%的老年人家庭照顾者照顾时间为6年及以上。从每日照顾时间来看，25.7%的受访者每日照顾老人5—8小时，24.3%的受访者每日照顾老人2—5小时；94.6%的受访者每日照顾时间为2小时及以上，70.3%的受访者每日照顾时间为5小时及以上，44.6%的受访者每日照顾老人8小时以上。无论是从照顾持续的年数，还是每日照顾时间来看，调查结果都说明绝大多数老年人家庭照顾者的照顾时间偏长，身体缺少休息和调整的时间、空间，久而久之也会产生心理压力。这些压力主要表现在：第一，消极、无助感。老年人健康状况欠佳，家庭照顾者担心老人的病情，往往思想消极，对未来感到迷茫与无助。第二，厌烦、枯燥感。一些老年人生活完全不能自理，身边时时刻刻需要有人陪伴，家庭照顾者由于自己大量的时间被占用而不得不改变原来的生活习惯与规律，易产生厌烦情绪。第三，经济负担重。老年人往往患有慢性病，需要长期服用药物，急性期则需要门诊或住院治疗，家庭照顾者也承担着较为沉重的经济负担。

（三）照顾任务重，照顾技能和照顾知识不足，老年人家庭照顾者角色适应问题突出

随着我国人口生育率的下降，家庭结构发生了很大变化，传统几代同堂的大家庭模式逐渐被两代人组成的“四二一”式核心家庭模式所取代，家庭内照顾老人的人手明显减少，花在照顾老年人身上的时间也在减少，这在客观上使

老年人无法得到稳定的照顾。同时，家庭照顾者毕竟不是专业的照顾者，其最多只能保证老年被照顾者的卫生和饮食，对于他们的身心和情绪却很难关注到，照顾处于基本生活保障层面，难以保证照顾的充分性。

对于老人的子女照顾者来说，其既要工作，又要照顾老人和家庭，照顾者角色和职业角色、照顾时间和工作时间常常发生冲突，因而为方便照顾老人和家庭，很多女性照顾者选择了工作时间较为灵活但工资较低的工作。甚至有些照顾者由于照顾时间和工作时间的冲突无法解决，老人需要全天候陪护，无奈之下，他们不得不放弃自己热爱的工作，专职在家照顾老人。放弃了工作，意味着经济收入的丧失，自我发展的丧失，自然带来了心理苦恼和精神困扰。

一般来说，老年人家庭照顾者没有经过系统的专业培训，不具备护理人员的专业素质。不具备专业照顾的知识和技能，就无法为老年人提供全面有效的照顾，从而影响老年人的生活质量。老年人家庭照顾者大多是非正式照顾者，其能提供的老年照顾主要是家务家政服务、生活照顾类服务、精神慰藉等，对于医疗康复及护理类的照顾服务大多不具备专业性技能，这就需要得到正式照顾、专业性服务的支持。

“老年人家庭照顾者状况调查”结果显示，29.8%的受访者完全由自己照顾老人，这部分家庭照顾者的照顾压力无人分担，完全由其自己承担。另外70.2%的受访者有其他分担者协助共同照顾老人，这些其他分担者中，23.3%的人是自请保姆，51.8%的人是家庭其他成员，其余 14.9%的人是专业性上门服务人员，在有其他人员协助照顾的家庭照顾者中，能够获得专业性服务的还是较少的。

由此可见，对家中老年人进行长期的照顾的确是一项艰巨的任务，仅仅凭借内心的责任感和爱是很难坚持下来的，还需要耗费大量的时间和精力，但即便这样，也常常让他们感到顾此失彼、力不从心，甚至产生放弃照顾的念头。因此，老年人家庭照顾者通常面对着一种两难的境地：精疲力竭地坚守在亲情和无奈之中，而自身却无人照顾，缺少关注。一项来自华东师范大学对 1000 名长期照顾者的调查显示，大部分受访者都渴望有片刻“喘息”的机会，有超过 1/7 的受访者希望一个月休息一次，表示希望每月最好休息 2—3 天的近 1/10，同时受访者还希望有专门培训的机会，学习各种爱老、护老知识，以便更好地照顾老人[①]。如果社区居家养老等服务机构能够在履行日常性照顾老年人的同时，帮助这些负重前行的照顾者，让这些照顾者得以喘口气、缓过劲，腾出些许时间调整自己，不仅能直接帮助照顾者，也能间接帮助作为照顾对象的老年人。

二、城市老年人家庭照顾者延展性服务策略分析

目前的养老服务对象研究，大多围绕着居家老人的需求而展开探索，对于老年人家庭照顾者群体的研究则着墨不多，实际上老年人家庭照顾者的服务也应该是城市社区养老的一个重要组成部分。也就是说，社区居家养老的服务对象除了有需求的老年人之外，还应包括老年人家庭照顾者，即养老服务对象的延展性。

（一）发展和完善社区照顾，保障老年人照顾的充分和便利

社区照顾是指整合全部社会资源，运用正规照顾和非正规照顾网络，为需要照顾的人士在家庭或者社区中提供全面照顾，促成其过正常人的生活[②]。要实质提升老年人口照顾的稳定性和充分性，社区照顾发展与提供的普及性及公共化非常必要。要发展就近性的社区照顾，用最方便、高效的方式为照顾者提供服务，再逐步覆盖整个地区，形成普及性和公共化的社区服务。同时还要运用各种宣传手段让照顾者获知社区照顾这项支持政策，才可以让照顾者在遇到问题时有地方可以咨询。研究发现，很多照顾者都表示之后的时间里还会亲自进行照顾工作，因为这些照顾者认为假借他人之手的照顾肯定不如自己细心周全[③]，可见社区照顾的开展还需要获得照顾者的信任，否则其存在就失去了原来的意义。政府在养老服务中发挥着重要的作用，要建成一个以政府为主导的社会化养老服务系统，政府必须转变职能，由过去养老服务的直接提供者，转变为政策的制定者、财政的支持者和服务的监督者，通过制定一系列完善居家养老服务的法律政策，加大对硬件设施和财政资金的投入力度，整合社会资源，提高服务质量。让就近性的社区照顾能真正缓解老年人家庭照顾者的照顾

① 谈华丽：《论我国城市居家养老服务对象的延展性》，《福州党校学报》2017 年第 3 期。
② 吴华、张韧韧：《老年社会工作》，北京：北京大学出版社，2011 年，第 60 页。
③ 陈秀青：《照顾配偶的老年女性照料问题与支持策略》，《经营管理者》2016 年第 8 期。

负担，从而保证老年人照顾的稳定性和充分性。

（二）通过提供社会化的居家养老服务帮助家庭养老

在生命历程的不同阶段，老年人的养老服务需求是不一样的，应根据老年人的健康状况进行合理规划，将医疗、保健、康复类资源配备到家庭中，帮助在家养老的老年人及其家庭成员。对于健康老年人主要是健康促进、预防等，可以通过健康讲座、健康咨询等方式提供服务；对于有慢性病的老年人，社区可建立健康档案，提供慢性病管理；对于处于疾病恢复期、住在家里康复的老年人，提供上门康复服务；对于功能残疾需要长期照顾的居家老年人提供康复和护理服务等。社区的各类资源充分发挥照顾作用，社区日间照顾中心以生活不能完全自理、日常生活需要一定照顾的失能、半失能老年人为主，承担起专业的护理、照顾和保健康复服务；居家养老服务社主要提供家政服务和基础生活照顾服务；社区卫生服务中心、家庭病床和家庭医生等提供医疗护理服务。

（三）建立多种照顾方式，避免老年人照顾负担都落在女性身上

从古至今，女性一直是家庭照顾的主要承担者，慢慢地大家好像把这当作一件理所当然的事情。为了避免在照顾过程中女性的照顾负担过重，政府必须建立多种照顾方式。一方面政府和社会可以积极发展社会支持策略，鼓励爱心人士和志愿者对照顾老年人提供帮助，努力吸收更多社会力量加入养老服务的队伍中，引入市场机制，让更多的服务主体接受市场竞争，积极拓展老年人照顾相关产业的发展，拓宽老年人照顾市场，保证养老服务行业的规范性和参与度；另一方面家庭要改变传统的照顾观念，即照顾并不仅仅是女性的责任，家庭男性成员也必须对老年人的照顾担负起一定的责任。

（四）针对老年人家庭照顾者的需求提供服务性支持

主要可以从提供替代性照顾服务、照顾技能培训、心理支持、信息服务、咨询服务等几个方面着手。

第一，替代性照顾服务是国外比较常见的支持老年人家庭照顾者的做法。鼓励部分床位供给充裕的养老机构和社区照顾中心提供老年人短期入住床位，为长期照顾老年人的家庭成员定期或者在其有需要时提供临时性代替服务，也可以采用日托服务形式。

第二，照顾技能培训。依托专业医疗机构、社区内的养老机构、助老服务社等专业社会组织，为照顾老年人的家庭成员或家政人员提供培训，可以充分提高照顾者的能力和照顾的质量，特别是在当前正规照顾队伍人员短缺的情况下，能够充分挖掘照顾资源。

第三，心理支持。家庭成员照顾同生活或者就近居住，为老年人随配偶或者赡养人迁徙提供条件，为家庭成员照顾老年人提供帮助。

三、延展老年人社会工作服务，为城市老年人家庭照顾者提供社会支持

老年人社会工作，不能仅仅关注老年人自身，同时也要关注家庭照顾者所面临的问题与困境。老年人社会工作不仅要为老年人本人提供服务与帮助，而且也应该为家庭照顾者提供协助和支持。老年人社会工作者秉持专业的价值伦理，运用系统的知识体系和各种有效的助人方法，为城市老年人家庭照顾者提供社会支持，将老年人所在的家庭作为一个整体。通过向家庭提供全方位的服务，构建以家庭照顾者需求为导向的支持体系，采取多种措施支持家庭照顾者，帮助家庭更好地履行养老责任，维持家庭的照顾能力，以达到照顾老年人的目的。

（一）秉持老年人社会工作“助人自助”的价值理念，相信老年人的潜能，鼓励他们自立自强，减少对家庭照顾者的依赖

社会工作的专业价值理念是“助人自助”，相信每个人都有与生俱来的价值和尊严。老年人社会工作专业价值理念相信老年人有发展和完善的能力。老年人在拥有适当资源、机会、条件的情况下，有能力自我成长。尽管老年人年龄大，但是也能做好一些力所能及的事。对于生活能够自理的老年人，要先鼓励其自立自强自助，然后才是社会支持网络给予必要的帮助。在传统的尊老文化中，由于老年人群被简单地定位为“受体”的角色，所以在一定程度上忽视了这种基本力量的发挥。作为老年人，在养老中的自我责任是不能忽视的，他们自己也必须承担起这部分责任，要让老年人充分意识到这一点。老年人自己能做的事情，请他自己做，不必去帮助。老年人难以做到的事情不要逼他去做，要伸出援助之手。因此，老年人社会工作者要提醒照顾者不能一味地单方

面为老年人提供吃喝拉撒所有方面的照顾，而是以分担、支持、提示的方式使之认识自身的处境与潜能，从而提高他们解决问题的能力。让老年人做自己力所能及的事情，可以保持老年人对生活的自信心，促进自身的发展。如果老年人能够自立自助，就能减少对家庭照顾者的依赖，减轻家庭照顾者的负担。

（二）完善以社区为中心的居家养老服务体系，为老年人家庭照顾者提供协助

如果仅靠老年人家庭照顾者个人的力量来承担对老年人的照顾任务，会使家庭照顾者不堪重负。因此，需要借助家庭之外的社会化养老服务来予以协助。而社会化的养老服务应当以社区为中心开展，这样更方便老年人接受服务。如果社区能够提供一定的服务，就可以使家庭照顾者有一定的时间进行休息和调整。因此，需要大力推进老年人社会工作，特别是要把社区工作方法应用于社区养老服务中，提升社区养老服务的专业化水平，使社区居家养老服务的优势得以充分发挥，进一步提升老年人的幸福指数。

（三）为老年人家庭照顾者提供照顾知识与技能培训，提升家庭照顾质量

老年人家庭照顾者没有经过系统的专业培训，不具备养老服务人员的专业素质，由此显然会影响到照顾老年人的效果和老年人的生活质量。而老年人社会工作者都是经过了一定时间的专业学习培训，取得社会工作资格证的专业人士，他们掌握了为老年人服务的专业价值伦理，具备为老年人服务的专业知识、技能和方法。因此，老年人社会工作者应该肩负起教育培训老年人家庭照顾者的责任，用专业理念帮助他们增强为老年人服务的知识和技能，使之提高照顾质量。

（四）促进家庭成员参与，分担老年人家庭照顾者的负担

老年人社会工作者可以协助老年人家庭照顾者整合和调动多方资源。帮助照顾者发掘家庭内部资源和力量，协助调动其他家庭成员参与照顾老年人，分担主要照顾者的负担。一部分家庭照顾者独自承担照顾老年人的任务，尤其是一些老年人为了不给子女添麻烦，独自承担照顾配偶的责任，从而使自己身心疲惫，不堪重负。这些人需要得到社会工作者的支持和援助。对此，社会工作

者可以采取家庭疗法，与照顾者一起思考其他的家庭成员参与照顾的可能性，或召集家庭成员共同讨论参与照顾老年人的可能性以及会遇到的问题，并就这些问题共同商量解决办法。老年人的照顾需要全体家庭成员的共同努力，而老年社会工作者需要做的就是发掘家庭内部的资源，发动其他家庭成员的共同参与，以此减轻主要照顾者的压力。

（五）呼吁家庭和社会充分肯定老年人家庭照顾者的社会价值并给予应有的尊重

老年人家庭照顾者为国家节省了大量资源，但是，社会各界尚没有认识到他们的劳动的社会价值，没有认识到他们对解决我国养老这一社会问题所作出的突出贡献。所以社会上没有给予他们应有的尊重，他们甚至也得不到家庭成员的尊重。这给他们的尊重需要带来了沉重打击，甚至使他们丧失自信心。因此，作为老年人社会工作者，应该呼吁家庭和社会肯定老年人家庭照顾者的社会价值并给予他们应有的社会尊重。因为养老并不简单地是一个家庭内部的事情，同时也是一个重大的社会问题。

养老是我国家庭的传统功能，只对老年人家庭照顾者提出希望，不去关注甚至忽略他们的困难和需求，结果只会南辕北辙，为了更好地发挥他们的作用，只有从他们的实际需求出发，集中有益于他们的社会资源，通过政府、社会和家庭的共同努力，构建一个国家、市场与家庭三位一体的长期照顾与社会支持体系，建立有利于老年人家庭照顾者的社会支持系统，给予他们尽可能多的理解和支持，才能真正实现居家养老的美好愿景。

作者简介：裴敏超，男，汉族，籍贯陕西，历史学硕士，青海师范大学法学与社会学学院副教授，主要研究方向为社会工作服务。

青海省祁连县阿柔乡藏族游牧民定居文化适应及困境探析

李积萍

一、祁连县阿柔乡基本情况

祁连县阿柔乡位于青海省海北藏族自治州西北部，东接门源回族自治县，南与刚察县、海晏县为邻，西南与海西蒙古族藏族自治州天峻县相连；北与甘肃省民乐县、山丹县接壤，西北连甘肃酒泉、肃南裕固族自治县，丝绸之路历史上的重要通道扁都口遗址距离阿柔乡40千米。阿柔乡下辖日旭、青阳沟、草大坂3个行政村、12个牧业社、3个农事队。民族构成为汉族、回族、藏族、蒙古族、土族、撒拉族，其中藏族人口最多，占全乡人口的95%。据2017年阿柔乡政府的统计，共有1211户、3411人定居，全乡实现了定居化。由于阿柔乡所处祁连地区的自然环境与生态条件，生活在这里的各族人民以传统游牧生活方式为主，畜牧业在当地的经济生活中长期占据主导地位。2009年政府开始实施游牧民定居工程，牧民陆续从山区搬迁到阿柔乡镇的新牧区定居点，这不仅改变了当地各族牧民的经济与生活方式，而且为他们提供了多样的生计选择。其中，阿柔乡藏族游牧民的社会经济与文化生活正发生着前所未有的变化。

二、阿柔乡藏族游牧民的定居适应状况

（一）生产方式

阿柔乡平均海拔在3000米以上，由于高寒海拔气候的影响，历史上就形成了以草原、牲畜、部落实体三要素为特质的藏族牧区经济结构。阿柔乡藏族游牧民一直过着逐水草而居的游牧生活，以家庭为单位，遵循三季轮牧方式。随着游牧向定居的转型，阿柔乡的游牧民生活方式也在不断发生着变化。但是由于生态条件和交通不便等因素的限制，阿柔乡第三产业的发展长期处于滞后状态。随着近几年祁连县开始开发旅游业，阿柔乡的一些牧民看到了这个悄然到来的商机，从2016年开始，在县政府的扶持下，阿柔乡在青阳沟村试点，建立青阳沟生态畜牧业专业合作社与阿柔部落游牧文化发展有限公司，以畜牧业和旅游业融合发展的经济形式来发展阿柔乡的牧业和服务业，以增加阿柔乡牧民的经济收入。与此同时，阿柔乡藏族游牧民为了进一步开发和展现本民族的优秀文化与传统习俗，积极参与本乡牧业旅游活动，在提高经济收入的同时努力传承、发展本民族传统文化。当地以传统文化为基础的牧业旅游服务产业，具体包括以下六个方面。

第一，借阿柔乡夏季草场地处宁张公路沿线，交通条件便利且具有“中国最美丽草原之一”称号的优势，开发阿柔乡藏族原生态游牧文化，发展草场观光旅游。阿柔部落游牧文化发展有限公司将当地原生态游牧生产方式与生活过程集中打造并提升到文化的层面，全景式展现给游客，其中包括剪羊毛①、打酥油、体验“阿柔而恰”②、阿柔“雪”赛等③。

第二，投资新建草原驿站、藏宴厅，集中展示阿柔乡藏族民俗与饮食文化。阿柔乡藏族在婚宴、祝寿和小孩剃毛头等场合都会举办各种类型的活动与宴会，其中都包含着其独特的形式与传统文化的内容。新建的草原驿站和藏宴厅一方面可以集中展示民俗文化；另一方面则在为游客提供休憩场所、欣赏民

① 在一年一度的剪羊毛过程中选拔“金剪手”“速度王”等选手；垒砌高达 9 米的标志性大白毛三角塔［165（捆）×45（千克）= 7425 千克羊毛］，可供游客观赏、摄影与攀爬。

② “阿柔而恰”即古代抛石机。目前该乡已制作完成 10 条不同材质、不同用途的“阿柔而恰”及其弹丸和标靶，择地便可进行比赛，供游客体验原始抛石机时代的战争场面。

③ 阿柔“雪”赛的形式及规则类同于西方的吃热狗、吃西瓜和喝啤酒等比赛。从往年举办的比赛情况来看，该活动具有参与面广的特点。

族文化的同时，使游客进一步认识阿柔、了解阿柔。

第三，打造祁连“牦牛之都、藏羊之府”品牌。青海省人民政府近年来提出了打造“世界牦牛之都、中国藏羊之府”的战略目标。祁连县阿柔乡积极响应，以牧养牦牛、藏羊为主，将羊群的出牧、归牧过程规范展示，并根据部落传统以一百头乳牛为一和群组群，供游客观赏。此外，该乡还制作了长达 4000 米的纯手工“阿柔特恰让毛”，并拟申报世界吉尼斯纪录。

第四，扩大原“阿柔部落民俗风情园”规模，推动畜牧旅游业升级换代。按该县旅游局 2015 年的规划设计，阿柔乡要在原“阿柔部落民俗风情园”的基础上，进一步搭建七顶以千户“行政”大帐为中心的不同规格与功能的牛毛帐篷群[①]，包括以百头乳牛为主的挤奶和奶制品加工户；牛羊毛捻线、搓绳户；牛羊皮原始发酵到成品加工户；青稞炒面、酥油饼等藏餐加工户；骏马饰品加工户；民族饰品加工户，借以展示明清时期千户制度下阿柔乡藏族的社会与经济生活面貌。

第五，积极开发畜产品的深加工，提高畜产品和当地特产的市场化水平。阿柔乡依托旅游业，在旅游点为游客提供冬虫夏草、石莲、特色工艺品、藏饰、民族服饰、精洗羊毛、简加工羊毛被褥、祁连黄菇、风干牦牛肉、新鲜羊肉、鲜奶、酥油、曲拉等畜产品及特色产品，游客甚至可以直接尝试挤奶和体验酥油、曲拉的原始提炼过程。

第六，阿柔乡按照有机畜产品的标准向祁连驻西宁实体店提供曲拉、酥油、鲜奶、酸奶、新鲜牛羊肉等畜产品，并适时入股该店经营；协调县就业等有关部门参与三产人员劳动技能培训，重点培养本乡网络信息技术人员，建立自己的服务信息窗口；并以合作社与旅游公司入股合作的方式，按当年各自出资的比例结算收益，借以全面提高各族农牧民的收入水平。

阿柔乡藏族由纯游牧转为定居后，除了第三产业的兴起外，在畜牧业上也发生了很大的变化。2016 年随着阿柔乡开始推行生态畜牧业专业合作社，牧民积极入股参与，青阳沟生态畜牧业专业合作社就是在阿柔乡政府扶持下建立的，青阳沟牧民放弃原来一家一户独立经营畜牧业的形式，转为现在的牧民合

① “行政”大帐仿阿柔末代千户长南卡才昂的“行政”大帐建造。除“行政”大帐外，其他六户既是合作社的生产单位，又是游客品尝牧家美食、消费牧业产品、留宿牧家感受游牧文化的场所。以上六户为主体成立手工联社式服务队（对内、对外）。

作入股入社，由合作社统一经营全村畜牧业。

（二）生活方式

阿柔乡藏族在历史上就是一个以游牧生活方式为主的族群，畜牧业在其当代的经济生活中仍占主导地位。在传统的游牧经济生活中，游牧民的生产资料与生活资料几乎是完全重合的，游牧民个体与他们的牛、羊、马等便搭建起了游牧生活的主体框架，他们彼此之间业已构成了一个相对完满的生存网络。牛、羊、马等是传统游牧民的重要生产资料，游牧民的经济产出完全依赖于这些牲畜的数量。通常来说，传统游牧民家庭的经济状况是可以通过牛羊的数量来进行初步估量的。至于诸如牛奶、酥油、奶酪等畜产品，主要供给游牧民自己生活，很少作为产品进行交换。“诸如游牧民的居所帐篷，其最初的原材料便是牛毛；游牧民穿的藏袍，其取材也源于动物皮毛；游牧民的主要饮食便是牛羊肉与乳制品；游牧民的燃料来源大都是牛粪。”[①]诸多迹象都表明传统游牧生活的生产资料与生活资料高度统一，而这在某种程度上也造就了游牧生活很大程度上的自我满足形态。

阿柔乡草原地处高海拔地区，气候多变，冬季严寒，霜冻、雪、雹等自然灾害频繁发生。而当地的藏族游牧民完全仰赖大自然的眷顾，防灾抗灾能力相对较弱，抗灾保畜设施普遍简陋，棚圈等基础设施严重缺乏，面对自然灾害往往束手无策，因此总会遭受不同程度的经济损失，尤其是冬季雪灾后的低温天气，常常会导致大批牛羊冻死或者饿死。因此每逢重大自然灾害时期，阿柔乡藏族游牧民普遍经济损失严重。又因这里地处高寒、高海拔地带，生态环境十分脆弱，当地土地表层薄，植物生长期短，草原系统自身调节能力弱，一旦破坏极难修复，再加上人口的不断增加和过度的生产经营活动，当地的生态环境不断恶化。因此，阿柔乡藏族游牧民的衣食住行依赖于自家饲养的牲畜和生产的畜产品，完全是一种自给自足的自然经济。长期以来，传统游牧生产与生活方式因自然因素或人为因素的影响，一直存在不同程度的诸多问题。从总体上来说，在传统的游牧生产、生活中，藏族游牧民的衣食住行和生产生活资料的来源有限，生活条件相对简陋，文化生活比较贫乏，道路交通不便，社会发展缓慢。

---

① 赵元文：《海北历史文化丛书·海北民俗》，西宁：青海人民出版社，2012 年，第 38 页。

近年来，当地的草地退化加剧、沙化状况严重，草地的植被种群发生了显著改变，而适于牛羊采食的优良牧草也逐年减少，严重威胁着草原湿地生态系统的良性循环。由于草原生态环境的不断恶化，草原“生物圈”的平衡性受到严重威胁。这些情况不仅降低了草原优质牧草的产量，威胁了当地生物的多样性，更重要的是减弱了当地湿地、草原、森林等生态系统的水源涵养能力。如果这种生态环境急剧恶化的势头得不到遏制，就有可能导致该区域成为沙尘暴肆虐区。

随着藏族游牧民人口的快速增长，当地游牧民饲养的牛羊数量也不断增加。而藏族游牧民人口的增加以及牛羊数量的增长，在相对有限的草原土地范围内，除了导致草原的垦殖面积不断扩大之外，更是加剧了草原的生态恶化。草原人口的增加，不只是游牧民人口，更多的是外来人口的大量涌入。面对持续增长的人口的需求，人们也进一步加快了对草原湿地、滩涂等黄金水源地的开垦和改造，这一切都造成了草原天然湿地面积的持续减少，结果便是草原的生态系统彻底失衡，草原生态更加恶化。

自然生态环境脆弱、森林的过度砍伐、草原的超载放牧、土地的过度开垦等，都导致草场土壤的沙化、荒漠化。为了提高牧区藏族的生活水平，改善脆弱的生态环境，只有先从减少人为因素对生态环境有意或者无意的破坏着手，这便需要改变生活在脆弱生态环境区域内的游牧民的生产与生活方式。

任何一种文化传统都有其存在的现实语境，当工业文明正式登上人类历史的舞台时，人类与大自然的关系变得更加紧张与充满矛盾，人类对大自然的索取与占有愈加变本加厉。在市场经济的洪流中，任何人都很难不被波及，不被触动。在追求经济利益的欲望中，在追求现代文明所带来的方便舒适的生活的刺激下，阿柔藏族游牧民与自然之间的和谐、平衡理念遭遇强烈冲击。他们也渴望享受现代文明的各种成果，并将定居视为改变命运、摆脱贫穷的机遇。

其实，从生活、生产的成本来说，相较于定居生活而言，传统游牧经济生活的日常额外支出是较少的，但也面临着交通不便、信息闭塞、日常看病难、儿童上学难等一系列难以解决的问题。虽然阿柔乡藏族传统游牧经济模式在某种程度上有利于草原植被的保护，但长期以来，阿柔乡藏族所游牧的草原和我国其他牧区一样，生态环境极为脆弱，也面临着草原沙化、退化日益严重的问题，畜牧业经济极不稳定。随着退牧还草政策的实施，阿柔乡藏族游牧民定居问题日益紧迫。改善游牧经济生活方式与生活条件，走脱贫致富之路成为当地藏族游牧民的共同愿望。在国家和各级政府的支持下，祁连县从2009年开始全面推行游牧民定居工程，选择条件相对优越的定居地点建设各种必要的基础生产与生活设施，基本解决了游牧民定居问题，阿柔乡各族游牧民的生活、医疗、教育等也得到了基本保障。游牧民定居工程不仅极大地改善了当地藏族游牧民的生产与生活环境，同时也促进了当地经济生活与经济增长方式的转变，而这与绝大多数藏族游牧民的意愿是相符的。

随着近几年游牧民定居工程的不断深化与完善，阿柔乡藏族传统的经济生活发生了很大的变化，具体表现在以下三个方面。

第一，经济结构趋于多样。

定居以后许多藏族游牧民从游牧生活中摆脱出来，为其他产业的发展提供了充足的人力资源。而当地依托畜牧业的旅游经济的发展，带动了当地以商业和服务行业为主的第三产业的全面兴起，并促进了种植业规模的扩大，畜产品的商品化程度不断提高，从而打破了阿柔乡藏族原本单一的游牧经济结构，第三产业在阿柔乡藏族经济中的比重日益增加，并成为他们增加收入的主要途径。在此情况下，阿柔乡藏族的经济结构日趋多样，人们的思想观念也在潜移默化中发生改变。

经济结构的多样化也带来了一些新问题，在一些地方还出现了牧民的贫富差距有所加大的现象。经济状况相对较好的藏族游牧民，除了拥有自家的草场与牲畜之外，还同时租用其他游牧民的草场和牲畜，甚至购买其他游牧民的牛羊，扩充自家的牲畜总量。一些藏族游牧民由于卖掉了自己的牲畜，草场出租给了富裕游牧民，没有其他的耕地，也没有学会其他的生存技能，便失去了持续的经济来源，于是越来越趋于贫穷。为了解决这些人群的贫困问题，阿柔乡政府从2016年开始扶持青阳沟村，试点推行青阳沟生态畜牧业专业合作社与阿柔部落游牧文化发展有限公司，通过畜牧和旅游合作创办第一产业和第三产业融合发展的经济形式，开发第三产业（牧业旅游），吸收贫困劳动力，在保障其基本生活的基础上增加他们的经济收入，最终实现共同富裕的目标。

第二，生活方式更趋丰富。

随着定居工程的全面推进，阿柔乡藏族游牧民传统的居住格局发生了根本性变化，牧民的生活环境与条件得到了极大的改善，生活方式也更趋丰富。具体表现在阿柔乡藏族原来游牧状态下以家庭或家族为单位的分散居住格局，被定居点的集中居住格局所取代。定居点较为完善的基础设施建设，基本解决了牧区长期存在的医疗和教育问题，为广大牧民开展丰富多彩的社会与文化生活提供了便利。更为重要的是，集中居住不仅解放了生产力，同时也为其他产业尤其是第三产业的发展创造了条件。在此情况下，阿柔乡藏族的经济生活方式就有了多种选择，原本单一的游牧民身份也日趋多样化。

如今阿柔乡藏族游牧民户户都住进了由政府出资修建的牧民新村定居房。定居房均为砖木结构，建筑外观突出藏式建筑风格；定居房周围统一修建 1.8 米高的围墙，安装藏式大门。房屋按照抗震要求，统一设计构造柱、上下圈梁。按照国家对住房的节能要求，房屋均装有双层中空玻璃保温窗。门为木制，中门用保温材料填实，并使用密封条等以减少冷风渗透。每户建设不低于 80 平方米的住宅，配套建设玻璃取暖廊、大门、围墙等。为适应牧业发展的需要，牧民新村每户人家都有一座 80 平方米左右的暖棚，能够容纳 30 多头牛、100 多只羊。通过暖棚实施牛羊育肥，以减少天然草原放牧牛羊的数量，也就避免了自然灾害给畜牧业的破坏，提高了畜牧业产量，增加了牧民收入。

定居生活不仅改变了阿柔乡藏族单一的游牧生活方式，也极大地促进了当地畜牧业的发展。近年来，阿柔乡牲畜饲养方式由以前的以牧养为主转变为牧养、圈养并重，其中圈养的比重不断提高。同时，阿柔乡政府在各乡镇开展以“房屋定居、草场围栏、牲畜棚圈、人工种草”为主的“四配套”建设。据统计，20 世纪 90 年代以来，阿柔乡修建高档养羊暖棚 129 幢 903 间。其中仅 1996—1997 年就建成高档养羊暖棚 111 幢 726 间；围栏草场 90 万平方米、28 万亩（1 亩≈666.67 平方米），投资 30 万元以上。2003 年全乡共建成养羊暖棚 502 幢，草场围栏 38 万亩；育活各类仔畜 55 901 万头（只），繁活率、出栏率、商品率分别达到 78.2%、40.29%、32.97%[①]。

第三，由分散居住的模式改为集中居住模式，显著提高了阿柔乡藏族游牧民的教育和医疗水平。

阿柔乡社会公益事业在 20 世纪 90 年代开始突飞猛进地发展。1997 年阿柔乡投资 28 万元重新修建乡政府办公用房；1998 年阿柔乡投资 13 万元扩建乡卫

① 《2009 年阿柔乡游牧民定居工程简况》，2013 年 8 月由阿柔乡政府提供。

生院，投资 5 万元修缮敬老院；乡政府所在地的周边群众享受到了程控电话和闭路电视。到 2009 年 8 月底，阿柔乡政府所在地都相继建立了卫生院，在村一级建立了卫生所。其中阿柔乡卫生院现有医护人员 10 人，基本医疗设备和科室相当齐全。1999 年阿柔乡投资 21.5 万元新建了青阳沟民族寄宿学校，维修了原阿柔寄校，使办学条件有了较大改观①。定居以后，为了给孩子们创造更好的上学条件，有经济能力的阿柔藏族家庭开始在县城租房或买房，县城成为家庭之外的第二个生活点。经济条件一般的家庭则将孩子寄宿于学校，当地牧区的民族小学与中学全部建设为寄宿学校，这解决了牧民孩子上学、住宿的问题，基本解除了各族牧民的后顾之忧。

进入 21 世纪以后，随着居住条件的改善，家用电器早已走进了普通牧民的家庭，电视、冰箱、洗衣机十分普及。随着 2009 年青海省“家电下乡”政策的实施，阿柔乡牧民买家电能得到政府的补贴，民生条件得到了进一步改善。当今汽车和摩托车取代了阿柔乡牧民传统的马匹与牦牛，成为牧区最为便捷的交通工具。阿柔乡目前除极个别只有老人的家庭外，户均一般至少有一辆摩托车，很多家庭甚至已经拥有家用小轿车，藏族牧民的活动范围与生活视野空前扩大。阿柔乡藏族的思想观念因之变化，传统的风俗习惯与文化也随之发生改变。

（三）人际关系

阿柔乡藏族的家庭结构在历史上多为扩大式家庭，其家庭关系主要包括父子、母子、兄弟姐妹以及妯娌、婆媳、祖孙等。家庭关系历来以尊老爱幼、和睦亲融著称，少有家庭成员之间的矛盾冲突；家庭成员大都谦恭有礼、和谐共处。经过 20 世纪 80 年代以来的家庭结构与规模变迁，核心家庭与主干家庭成为家庭的主要结构，此种结构下的家庭关系主要包括以夫妻关系为横坐标的婚姻关系以及以血缘为纵坐标的亲子关系；其他各种家庭关系则围绕着这两种关系展开。

在调研过程中笔者发现，随着牧区城镇化进程的加快以及定居后人们生活方式的变化，大量剩余劳动力得以从传统的牧业中解放出来。就阿柔乡的劳动力转移情况来看，阿柔乡转移的劳动力并没有像我国其他地区的转移劳动力那

---

①《2009 年阿柔乡游牧定居工程简况》，2013 年 8 月由阿柔乡政府提供。

样向城市转移，而是向更加边远的牧区转移，如挖虫草或从事牧区的旅游服务业。这种劳动力转移的现象势必会对传统家庭关系造成影响。

劳动力转移造成的劳动力地域流动，使家庭成员尤其是家庭中的青壮年长期外出打工，这种状况不但削弱了家庭成员之间的关系纽带，也使原来的家庭关系特别是夫妻关系受到极大影响。这种影响表现在两个方面，即积极的方面和消极的方面。因为每个家庭夫妻双方的文化、感情、观念、性格不同，所以影响也不同。对于有的家庭来说，这种分离增进了夫妻感情；但有的家庭因为夫妻双方长期分离，夫妻感情出现了危机。

笔者在对阿柔乡藏族家庭关系的调查中也发现，劳动转移造成的外出务工现象使得部分阿柔乡藏族家庭关系出现了一些危机，家庭成员外出务工，使家庭成员之间尤其是夫妻之间长期分离而关系疏远，造成夫妻感情的危机，产生家庭矛盾和纠纷，甚至导致离婚。不过，随着近几年阿柔乡旅游服务业的开拓，牧民可以在家门口打工挣钱，这样可能会对阿柔乡藏族牧区家庭关系的改善起到一些积极作用。

随着经济与生活方式的转变，以及家庭规模和结构的变化，阿柔乡藏族的家庭关系还出现了一些新的问题。

首先是“隔代抚养”问题。笔者在阿柔乡政府周围的定居点调研时注意到，目前大多数家庭中只有老人和小孩，由老人抚养年幼的孙子、孙女；“隔代抚养”已经成为当地普遍的社会现象。由于大多数牧民已经改变了传统的游牧生活方式，青壮年外出打工，将自己的子女留给长辈抚养，而父母和公婆也乐意帮助照顾下一代。一方面，作为长辈，看着自己的子女外出忙于生计，他们自然愿意帮助子女减轻负担，承担一些自己力所能及的事情；另一方面，目前阿柔乡藏族的家庭结构主要是主干家庭和核心家庭，子女外出打工导致当地空巢老人家庭增多，空巢家庭的老人通过抚育孙辈也能减少精神上的寂寞。

但是“隔代抚养”也造成了一些新问题，主要表现为“隔代抚养”使孩子从小缺少父母的关爱，父母与孩子交流、沟通不足，不利于孩子的健康成长；同时“隔代抚养”容易造成老人娇纵宠溺孩子，不利于孩子良好习惯的养成，为以后孩子的正常成长埋下隐患。

“隔代抚养”不可避免地会加重老人的负担，孩子的抚养稍有差错就会造成家庭悲剧；而代与代之间在抚育孩子的方式、方法乃至观念上的差异，又会产生新的矛盾与问题，从而影响到家庭成员之间的关系。

其次是“高离婚率”问题。笔者在祁连县民政局调研了解到，2015 年阿柔乡有 45 对新人结婚，而离婚者竟有 25 对。阿柔乡政府工会干部也感慨近几年阿柔乡牧民的离婚率高得惊人。目前阿柔乡藏族的家庭关系正从传统的以亲子关系为中心向以夫妻关系为中心过渡，这一重大问题应当引起民族学研究者和社会学研究者的高度重视。

三、阿柔乡藏族游牧民定居适应中的困境

（一）文化适应的困境

1. 语言环境的不适应

语言是交流的基本工具，语言交流是建构社会网络的主要途径。居住于高原山区的牧民习惯性使用藏语，搬迁到安置的定居点，群体之间会发生密切、多领域的互动，在这种互动中更多的是使用汉语进行交流。但牧民的汉语水平有限，交流起来不方便，牧民在短时间之内难以适应。因牧民的汉语水平有限，他们无法参加政府组织的各种技能培训活动，使得政府组织的此类后续扶持工作效用不大。语言的不通也影响了牧民群体与安置区各个群体之间的相互交流，使得彼此都保持着一定的距离，对定居牧民新的社会网络的建构造成影响。

2. 思想观念的不适应

牧区藏族游牧民定居过程是一个文化变迁的过程，传统游牧文化、思想观念已经在牧民的生活中根深蒂固。笔者在调查中发现，很多牧民特别是老人都不愿意在定居点生活。他们对新环境的生活、生计、人脉关系都不适应，怀念以前的生活方式。

3. 经商观念淡薄，不愿从事服务业

藏族游牧民传统的游牧生活使得他们的商业贸易观念比较淡薄。在他们的传统思想观念中，他们对财富的认识不同于其他民族。第一，传统财富观念影响牧民资本积累，牧民以牛羊的数量作为财富的标志，而并不像农耕民族一样有在银行存款的习惯，缺乏资本积累意识。第二，就业观念存在偏见。调查发现，很多牧民认为像服务员、清洁工等社会服务性职业是“很丢人的事情”，

不愿意去做。这两个方面的影响直接导致定居后的牧民在后续转产就业的选择上渠道变窄，这些直接影响着牧民对城镇生活的适应。

（二）生产方式适应的困境

1. 牧民的经济收入减少

在草原上牧民平均每户有450只以上的羊，才能维持一家的生活[①]。但定居之后牧民每户拥有的羊不到 180 只。现在每年物价都有所增长，牧民的生活进入了一个相对困难的阶段。定居之后日常生活开支增多了，包括电、水、肉、菜、生活用品等。

2. 牧民没有自己的饲料基地

牧民定居之后牲畜用饲料、青草来饲养。但牧民是外来人员，只能从农民的手里买饲料，牧民购买饲料的花费增多，虽然国家每年会提供一些饲料补助，但还是不够用，这就导致牧民定居后的生计成本增长。

3. 暖棚饲养的方法并不理想

牧民用暖棚饲养牛羊，空间有限，限制了牲畜的数量，导致利润不高，牧民的经济收入减少。许多牧民因为已经习惯传统的草原放牧，对暖棚饲养不是很重视，暖棚饲养反而使很多牛羊出现病死之类的问题。除此之外，笔者在阿柔乡的调查中也发现了一些政府改变传统游牧饲养方式引发的问题，如“网围栏”建设，这些围栏要么用于退牧还草，要么用于保护湿地、封育草场，总之是政府为了恢复草原生态而进行的努力。围栏计划的初衷是好的，但期待中的草场恢复却并不尽如人意。

> 在阿柔乡，牧民尕布藏在围栏禁牧后发现，在铁丝网内围起来的草场里，草越长越高，越长越密，能长到20厘米左右，但全都是黄草，而围栏之外允许放牧的草场早已是绿油油一片。站在围栏边缘，把铁丝网内20厘米高的黄草扒开，可以看见草的上半截是黄色，下半截是黑色，而最底部则露出稀疏幼嫩的绿草。尕布藏不禁感叹：“围起来保护草，结果怎么把草保护坏了？”

① 此数据计算来源于阿柔乡当地牧民所述。

一些牧民认为这一举措是政府部门对生态建设的盲目性和不到位的结果，“网围栏”建设给牧民带来了一定的困难和损失。

（三）政府安置方面存在的问题

在游牧民定居中，政府在安置方面缺乏长远细致的规划，没有从长远及根本上解决牧民定居的一些问题。例如，给牧民在定居点建设了基本的房屋和暖棚、饲养牲畜的院子，还提供了一些草原补助，但这些都是短暂的，缺乏持续性。搬进定居点的确改善了一些牧民的生活环境，但没有考虑到牧民以后的生活和发展。虽然牧民实现了定居，可是他们还是保留了单一的生计方式。政府的五年计划对定居牧民的建设工作也有涉及，政府会给当地的牧民提供一些短暂的服务和帮助，但以后缺乏持续性。定居条件下，牧民的生活水平仍然有待提高，他们离开了草原，缺乏主动性，在生产生活中遇到问题只能靠政府出面解决，有些政府实施的政策也缺乏持续性和连续性。

政府给牧民提供了城镇附近的发展空间，却没有给他们提供持续发展的动力。政府应该给牧民提供除了畜牧业以外的发展空间，如让牧民发展第二、三产业。由于牧民对定居点的生活不适应，有些牧民反迁或打工谋生的问题也频频出现。政府只是给牧民提供了生活条件比较完善的环境，但空间不够，从牧民长久生活来看，还是存在许多问题。

所以笔者认为解决政府安置游牧民定居中存在的问题，应该从实现牧民的现代化方面着手，不断提升游牧生产生活方式的现代化，逐渐使牧民心理也实现现代化。要实现这一目标，要从提高牧区的教育质量和教育水平入手，推进发展符合牧区实际的职业技术教育，帮助牧民发展第二、三产业。同时，还要大力提高牧区的公共服务能力，如提升牧区急救和妇幼保健能力；健全牧区三级医疗卫生服务网络；实现牧区新型农村社会养老保险全覆盖，不断推进牧区福利体系，让牧民尽快适应定居生活。

作者简介：李积萍，女，土族，籍贯青海，民族学博士，青海师范大学法学与社会学学院副教授，主要研究方向为民族社会学。

少数民族地区大学生择业心理探究

杜海蓉

一、问题的提出

少数民族地区大学生是我国高校大学生的一个重要组成部分，其所处位置具有一定的矛盾性——宏观资源调配方面，少数民族地区教育资源薄弱，大学生综合素质较之内陆地区不足之处显露较多是不争的事实。同时，在国家制定的少数民族优惠政策下，少数民族地区大学生又能在升学方面享受一定的优待。社会环境因素是少数民族地区大学生就业的主要压力来源①，而这种独特的社会矛盾无疑会导致少数民族地区大学生在择业方面缺失平衡感，近年来有关大学生择业心理的研究成果很多，却鲜有专门对少数民族地区大学生择业心理的研究，在这种矛盾存在的前提下，一些相对泛用的研究成果的适用性大大降低，因此有必要针对少数民族地区大学生单独进行与就业相关的研究，通过梯次对比的形式，发现存在于其身上的择业观缺失点，并做合适的引导教育。

① 高岳涵：《国内少数民族大学生就业问题研究综述》，《贵州民族研究》2015 年第 9 期。

二、调查数据分析

对于少数民族地区大学生的调研应当分为三类：①在少数民族地区大学进修的大学生；②少数民族地区学生上大学或进修走出本省来到内陆城市的大学生；③为了研究少数民族地区大学生心理变化，还需择取毕业两年以上的大学生作为社会样本。因此，本文在样本上选取了青海 Q 大学以及天津 T 大学的少数民族地区大四本科毕业生作为调查对象，同时获取了 100 位 Q 大学毕业两年以上的学生为社会样本，共发放 300 份调查问卷（Q 大学、T 大学、Q 大学毕业两年以上的学生各 100 份），回收有效问卷 243 份（Q 大学 88 份，T 大学 93 份，毕业学生 62 份）。其中男生占总人数的 62.4%，女生占总人数的 37.6%；在校生年龄普遍为 21—23 岁；所调查学生中汉族学生占 34.8%，藏族学生占 37.0%，回族学生占 17.4%，另有维吾尔族、土族、蒙古族、撒拉族等民族的学生参与调研，占 10.8%。具体调研结果及分析如下。

（1）您目前的择业进展如何？

选项	已经找到工作单位	正在找	还没开始找
T 大学	33.2%	60.7%	6.1%
Q 大学	19.8%	66.4%	13.8%

（2）如果可以选择，您希望如何完成自己的择业选择？

选项	Q 大学	T 大学
分配制	64%	33%
自主择业	27%	41%
创业	3%	7%
无所谓	6%	19%

（3）您对自己的就业前景持何种态度？

选项	乐观	一般	不乐观	无感想
T 大学	29.6%	40.3%	13.7%	16.4%
Q 大学	19.9%	37.5%	20.5%	22.1%

上述对比调研结果显示，Q 大学与 T 大学的少数民族地区毕业生在择业观上有一定的差异，出现这种现象的原因，一方面是两地就业环境、就业机会有不小的差距；另一方面也可以看出，学校对择业指导、竞争氛围的营造也存在

着理念上的不同，Q 大学毕业生自我调适能力明显有所不足[①]。

（4）是否愿意从事专业不对口的工作/是否在从事专业不对口的工作？

选项	愿意/已从事非本专业工作	不愿意/仍在本专业工作
T 大学	69.3%	30.7%
Q 大学	66.2%	33.8%
Q 大学毕业生	42.6%	57.4%

在该选项中，Q 大学与 T 大学并无明显差异，且相较于已毕业的学生，愿意从事专业不对口的工作的学生所占的比例有了明显的提高。这也说明了少数民族地区大学生对于跨专业就业这一时下趋势并没有想象中那么排斥。

（5）对您择业观影响最大的是/毕业时对您择业影响最大的是？

选项	父母	老师	同学	自己	其他
T 大学	33.2%	6.3%	20.3%	24.5%	15.7%
Q 大学	30.6%	17.2%	15.1%	25.5%	11.6%
Q 大毕业生	36.2%	10.2%	13.3%	30.9%	9.4%

此项调研中，不论是 T 大学还是 Q 大学，父母观念均是产生影响最深的决定性因素，而老师的比例则较低，这也说明了教育工作者在择业指导方面未能发挥出自己的作用。但在老师这一选项中，T 大学与 Q 大学的数值差异十分巨大，笔者在调研时发现，Q 大学毕业生，因为家庭及环境等种种原因，在择业问题上对老师意见的尊重程度要明显高于 T 大学毕业生。

（6）最理想的就业地区。

选项	国外	沿海开放城市	内陆省会城市	二线城市	家乡	国家急需人才的边远地区	其他
T 大学	2.2%	21.5%	21.5%	16.1%	33.3%	1.1%	4.3%
Q 大学	0	5.7%	22.7%	21.5%	44.3%	1.1%	4.5%
Q 大毕业生	0	0	19.4%	40.3%	30.6%	0	9.7%

调研结果显示，少数民族地区大学生在就业选择上与普通大学生并无明显差异，都愿意去经济、文化较为发达的地区，对于中小型城市及农村的轻视未得到任何改善。这种趋势会造成人才拥挤的情况，使大学生不得不面对结构性

① 何晓丽：《西部地区高校毕业生择业效能感调查》，《经济研究导刊》2010 年第 12 期。

失业等问题[①]。但抛开上述选择，Q 大学毕业生在就业地区的选择上显得较为保守，对节奏快、竞争强的沿海地区城市有刻意的疏远，这证明 Q 大学毕业生在自信心及未来发展的可拓展性上与 T 大学毕业生存在着一定的差距，其依旧对国家政策有着一定的依赖性[②]。

（7）假设你已经有了一份稳定的工作，现在需要你跳槽到一个相对风险较高的公司（该公司会在五年后倒闭），那么薪酬提高至少多少才能让你下定决心换工作？

选项	Q 大学	T 大学	Q 大学毕业生
1000 元	0.6%	7.9%	0
1000—2000 元	11.3%	7.28%	2.27%
2000—3000 元	20.2%	36.4%	14.8%
3000—4000 元	35.4%	27.2%	52.3%
4000 元以上	32.4%	21.2%	30.7%

该问题实际上是“是否能够承担职业风险”的具象化，T 大学毕业生对职业风险的承受力要优于 Q 大学。这一方面说明 Q 大学的学生自己对职业风险的评估存在认知不足的问题；另一方面说明 Q 大学学校职业风险评估的教育也显得有些薄弱。

三、就业及其现状分析

（一）地域性自闭

少数民族地区大学生之间存在着地域性自闭，这种自闭心理往往源于两方面的原因。一方面，国家针对少数民族地区大学生的升学，往往都有政策上的优待，少数民族地区社会环境较为封闭，其人际交往与情感需求本就有一定的障碍[③]，经济发展情况和教育水平与内陆省份相比较为不发达，政策上的优待给少数民族地区大学生提供了更多的机会，但很多少数民族地区大学生没能认识到，这种优待在大学时代就不复存在了，在进入大学之后，他们与其余省份的学生就处在了同一起跑线上，如此一来，教育资源之间的差距就会被放大。有

① 谷彬：《劳动力市场分割、搜寻匹配与结构性失业的综述》，《统计研究》2014 年第 3 期。
② 矫冬梅：《少数民族大学生择业心理障碍及对策研究》，《兰州教育学院学报》2015 年第 3 期。
③ 李琦：《青藏地区民族高校工科大学生创新创业教育研究》，《青海民族研究》2017 年第 1 期。

很多少数民族地区大学生在步入大学校园之后没能意识到这一点，没有正视这种差距，最终导致自己因为成绩等方面的差距而产生自卑心理，进而自我封闭。另一方面，由于各民族生活习惯的差异较大，少数民族地区学生往往会与同一民族或同一地区的学生较为亲近，这本是一件无可厚非的事情，但这种亲近在上一条的基础上往往会发生质变——在抱团中产生“同病相怜”的感觉，甚至进而对其他学生产生排斥感，不去交流，自我封闭。

这种自闭心理对于择业产生的影响是显而易见的——在潜意识里将自己定位为“弱势群体”，无法正视压力，无法建立正常的竞争意识，对于既定目标会产生质疑的情绪，进而在择业中放弃一些本能达到的目标。

（二）对就业制度理解片面

自主择业是随着我国高等教育制度改革而渐渐成型并代替原有国家统一分配制的一项重要措施，而自主择业最关键的一点就是拓宽了大学生的择业面。民营企业、外企等的工作岗位逐渐成为择业主流，也正是这种改变，使得我国大学生就业走向“个体化”[①]。而调研结果显示，少数民族地区大学生依旧青睐于分配制，表明他们仍然没有对国家就业制度的改革产生正确的认知，对于自主择业有一定程度上的抵抗情绪——这一方面是源于分配制省事省力，无须自己过多思考；另一方面是因为少数民族地区大学生仍然认为分配制代表着“铁饭碗”，认为“国家是无所不包的”[②]，相较于自己进行选择的不确定因素，他们更愿意将自己的未来交由国家安排。

而从两所大学调研结果的差别上我们还可以看出，产生该问题并非完全因为学生自身的观念改进缓慢，校方也有很大的责任。少数民族地区大学往往缺乏这方面的调研和引导，未能塑造出一个良好的环境来促使学生的观念发生转化。

（三）错误的风险评估认知

从调研结果中不难看出，少数民族地区大学生对于职业风险的承担力较为薄弱。一方面，对比结果可以看出，相较于东部教育发达地区，西部地区的教

① 阎云翔：《中国社会的个体化》，上海：上海译文出版社，2012 年，第 21 页。

② 周雪光：《国家与生活机遇：中国城市中的再分配与分层 1949—1994》，北京：中国人民大学出版社，2015 年，第 6 页。

育水平要逊色不少，这种差异在部分少数民族地区体现得尤为明显。而这种教育水平上的差距也会在风险承受能力上有较大的体现。另一方面，大部分少数民族地区大学生对于风险的评估都是不足或错误的。在教育成本既定的条件下，教育收入和职业风险便成为决定大学生择业的重要因素。

在风险方面，我们一般都会将其分为两类来看待①。

第一，系统性风险。这类风险通常是很难避免或消除的，系统性风险往往伴随着专业的选择而产生，各专业所涵盖的行业在未来的就业环境中对于人才的需求是不断变化的，专业是否适应毕业时的市场需求，又或者是否会在几年内有所改变，这些很难找到正确答案的问题导致了系统性风险的无法规避性。但是，在当今的就业大环境下，跨专业就业已渐渐成为一股潮流，尽管从某种意义上来讲跨专业就业实际上是教育投资的浪费，但同时这种风潮也说明了自主择业带来了便利，也证明着市场缺口的增大，可供大学生们选择的职业选项不再仅仅局限于本专业领域，这股潮流在无形之中渐渐弱化着系统性风险对择业所带来的影响。

第二，可交易的劳动收入风险，这类风险通常可以通过分析信息进行正确选择来进行规避和分散。大部分少数民族地区大学生的择业选择，通常就是在规避此类风险。根据 Raven Saks 和 Stephen H.Shore 所提出的职业价值函数，职业价值由四个变量所决定——家庭所拥有的财富值、为获得这个职业而投入的教育资本、该职业所带来的实际所得以及风险成本②。只有将这四个变量都考虑进去，职业选择才会变得正确。值得一提的是，“绝对风险规避”这种行为在内陆发达城市反而可取——家庭拥有财富值普遍较高，选择收入低但风险成本也低的工作是可行的。但对于少数民族地区的大学生而言，本身的家庭拥有财富值较低，那么只着眼于风险规避的选择无疑有些盲目，将四项变量进行慎重思考并作出选择，才能称作正确的择业分析。

（四）适应性差

中国高校联盟对 2016 年应届毕业生的调研结果显示，在满意度调查中有

① 赵宏斌：《人力资本投资收益——风险与大学生择业行为》，《北京师范大学学报》（社会科学版）2004 年第 3 期。

② Raven Saks，Stephen H.Shore.Risk and Career Choice，*B.e. Journal of Economic Analysis & Policy*，2009，Vol.5，No.1，p.1414.

44.41%的大学生对自己的第一份工作表示不感兴趣或不满意，而在跳槽率调查中有 62.50%的大学生表示想要跳槽。这是一个普遍存在于当代大学生身上的问题——对于自己的第一份工作，大部分大学生选择“将就”。

在此次调研中，笔者专门联系了毕业两年以上的 Q 大学毕业生进行配合采样，在收到的有效问卷中，23.6%的毕业生在这两年内有过工作的更换，而在有关工作满意度的调查中，仅有 21.7%的学生表示希望跳槽，而有 77.1%的学生表示无所谓。

不难看出，相较于内陆省份，少数民族地区大学生很难作出改变。在上述几项调研中，我们已经看出少数民族地区大学生在择业中存在着一系列的问题，换句话说，当下的少数民族地区大学生步入社会的第一份工作很难使自己满意，但即便是这种情况，少数民族地区大学生仍然很少想要改变，甚至没有去思考过是否需要改变这个问题。笔者认为，之所以会出现这种难于改变的情况，一方面是因为少数民族地区经济发展较为不发达，大部分学生及其家庭在拿到稳定的薪酬后便趋于满足；另一方面是因为少数民族地区大学生对职业生涯认知的片面化，职业生涯规划本应是一件饱含梦想与创造力的事，但少数民族地区大学生鲜少有人考虑这一点。对于国家和校方来说，这无疑表明了教育投资的挫折，而对于学生本身而言，其人生价值也在不断“缩水”，最终无法发挥应有的价值。

四、对择业观改进的对策与建议

（一）建立正确的择业观

少数民族地区大学生对于择业的认识往往较为片面，认为择业中需要考虑的因素无非职业性质、薪资水平两项。这种片面的认知会导致大学生在职业选择中走弯路，浪费自己的青春时光。对于少数民族地区的大学生来说，正确的择业考量，应依据未来目标进行梯次推进。

1. 明晰并分化自己的目标

结合自己的专业、兴趣及特长来思考自己未来想要成为一个什么样的人、希望从事一份什么样的职业，是树立择业观的第一步。与此同时，尤其是对于少数民族地区大学生而言，这类目标往往是无法一蹴而就的，有不少少数民族地区学生正是因为理想与现实的巨大差距而失去了择业的热情，因此我们需要将明确的目标分化。不符合理想企业的用人标准，可以去找同类型的企业先进行工作经验的积累，同时借助这段时间来提高自己的职业素养；想要成为某领域的专家，就要评估自己欠缺的技能，通过工作来不断地弥补。通过将目标分化确立，在大方向确定的前提下明确自己所做每一件事的目的，使自己的职业规划乃至人生规划都变得完整，既可以明确自我，也会使大学生在步入社会后不失去信心，保持职业热情高涨的状态。

2. 结合地区分析职业发展潜力

在目标已经明确的基础上可以思考自己所选职业的潜力，但单纯就职业性质去探讨职业潜力是不够的，同样的职业在不同的地区会有非常大的差异，如选择互联网企业，就需要考虑工作地区的互联网究竟是否发达；如果选择工业，那么要注意该地区工业是否发达。该地区某类型的企业是否发达是职业发展潜力的一项重要衡量指标，结合地区，更明确地得出自己所要从事的职业未来的前景。

3. 评估职业风险

对于少数民族地区大学生而言，家庭财富值的偏低会使他们对职业风险更加敏感，但是单纯地规避风险会大幅降低自己的职业价值，运用系统知识合理判定职业风险，结合家庭条件设置自己的承受区间，在此区间内进行理性工作选择，而非单纯选择风险最小化的工作，这样才能让自己的学业水平在职业生涯中得到应有的发挥。

4. 对工作地区完整全面的评估

工作所在城市将会是大学生在未来多年里生活的地方，所在地区的生活环境、物价水平与薪资水平是否相符也是需要考虑的问题。一般来说在试用期尚未结束的时候，薪资水平距该地区的物价水平是稍有差异的，那么此时就应该估计自己需要多久的缓冲期，自己家庭能否在这段时间内给予帮助等因素，对于少数民族地区大学生而言，家庭财富值较低，因此对缓冲期应当更加明确，不能因为缓冲期需要家庭的资助就匆忙地换工作而导致与自己的目标渐行渐远，也不能过于执着而给自己家庭造成难以承受的负担。除此以外，如果打算长期居住在该地区，那么房价、户口及教育水平等与未来自己组建家庭有关的长远性因素也应当被考虑进去。对于工作地区完整全面的评估也将成为明确职业目标的重要辅助项，结合地区能够更加明确自己选择该职业后，需要在未来几年内达到一个什么样的层次这种已经非常具象化的问题，切实地完善职业规划。

5. 直面心理落差

企业在招聘中难免会将自身优点过分夸大，而少数民族地区因为经济不发达、消息迟滞等原因也往往会对部分职业的认知产生偏差，在以上因素的影响下，即使做好了择业分析，但职业本身或许就与学生的认识不符，这种情况下初出茅庐的应届大学生很容易产生失望的情绪。因此培养学生做好直面落差的心理准备是必需的一环。如果出现心理落差，应快速调整自己的心态，学会面对挫折，从中吸取经验教训[①]，再客观地结合自己的目标分析自己所做的工作，进而冷静地作出是否要继续坚持的选择。

（二）对家庭进行辅助教育

在教育中往往存在着一个盲区，即对大学生家庭的相应教育。而这一点对于少数民族地区大学生尤为重要，少数民族地区大学生通过所受教育的影响，其观念往往已经发生了一定的变化，但少数民族地区的家庭却会因为地域、经济水平、受教育程度等问题而保持着传统的观念。不仅仅是在对待一些工作时有不正确的认识，有时还会强势干预学生的选择，有不少少数民族地区大学生就是在最终选择中被动接受了家庭的决定。因此，在帮助大学生完善择业观的同时，帮助其家庭建立正确的观念也是极其重要的一环[②]。让家庭重新认识现在的择业观，认识真正的职业价值评估并非一味地规避风险或追求高薪，而应当是综合判断，进而抛开传统的“铁饭碗”思维，能够接受更加多元的职业选择。同时在择业探讨中与孩子形成良性互动而非一味强制，这样才能使大学生在择业时作出更正确的选择。

本文认为，应当利用现今互联网资讯发达的优势，开设网上在线课堂，专门针对学生家长开展对择业观的重新塑造教育，该课程将会计算学分并算入学生的总学分中，通过这种手段来让家长与学生都对这门课程产生足够的重视。

---

① 叶扶荣：《民族院校大学生挫折心理的成因及对策》，《理论观察》2005 年第 5 期。

② 梁慧超、王晓洁：《家庭对大学生择业价值观塑造初探》，《云南社会主义学院学报》2014 年第 2 期。

在课程进行中，利用讲解、答疑、试卷考核等多种形式让家长对子女择业观的关注点发生变化，让他们在未来子女择业时能够成为孩子们真正的助力，而非因为新旧观念的冲突成为阻力。考虑到少数民族地区互联网并不发达的现状，可以由学生在假期将讲义等带回家由父母进行系统学习并由学生来进行反馈。课程的开设不仅能够帮助大学生在未来择业时获得家庭的支持，而且对于校方而言，通过课程对少数民族地区大学生家庭的行为习惯进行搜集和整理，将有助于学校从学生及家庭两方面获取重要的调研结果，为提高毕业生的就业率打下坚实的基础。

（三）职业生涯规划教育持续化

职业生涯规划这门课程，作为大学生在校期间建立正确择业观的重要助手[①]，却没有得到应有的重视——课时少、学分低、通过门槛低。学生甚至校方本身都在无形中淡化了这门课程的重要性。学校是开展教育工作的场所，而教育工作包括且不局限于书本上的知识，学习的本质就是为了充实自我，改变自己的未来，而学校对于职业生涯规划被忽略的默许，会在某些方面产生不好的影响。

本文认为职业生涯规划应当以每学年开设一次的方式贯穿学生的整个大学时代。大学四年的学习生涯中，大部分学生对于未来的憧憬和期待往往是一变再变的，而这种变化很容易被人所忽略。因此，每学年开设一次职业生涯规划课，有计划有针对性地对学生进行择业指导[②]，并且在每一学年都记录学生对自己未来的规划以及最希望从事的行业。如此一来，对未来规划变动较大的学生，学校能够及时发现其身上潜在的问题并加以疏导。与此同时，在上述工作的基础上，大四毕业季开始后对学生的最终择业选择也要进行归类整理，形成一个系统的档案。档案最终会发放到学生手中，一方面这份档案会让学生清楚地看到自己大学四年中的选择变化，对于不少随波逐流的大学生而言，这无疑是一个极大的激励，能帮助他们回想起自己的初心与理想；另一方面校方也会将档案进行备份，这些档案的累积将帮助校方最终形成系统的大学生择业心理

① 郑海军、陈春凤、黄琬婷等：《地方本科院校大学生择业观现状调查及对策研究——以三明学院为例》，《吉林化工学院学报》2014 年第 6 期。

② 王霆、张婷：《扩大就业战略背景下我国大学生就业质量问题研究》，《中国高教研究》2014 年第 2 期。

分析结果。

（四）教育工作者自身观念纠正

前文提到，少数民族地区学生在升学时往往都有政策优待，这是针对少数民族地区教育资源薄弱，希望少数民族地区学生能够拥有更多机会而产生的优待。但这种优待并不会持续，大学是一个相对平衡的环境，而在就业中也不会存在各种优待，部分少数民族地区学生正是没能纠正这种观念，才导致自己在择业竞争中处于劣势，最后被迫缩小自己的择业选择范围，甚至还有部分学生产生了自暴自弃的心理。

大部分教育工作者对此类存在于少数民族地区大学生中的问题均有所察觉，但往往在教育工作的开展上阻力重重。究其原因，少数民族地区大学生自身并没有对此事形成正确认知，直接的激励与帮助往往更会让学生产生抵触心理。笔者认为，针对少数民族地区大学生择业观的建设教育，应当形成一套体系，分以下几步推进。

第一，引导学生认清现状。鼓励少数民族地区大学生勇于承认自己同教育资源雄厚地区学生的差距，放开“我们在同一所学校所以我们水平也相近”这种错误想法，承认这种差距，不去进行盲目的比较，不过分高估自己也不过分贬低自己。第二，引导学生认清政策本质，国家对少数民族地区升学上的政策优待只是为大学生提供更多的学习机会，但最终的择业结果却需要自己主动争取。让学生建立良好的认知与自信，是制订出真正适合自己的计划的第一步。第三，在上述认识建立的前提下进行激励与帮助，促使少数民族地区大学生完成正确的未来计划，再衡量和建立相应的自信与自强，敢于在择业中展现自己，这样才能帮助少数民族地区大学生真正拓宽择业面。

（五）扶持进修后回流制

这是一个敏感而又复杂的问题，尤其是对于少数民族地区大学生而言，是否回到家乡这个问题更为纠结。的确，对于少数民族地区大学生而言，城市的相容性是否良好是一个非常重要的问题，家乡对于生活习惯及民族习俗的包容度无疑是最高的。但笔者认为，刚毕业的少数民族地区大学生直接选择自己家乡作为工作地点，既对建设家乡起不到应有的作用，也非常不利于自身发展。

正如内陆很多大学为了鼓励人才走进西部，会有许多政策上的优待，笔者认为，少数民族地区大学也应当通过渠道联合、政策扶持等各种方式对愿意走出家乡的学生进行鼓励。少数民族地区院校应与内陆的高新技术企业进行合作，以学习技能、培养人才为目标，将优秀学生输送出去，并以年为单位，对于参与此培养计划的学生进行回访调研。对于适应快节奏生活并站稳脚跟的学生而言，学校的培养计划无疑是其改变人生的重要助力；而对于最终选择回归家乡的学生而言，在眼界拓宽、技能磨炼纯熟的情况下重归故里，也能够真正成为一个对家乡建设有用的人。建设家乡不能作为逃避竞争的借口，对于少数民族地区大学生而言，无论最终是否回到家乡，参与并感受快节奏的竞争，抛开自己属于“弱势群体”的错误认知，进而磨炼自我是很有必要的一件事。

（六）对企业硬性调控

这是一个容易被忽略的因素，实际上企业如果能在参加校招的时候进行一定程度的调整，也能够对少数民族大学生起到良好的激励作用。针对在少数民族地区大学进行招聘的企业，校方应当作出一定的要求，让企业将有无清真食堂、是否会在少数民族节日期间给予假期等与民族习俗有关的问题在招聘简章中叙述清楚。这种做法能体现出企业对少数民族习俗的尊重，会让学生产生亲近感，消除一部分学生因上述原因而产生的择业恐惧感，进而使得学生在应聘过程中展现出相应的自信。对于企业而言，这样做会避免一些不必要的人才流失，而对于少数民族地区大学生而言，这也是他们建立信心、树立良好择业观的动力。

五、结语

少数民族地区大学生由于地域的特殊性，经济与教育资源薄弱等问题而未能形成一个良好的择业观，通过对比调研我们也可以看出，造成这种不正确择业观出现的原因中，学校占很大的比例。因此，在对少数民族地区大学生择业观的塑造中，学校理应重视起来，在学生本身受限较严重的情况下学校需要积极运作，通过政策扶持、课程开展等形式引导学生乃至学生家长建立正确的择业观，真正做到为学生的未来负责。

作者简介：杜海蓉，女，汉族，籍贯辽宁，社会学硕士，青海师范大学法学与社会学学院讲师，研究方向为应用社会学。

第三编

民俗文化研究

从《穆天子传》看穆天子西巡的文化内涵

米海萍

一、《穆天子传》一书性质及所载穆天子西巡事迹

《穆天子传》又称《周王游行记》[①]，为西晋学者整理出的汲冢书之一，主要记载了周穆王巡游天下、专程西巡昆仑而见西王母之事。就其文献性质而言，因历代学者的理解不同，著录于目录学之类属也就有所不同。《隋书·经籍志》、《新唐书·艺文志》、陈振孙《直斋书录解题》、郑樵《通志》等皆列入起居注类；《旧唐书·经籍志》列入实录类；晁公武《郡斋读书志》、王应麟《玉海·艺文》列入传记类；清代乾隆年间四库馆臣在纂修大型丛书《四库全书》时，将其由史部"退置"于子部，列入小说家类。该书自整理问世于281 年后的一千多年中，不仅经历了著录学者"由史而子"的变化认识，而且学者们对之进行的注校、辩证很多，从未中断过，仅清代和民国年间，就有陈逢衡《穆天子传补正》、郝懿行《穆天子传注补》、孙诒让《穆天子传札迻》、丁谦与金蓉镜《穆天子传集释》等。但无论是聚讼式的考证研究，还是集大成式的资料汇集，学术界的研究热情始终有增无减。

---

① 本文所引《穆天子传》原文，是晋代郭璞注、上海古籍出版社 1990 年据明代《正统道藏》6 卷本之影印本，本文凡不注明出处者，皆引自该书，不再一一注明。

综合来看，趋于史书或小说者为主要观点[①]，其中持史书观点者认为，从先秦的《竹书纪年》《左传》，到汉代《史记》之《秦本纪》和《赵世家》等史部文献来看，史家对穆天子西巡一事皆持相信态度而专门作了记载。岑仲勉言之凿凿："穆天子传即历史上之穆王，本无疑问。"[②]杨宽认为该书的作者采用了一个世代口头流传、从西周留存到战国的游牧部族的祖先河宗氏参与周穆王西游的神话传说，世代口头相传而不替，直到战国初期才被魏国史官采访所得，成为《穆天子传》的主要内容。杨宽还确认该书既有西周史料，又反映了先秦中西交通及沿途部族分布的史迹[③]。尹盛平认为《穆天子传》成书于战国时期当是可信的，不过战国人讲述周穆王西巡狩见到西王母的故事，难免有夸张演义的成分，但也不能因此否定周穆王出访西王母的史实，"如果说过去对周穆王西巡狩见西王母的史实还持怀疑或半信半疑的态度，那么由于周原考古的重要发现，使得这一故事更加可信，甚至完全可以成为史实了"[④]。日本学者白川静指出，《穆天子传》形成于战国后期，虽是故事体文学作品，但也多少能从中看到史实的反映。其"远游西北的故事，是在与西北有交通往来的地区，以信仰西方昆仑等为背景而产生的"[⑤]。简而言之，《穆天子传》是根据西周人的历史传说、结合战国人的远行见闻等，基于史料、神话传说而写成的历史典籍。

今通行的《正统道藏》本之《穆天子传》凡六卷，前三卷讲述穆天子西巡过程；第四卷和第五卷讲述穆天子的东归及以后之事；第六卷应为后人所添加，叙述盛姬死丧之事。就内容而言，前三卷当为一个叙述穆天子西巡的整体故事，其主干大体围绕着关于玉和玉的礼仪而展开。

第一卷记穆天子西巡的开端，穆天子先到达河宗氏之邦，向邦主河宗栢夭赠送玉璧，让他将此玉璧向西方沉入黄河，以祭献河神，同时以"祝"为首的官员们参与了这场盛大的祭祀典礼，将牛马豕羊等作为祭献牺牲沉入河中。河宗氏告诉穆天子西边的昆仑山有高原四处，清泉七十处，那里盛产珍稀宝玉，并建议去昆仑之丘看绝美宝玉。穆天子接受了这个建议，于是折而向西方进

① 王洪涛：《〈穆天子传〉性质研究综述》，《社科纵横》2002 年第 4 期。

② 岑仲勉：《〈穆天子传〉西征地理概测》，《中山大学学报》（社会科学版）1957 年第 2 期。

③ 杨宽：《西周史》，上海：上海人民出版社，1999 年，第 604—619 页。

④ 尹盛平：《周原文化与西周文明》，南京：江苏教育出版社，2005 年，第 302 页。

⑤〔日〕白川静：《两周史略》，袁林译，西安：三秦出版社，1992 年，第 61—67 页。

发。在黄之山上观看图典，了解“天子之宝器”，主要有玉果、璇珠、烛银、黄金之膏。

第二卷主体描述穆天子西巡的具体过程，与玉相关的有 4 个典型场景。一是吉日“观宫登山”得玉。穆天子登上昆仑山峰，参观了黄帝之宫；在癸亥日，备齐全套的牺牲，祭拜昆仑山。随后北行，驻跸于珠泽的大水畔，当地人“乃献白玉”。二是“悬圃之叹”得玉。穆天子盘桓在昆仑山守黄帝之宫，南司赤水、北守春山之宝，还向当地人赏赐黄金之环、朱带贝饰等物。季夏丁卯日，穆天子北升于春山之上，举目四望，喟叹说：“春山，是唯天下之高山也。……清水出泉，温和无风，飞鸟百兽之所饮食，先王所谓‘悬圃’。”在这座走兽出没、飞禽振翅的春山上，穆天子得到了珍稀异常的“玉策枝斯之英”，一连五天都在欣赏美景，并在这神仙居住的花园“悬圃”里勒铭题刻，以昭示后人。三是夸赞“赤乌盛产”得玉。穆天子来到赤乌氏境内，赤乌人“献酒千斛于天子，食马九百，羊牛三千，穄麦百载”。穆天子说赤乌人与周人同宗，于是“赌用周室之璧”。赤乌氏酋长向穆天子介绍说这里美人出、宝玉生、嘉谷长，草木丰美，是物华宝地，并献上当地另一土特产品——美女二人，被穆天子收为嬖人。穆天子赞叹：“赤乌氏，美人之地也，宝玉之所在也!”四是“取群山玉”。在癸巳日，穆天子来到容成氏所守的“群玉之山”，“取玉三乘，玉器服物，于是载玉万只”。在这掘不尽宝物的“群玉之山”上，穆天子因得到大批玉石而心满意足。在孟秋癸亥日，穆天子一行进入西王母之邦。

第三卷则是穆天子西巡的高潮：吉日甲子，天子拜见西王母。穆天子历经艰辛跋涉，到了常人难以企及的西王母领地，奉上精美的丝绸织品、白色玉圭和黑色玉璧，晋见西王母。西王母接受了这份来自丝绸大国的厚礼，还礼答谢。次日，天子与西王母饮酒欢宴于瑶池之上。席间，西王母为天子谣曰：

白云在天，山陵自出。
道里悠远，山川间之。
将子无死，尚能复来?

天子答曰：

予归东土，和治诸夏。

万民平均，吾顾见汝。

比及三年，将复而野。

在宴饮中二人赋诗吟唱，气氛尔雅和谐。昆仑山、瑶池，一经穆天子巡视并与西王母对酒当歌的故事而在后世被大加渲染，越发名气大增，成为人们心中享受圣地、超越凡间的永恒乐园，故而在后世文学中“周穆八骏”“瑶池”“王母”意象反复出现，倾诉和寄托着人们宗教情结般的精神追求。

二、穆天子西巡的条件与目的

首先，就交通条件而言，穆天子西巡的基本条件是具备的，其行走的道路大体上是沿着先秦时期传统的“玉石之路”而行进的。

先秦时期中原与西部（或泛称西域）的交通主要有三条道路：一是从关中平原沿渭河河谷向西北，经过现在的兰州，进入河西走廊，再经敦煌出玉门关或古阳关，通向西域的“阳关路”；二是经过现在的兰州，转向湟水河谷，经过今天的西宁、青海湖北岸，穿过柴达木盆地至西域的“青海—西宁路”[①]；三是从内蒙古阴山山脉西北麓向西穿过戈壁沙漠，趋向天山南北的“居延路”[②]。穆天子西巡的路线大致是，从宗周洛邑瀍水以西出发，向北出雁门关，到达河套以北的河宗之邦，然后向西南经青海的乐都、积石，再入柴达木盆地的西夏氏，向西到达珠余氏，抵春山、珠泽、昆仑之丘，向西到达赤乌氏，至“群玉之山”，又西行到达西王母之邦，见西王母，受到西王母的隆重接待，最后到达旷原之野，然后东归，取道“居延路”回返阴山，东南入于山西，复过雁门，逾太行济河水回到宗周[③]。如此，穆天子西巡所经过的地方，包括现在行政区划内的河南、山西、内蒙古、陕西、宁夏、甘肃、青海和新疆等省（自治区）。

其次，就个人条件而言，穆天子完全具备西巡的身体条件和个人德政才干条件。《穆天子传》中的穆天子即历史上的周穆王，是西周的第五位天子，周

① 夏鼐：《青海西宁出土的波斯萨珊朝银币》，《考古学报》1958 年第 1 期。

② 王北辰：《古代居延道路》，《历史研究》1980 年第 3 期 。

③ 尹盛平：《周原文化与西周文明》，南京：江苏教育出版社，2005 年，第 301 页。

武王曾孙周昭王的儿子，名叫姬满（《穆天子传》中称为“穆满”），根据历史典籍记载，周穆王比较高寿。《尚书·吕刑》曰：“王享国百年，耄，荒度作刑。”《史记·周本纪》曰：“穆王即位，春秋已五十矣。”又曰：“穆王立五十五年，崩。”这样算来周穆王享年 105 岁。他作为君主专制制度下最高权力的掌有者，秉承自周公旦提倡的“以德治国”方略，一方面要求约束检点个人行为，完善和加强自身德操修养，即《康诰》言“高乃听”、《酒诰》“永观省”的修德方法[①]；另一方面在具体执政中，对待民众“重教化”和“明德慎罚”，从理论上把统治者和全民社会的道德建设问题纳入治国方针加以系统化认识，以缓和阶级矛盾和模糊阶级意识。故而，当穆天子西行启程时，特意在燕然之山举行庄严的“大朝”礼仪，昭示天下他的君王职位是在“帝”即在上天的旨意下承袭天命，是上天所授予的，要求被统治者服从天命、唯天帝所命的礼治，维护神圣的王权统治。其西巡的政治目的也很明确，如《尚书·周官》所言：“惟周王抚万邦，巡侯、甸，四征弗庭，绥厥兆民。”“王乃时巡，考制度于四岳。”通俗地说，就是沿袭前代国君治理国家的传统，不仅要治理好直接统治的中心地带，而且要安抚万邦，巡视侯、甸等远近区域的诸侯国，必要时征伐那些不臣服于周朝的诸侯及周围的“夷狄之人”。也就是说对异姓方国和诸侯国开展一系列外事活动，恩威并施，以加强周天子的宗王地位，达到巩固统治、安定亿万庶众的政治目的——周代统治者的这些思想意识比较曲折、隐晦地表达在《穆天子传》中。

《穆天子传》中的穆天子颇具人君风范，也有“自鉴”美德，能思己过。他曾感慨地说：“於乎，予一人不盈于德，而辨于乐，后世亦追数吾过乎！”把道德用于为政治统治服务，是周代统治者的聪明之处和一大创造，君主“德”披在身，颇具真理与正义，俨然为战国前期人们所期盼的“内圣外王”理想君王的形象化身。穆天子治理国家主张“和洽诸夏”，在《穆天子传》中，穆天子西巡所到的西方部落和邦国有戎、焉居、禺知、鄘人、河宗氏、膜昼、容成氏、赤乌氏、曹奴氏、长肱之人、剞闾氏、鄄韩氏、西膜之人、西王母之邦、智氏、阏氏、胡氏、诸飦氏、浊繇氏、骨飦氏、重击邕氏、文山之

① 《尚书·康诰》“高乃听”意思是谨慎地对待自己的听闻，善于总结经验教训；《尚书·酒诰》“永观省”意思是经常观察、反省自己的言行。

人、巨莞氏、渠溲、珠余氏、西夏氏等近三十个。所到之处，各部无不忠心臣服，恭敬地献上方物特产，奇珍异物。行至昆仑之舂山，看见“孳木华不畏雪，天子于是取孳木华之实，持归种之”；而在赤乌氏之口山，“是唯天下之良山也，珤玉之所在，嘉谷生之，草木硕美。天子于是取嘉谷，以归树于中国”。走入赤乌氏境地，当地人献上酒食牛羊和“穄麦百载”。被称为“嘉禾”的粟[①]，俗名小米。考古资料显示，小米在黄河流域至少有 8000 年的人工栽培史，多数专家认为小米的故乡就在黄河流域的中国北方。粟是自古以来种植于包括青藏高原在内的广大西部地区的主要农作物之一，推测小米是原始先民的主要粮食作物，穆天子将其带入中原之事也在情理之中。关于“穄麦”，《尔雅翼》训释说：“稷，又名为穄。《吕氏春秋》载：‘饭之美者，有山阳之穄。’高诱曰：‘关西谓之糜，冀州谓之鋻。’《说文》：‘𪎭，穄也。’《广雅》曰：‘鋻，穄也。’今人不甚珍此，惟祠事用之。农家种之以备它谷不熟为粮耳。”[②]穄是稷类作物，先秦以前主要产于西北边郡和少数民族地区，曾经是主要的农作物，魏晋南北朝时是次于粟的粮食作物，宋代由于农业经济的发展、生活水平的提高，穄从主要作物变为了辅助粮食。

最后，追逐西部美玉是强有力的驱动条件。穆天子一路西巡践行“抚万邦、巡侯甸”的政治使命，没有大规模陈兵黩武之举，而是以礼邦交西部诸族，所到之处尽显以和为贵的气氛。《穆天子传》记载西部诸族皆用“献”的方式迎接穆天子一行，“献食马三百”“献食马九百、牛羊七千、穄麦百车”；穆天子则以“赐”的方式回馈和安抚西部诸族，“赐黄金四十镒”“贝带五十、朱三百裹”“赐之黄金之罂三六、朱三百裹”。但穆天子更以“得”、“取”及“载”的方式——“得玉策枝斯之英”“取玉三乘”“载玉万只”“载羽百车”，满足了获取西部美玉宝物的心愿。中原人极度喜爱和使用玉石，商周以来的统治者把玉看作天地精气的结晶、人与神心灵沟通的中介物，常常用玉来祭祀天地四方和神灵，同时将玉视为体现王权思想理念、实行“德被四方”达到国泰民安的物化标志。考古资料显示，“西周玉文化中包含

---

① 嘉禾：岑仲勉先生释为稷属，稷是粟的别称。参见岑仲勉：《〈穆天子传〉西征地理概测》，《中山大学学报》（社会科学版）1957 年第 2 期。

②（宋）罗愿撰，（元）洪炎祖音释：《尔雅翼》卷 1，长春：吉林出版集团股份有限公司，2005 年。

的齐家玉文化基因则是更为鲜明的"[①]。2000 年中国十大文物考古发现之一的青海民和喇家遗址（距今4000年，属齐家文化），出土了一柄属"王者之器"的国内最大的玉刀，应是权力、地位和身份的象征，为最高统治者专用之物。昆仑山盛产美玉，其向东运输的道路，被学者称为"玉石之路"[②]。昆仑山是"亚洲脊柱"，为中国最长的山脉，西起帕米尔高原，向东一直延伸到青海中部。青海产昆仑玉具有质地细润、淡雅清爽、透明度高的特点。据地矿专家介绍，昆仑玉与和田玉同处于一个成矿带上，昆仑山之东曰昆仑玉，山之北曰和田玉，因其在物质组合、产状、结构构造特征等方面基本相同，为大自然的"孪生同胞"，而统称昆仑玉。《穆天子传》中多处记有西部盛产玉的山名，如在重雍氏境内"黑水之阿，爰有野麦，爰有答堇，西膜之所谓木禾。重雍氏之所食，爰有采石之山；重雍氏之所守，曰枝斯、璿瑰、玫瑶、琅玕……凡好石之器于是出"。正是在这样一个既依托历史——包括编年体的叙述方式和主要史实，又带有浓郁的虚构性（人物、情节和环境）和小说手法的背景下[③]，以"玉"这种特殊物质作为媒介，穆天子一行沿着传统的"玉石之路"进行了一次大规模的西巡。

三、穆天子西巡是"昆仑"情怀下的精神长旅

穆天子一路西巡的区域"道里悠远"，根据周人"五服制"，是最远的外围行政区划，即所谓"荒服"，正如《山海经》五方空间模式里的"大荒"一样，在中原人的观念中，这是一个无法想象、遥远、生疏的茫茫荒原。扬雄在《法言·孝至》中认为"龙堆以西，大漠以北，鸟夷兽夷，郡劳王师，汉家不为也"。汉家不为的地方，就是中原王朝之王化思想难以传达到的地方，如同唐代诗人屈同仙《燕歌行》吟"河塞东西万余里，地与京华不相似"、杜甫《兵车行》吟"君不见青海头，古来白骨无人收"想象一样，是亘古以来的荒芜之地，人们想当然地将其看作十分僻远而艰苦的地理空间。如此，穆天子一行所走之路绝不是畅通无阻的阳关大道，而是充满了艰辛的漫漫修远之路，势必饱受风餐露宿之苦。穆天子体恤扈从者，"天子以寒之故，命王属休"，曾

① 杨伯达：《巫玉之光——中国史前玉文化论考》，上海：上海古籍出版社，2005 年，第 198 页。

② 杨伯达：《中国古代玉器面面观》，《故宫博物院院刊》1989 年第 1 期。

③ 王洪涛：《〈穆天子传〉性质研究》，《社科纵横》2002 年第 4 期。

两次“大飨正公诸侯王吏七萃之士”。将士亦爱戴穆天子，出现“天子渴于衍中，高奔戎为天子刺其左骖之颈，取其清血以饮天子。天子美之，乃赐奔戎佩玉一只。奔戎再拜稽首”的感人场景。

“予一人”穆天子，是以唯天所命的正统与神圣踏上西巡之路的，在长途跋涉中始终没有离开“昆仑”二字。昆仑承载着中华民族神圣与崇高的精神领域。周人把国家和自己居住的地方称为“中国”“中土”“中原”，但视昆仑为宇宙中心的观念一直不变，这从后世典籍所表达的观念中也可以看出：

《河图括地象》云：“地中央曰昆仑。”
《淮南子·天文训》曰：“昆仑者，地之中也。”
《淮南子·墬形训》说：“昆仑之丘……盖天地之中也。”
《十洲记》言：“此乃天地之根纽，万度之纲柄矣。”

古人视昆仑为宇宙的中心、世界的本源，因而有“河出昆仑”一说。黄河是滋养中华民族的母亲河，也是连接西部与中原的纽带，穆天子西巡路线就大体沿黄河向西前进，特意用宝玉祭祀黄河之神；孕育中华文明的大河的源头在昆仑山，昆仑山则是中华民族共同向往的“龙祖之脉”。这是一个位于天下之中、天地之中，由神、巫、昆仑（帝之下都）、黄河之源以及有着长生不老、永生不死仙物所组成的仙乡，属中国人集体无意识中“赫赫我祖，来自昆仑”的精神圣地，因其现实的超自然性和信仰的真实性特点①，成为历代凡间的天子、文人、方士各色人等可羡的仙乡、追慕的仙境。传说人文之祖伏羲、创造人类的始祖女娲，是奉了上天旨意在昆仑山上完成他们的“神圣婚配”的②；大诗人屈原在《楚辞》中自称为“帝高阳之苗裔”，神游昆仑山，在浪漫情怀中得到了精神的慰藉与心理满足。姜亮夫认为“高阳氏来自西方，即今之新疆、青海、甘肃一带，也就是从昆仑山来的。我们汉族发展源于西方的昆仑，这说法是对的，也只有昆仑山才当得起高阳氏的发祥之地”。楚人是夏人的后裔，夏兴起于西北，“屈子心中所想象的‘旧乡’即老家是在昆仑”③。居于

① 陈连山：《论古代昆仑神话的真实性——古人为什么要探索昆仑的地理位置》，《广西师范大学学报》（哲学社会科学版）2011年第4期。

② 赵宗福：《昆仑神话》，西宁：青海人民出版社，2005年，第83页。

③ 姜亮夫：《楚辞今译讲录》，昆明：云南人民出版社，2002年，第29、175页。

黄河中下游的人们所认识的昆仑区域，地处《尚书·禹贡》所言九州之一的古雍州地界。穆天子在西巡中体验和感性认识母亲河黄河源头的昆仑山，就是对先祖故地的再认识、再体验，进而从地缘文化观念上，认同西部，认同祖先来自西部的昆仑山。穆天子十分幸运地登上了一般凡间世人可望而不可即的天下圣山，在他眼中，昆仑山不仅神圣，而且富饶，昆仑山的部分状貌得到了较为清晰的展现，如昆仑丘北的春山之上，分布着悬圃，悬圃风景美而雅：清水出泉，温和无风；百兽之所聚，飞鸟之所栖，有赤豹白虎、白鷂青雕等奇鸟异兽，有不畏雪霜的“孳木华”。如此神圣之所和神奇之物，惟存在于天上人间之中心昆仑，昆仑的神圣性与神秘性因有了穆天子的亲身经历而得以增强。

由此，穆天子除了安抚万邦的政治目的、对昆仑美玉的极大追求外，重要的是要表达一种文化诉求心理，成为向往昆仑、追寻昆仑情结下的精神之旅。《尚书·周书》之《泰誓》篇言：“呜呼！我西土君子。天有显道，厥类惟彰。”该书的《酒诰》篇还特意提到：“穆考文王，肇国在西土。”周人兴起于中国西北地区，始祖弃为羌人之女姜嫄所生，号后稷，姓姬氏，为周人祖先。其文化血脉中就有浓郁厚重的西北人文素养，与西北游牧民族羌人一直保持着密切的关系，张光直认为周人“确实也有显著的西部特征”[①]。周人东向发展过程中得到了西部众多民族的帮助，在周革殷命的关键时刻，西北羌人作为一支主力军加入周武王的联合军队，鼎力助周灭殷。故而在周人文化中，保留积淀了久远以来对“西土之人”的感念情结与眷恋西方故土的情愫，在潜意识中都有着一种回归故土的意念，以不忘自己“从哪里来”的根本。

四、穆天子西巡中“种竹植槐”的政治象征

穆天子在西巡行程中，以“予一人”最高王者的身份用璧玉、牛马豕羊“祭于河宗”，观春山时“铭迹于悬圃”，“具蠲齐牲全以禋□昆仑之丘”，进行高规格祭祀。昆仑山东的膜昼族奉祀殷代为先王，为殷人主祭；经过赤乌氏境地，认为赤乌氏先祖出自周宗室，视之为“周室主”，赐予墨乘车、黄

① 张光直：《殷周关系的再检讨》，张光直：《中国青铜时代》，北京：生活·读书·新知三联书店，1983年，第105页。

金、珠贝等物；居舂山以北的长肱部族被穆天子封为“留胥之邦”，为周人主祭；经过西膜黑水，亦将其族人视为“周室主”而待之；经过西王母邦附近的玄池，种竹子于玄池边，并将之命名为“竹林”；登上昆仑弇山，“而树之槐，眉曰：西王母之山”。种种活动表明，这是穆天子西巡安抚万邦，巡视侯、甸等远近区域政治手段的具体体现，也是一种意在宣示其拥有国家最高权力和全部土地的折射反映，使其西巡打上“溥天之下，莫非王土”的政治象征意义。

这里就其在玄池“乃树之竹”、在弇山“乃纪丌迹于弇山之石，而树之槐”的种植寓意作简要分析。

竹子具有心虚有节、坚韧挺拔、不畏风霜雨淋和青翠生机的自然属性，在中国传统文化中，与松、柏一起号为“岁寒三友”，又和梅兰菊称为“四君子”，被赋予人的灵性。在古代部分巫师、占验家眼中，竹子是沟通天地的法器。一些部落族群把竹子作为图腾来崇拜，甚至将竹子视作祖先崇拜、图腾崇拜、生殖崇拜以及自然神灵崇拜的符号或象征物。《华阳国志·南中志》《后汉书·西南夷传》叙述西南夜郎国的由来和源起时，引用“竹生夜郎侯”的古老神话构建夜郎国早期的发展历史。后来，汉朝使者来到夜郎国，其国君一句“汉孰与我大”的问话，使“夜郎自大”这则成语风靡于国人的日常生活中，通过这个成语人们都知道在汉代西南时有个小政权叫夜郎国。汉武帝时夜郎国主归顺，于此设置牂牁郡，纳入汉朝版图。唐代的司马贞作《史记索隐》时，仍旧沿袭这个古老的神话传说，解释夜郎国“君长本出於竹，以竹为姓也”的来历，“竹崇拜”成为夜郎国的标志性文化。穆天子植竹于昆仑山玄池边，试图借助竹子旺盛的生命力和繁衍力，表达治下所有部族和属民安宁昌盛、繁荣和谐的意愿，更有作为最高的、正统的“予一人”，表达其君权神授的神圣性，对所巡视地域拥有的最高宗主权。

昆仑山生竹子，为后世文物制度的确立很有贡献。《吕览·仲夏纪》载：“昔黄帝令伶伦作为律。伶伦自大夏之西，乃之阮隃之阴，取竹于嶰谿之谷，以生空窍厚钧者，断两节间，其长三寸九分，而吹之以为黄钟之宫，吹曰舍少。次制十二筒，以之阮隃之下，听凤凰之鸣，以别十二律。其雄鸣为六，雌鸣亦六，以比黄钟之宫适合。黄钟之宫皆可以生之。故曰‘黄钟之宫，律吕之本。’”此处所谓“嶰谿之谷”，在昆仑山北。黄帝派乐官伦专门到昆仑山采撷“三寸九分”长的两节竹子，制成律管吹律，以测定天时、确定长度，用来度量。“量者，龠、合、升、斗、斛也，所以量多少也。本起于黄钟之龠，用度数审其容。”竹管芯是空的，一尺长的竹管作容积，即为度量之量。“权者，铢、两、斤、钧、石也，所以称物平施，知轻重也。本起于黄钟之重。一龠容纳千二百黍，重十二铢，两之为两。二十四铢为两。”[①]遂以“黄钟之龠”为基点，斤、均和石的权衡单位得以建立。

这里特意说明制定律的竹管取自昆仑山“嶰谿之谷”，自有其深意。人类对于自身生存状态的共同心理是恐惧死亡而期盼长生，为了追求生命的无限延长而设法探寻不死之术，而“昆仑的全部事物笼罩在不死观念的下面”[②]。昆仑山还是天帝即黄帝在地上凡间的行宫，众神居住的乐园。黄帝被后世纳入古史系统后居五帝之首，向来被描画成理想的圣王贤君，是历代帝王所尊奉的人文初祖。古人认为从神圣的昆仑山里生长出来的一石一木都是长生不老的奇物，凡间俗人一旦服食，便可永生不死，与天地同寿。穆天子西巡时，专程拜谒过昆仑山上的“黄帝之宫”，一方面对“能成命百物”“西方上帝”的黄帝表达怀念尊崇之情，承借先圣英灵之气，种竹子于玄池边，颇具神圣和接续黄帝正统意味；另一方面希望亲手种植的竹子能够汲取昆仑圣山的精气、灵气和正气，孕育生长成天地间的菁华竹林，以祈求自己长生不老，永享人间荣华富贵。

穆天子在昆仑山上手植槐树，更有深刻的政治与文化象征意义。

槐树属根深叶茂的乔木，中国各地广泛种植。在中国传统文化中排在松、柏之后的第三位。槐者，怀也，修德以怀远人之政治意义。“槐有怀来远人之功能，其实包蕴一种巫术企图。一方面槐树高大蓊郁，有招凤集鸟之特性，于是可以借其招远人；另一方面槐树树龄长久，像三公之年长德厚，所以‘三公面三槐’成为一种政治象征。”[③]穆天子是借助种植槐树的形式来宣告自己统辖土地所有权的，使远方之人对周王有政治归属感和文化认同感，突出“溥天之下，莫非王土”最高统治者的权力信仰意识。这是一种“为走向一统的文化权力话语提供神权政治的空间证明，通过对各地山神祭祀权的局部认识和把

---

① （汉）班固撰，（唐）颜师古注：《汉书》卷21《律历志》，北京：中华书局，1962年，第967、969页。

② 顾颉刚：《山海经中的昆仑区》，《中国社会科学》1982年第2期。

③ 纪永贵：《槐树意象的文学象征》，《东方文学》2004年第3期。

握，达到对普天之下的远近山河实施一种法术性的全面控制”而服务于政治功利目的文化象征[①]。槐树的树龄很长，相对于人生命的短暂而言是长青之树、不死之树，人们自然产生崇拜心理，这深深地影响了中国人的文化心理。《周礼·秋官》载：“面三槐，三公位焉。”周代宫廷外种有三棵槐树，三公朝见天子时，站在槐树下面。三公指太师、太傅、太保三种最高官职的合称。后人用槐树比喻位列高官的三公，成为三公宰辅官位的象征。槐树适宜栽植于门旁，达官显贵们植槐于门旁，名为“槐门”，象征做臣子的有怀柔百姓、奉仕帝王的为官道德和能力。一些欲博得功名的人在门前、院中栽植槐树，有祈望子孙后人位列三公之意。一旦官高位贵，自然显达富贵，民间就有了“门前一棵槐，财源滚滚来”的俗谚。

槐，还有望怀之意。今山西洪洞县大槐树，就是一棵最为著名的“望怀”之树。明初实行“移民实边”政策，朝廷有组织地把山西、陕西、江苏、安徽等地的汉人农户大量迁居到西北地区。相传来自四面八方的人们先集中在洪洞县大槐树下等待移徙命令，然后举家去往异地他乡，大槐树成为移民的“集散地”。留恋故土的移民，多采集大槐树的种子、枝条种植到新家。久而久之，后人每当谈起自己的祖籍老家时，只有“洪洞大槐树”的模糊记忆，大槐树也就成了祖先根基、籍贯所在，是魂牵梦萦的精神故土。直到现在，与河南、河北、山东、东北各地一样，青海民间仍然流传着“问我老家在何处，山西洪洞大槐树”的民谣。这是穆天子植槐即寓意怀远人来归、官吏们关怀平民百姓的政治意象直接衍生的文化结果，使槐树成了“怀远人”“怀柔黎庶”“怀念故土”的著名文化树种。

综上所述，穆天子西巡，尽管存在着历史与想象杂糅在一起的状况，但究其实质，还有着“历史投影于神话，神话反映于历史”之感[②]。后人对其西行路线、地点有不同解释，见仁见智，疑信不一，但从先秦、秦汉以来多部中国著名史籍的记载来看，穆天子驾马西巡的壮举有史实可证。穆天子沿“玉石之路”巡视侯甸方邦、寻梦“河出昆仑”并获得大批宝玉、与西王母的瑶池相会、种竹植槐于神圣昆仑山等，最终宣示了“予一人”最高统治者的正统性和

---

① 叶舒宪、萧兵、〔韩〕郑在书：《山海经的文化寻踪——“想象地理学”与东西文化碰撞》上册，武汉：湖北人民出版社，2004年，第52页。

② 王孝廉：《王权交替与神话转换》，《民间文学论坛》1998年第3期。

承接天命的合法性。

作者简介：米海萍，女，蒙古族，籍贯青海，文学硕士，硕士研究生导师，青海师范大学法学与社会学学院教授，研究方向为地方文献与文化。

青海省民和县赵家纳顿面具舞“回族舞”解析

文忠祥

纳顿节是青海省民和回族土族自治县南部的三川土族聚居区的土族民众庆祝丰收的重大岁时节日。“民和三川的‘纳顿’富有民族特色。”①“与汉族节日不同的又比较隆重的节日是庆祝丰收的‘纳顿’。‘纳顿’每年农历七月十二日先从中川乡的宋家村开始，逐村举办，每村一天，至九月十五日在中川乡的朱家村结束。它具有浓郁的民族气息，且历史悠久，规模宏大。每逢‘纳顿’，户户酿酒，家家亲朋满座，老幼欣喜若狂。”②因此，纳顿节被称为“世界上最长的狂欢节”，2006年被列入国家级非物质文化遗产名录。

关于土族纳顿节研究，自20世纪80年代开始得到关注。马光星首次对纳顿节进行了较为系统的调查研究③，进入21世纪，第一部关于纳顿节的著作

---

① 《土族简史》编写组：《土族简史》，西宁：青海人民出版社，1982年，第106页。

② 《民和回族土族自治县概况》编写组：《民和回族土族自治县概况》，西宁：青海人民出版社，1986年，第52页。

③ 马光星：《民和官亭地区土族的“七月会”》，《青海社会科学》1982年第2期。

《人神狂欢——黄河上游民间傩》从傩文化的新视角[①]，全面系统地介绍、比较了民和三川“纳顿”和热贡“六月会”。而拙著《土族纳顿》从“非遗”视角对纳顿节进行了系统的调查研究[②]，《三川土族纳顿节》对纳顿节从民俗学切入亦进行了全方位探讨[③]。除土族学者马光星、鄂崇荣、胡芳、文忠祥等通过长期田野调查发表了一系列关于纳顿节的学术论文外，刘凯、贺喜焱等汉族学者亦进行了关注[④]，极大地推进了纳顿节研究。但是，需要看到，以往成果多以中川地区纳顿节为主要调查对象，对位居三川地区西部的赵木川、东部的民主沟纳顿节的关注稍显薄弱。而对于民主沟赵家纳顿节独有的“回族舞”的关注更是凤毛麟角。但是，“回族舞”并不会因为关注度低而失去它的文化意义。它饱含历史上赵家的土族与迁徙进入的回族民众因为生存资源的争夺，继而凭借节日仪式展演的文化解压与施压的历史记忆，以及当前民族团结新形势下借助“回族舞”外壳置换为表现民族团结的“五大民族舞”的丰富地方变迁历史。“回族舞”看似是一个只在民主村展演的面具舞，但是对它的解析必须置于大的文化历史背景下，方能正确解释其渊源和流变。现从历史人类学视角对“回族舞”的产生、传承及变迁进行梳理，并对其产生及演变给予进一步讨论，敬请方家斧正。

一、赵家纳顿“回族舞”概况

赵家村位于民和回族土族自治县南部中川乡的东部民主沟，民主沟南北向延展，北段为前河乡，南面为团结村和峡口，东面与八大山同甘肃永靖县相连，属于民和土族聚居区三川的下川，原来称“鞑子庄”，据说历史上有“鞑子”居住而得名。村内由赵、乔二姓民众组成，传说赵姓为本地坐地户，而乔姓为外来的藏族。距离县城近 90 千米。据 2012 年数据，全村 212 户，土地面积 2190 亩，其中林地面积为 1092 亩，耕地面积为 1000 亩。家庭承包耕地以玉米、小麦、土豆、胡麻为主要种植作物。全村以山地为主，村民居住在山谷地段，水地少，且土壤主要以砂石地为主，贫瘠缺水，农作物产量不高。村民靠

① 马光星、赵清阳、徐秀福：《人神狂欢——黄河上游民间傩》，西宁：青海人民出版社，2003 年。

② 文忠祥：《土族纳顿》，西宁：青海人民出版社，2009 年。

③ 胡芳、马光星：《三川土族纳顿节》，西宁：青海人民出版社，2010 年。

④ 刘凯：《青海民和三川地区土族“纳顿”新识》，《青海社会科学》2000 年第 2 期；贺喜焱：《民和土族“纳顿”节日的文化功能刍议》，《西北第二民族学院学报》2002 年第 2 期。

种地为生，有少量家庭畜牧业，表现为生存资源少、交通闭塞、经济欠发展。全村现有劳动力 630 人，外出务工人员 90 人，占全村人口的 9%，约占劳动力人口的 14%；从事技术行业的人数为 12 人，约占外出务工人员的 13.3%。外出务工人员主要从事建筑业、服务业。

本文要讨论的主要是在一年一度赵家纳顿节上展演的“回族舞”，其是整个三川地区中所独有的。而涉及“回族舞”的文献并不多见，在关于土族纳顿面具舞的记载中，提到在中川乡赵家纳顿表演一个其他村落纳顿中没有的面具舞“五大民族舞”：“主要表演地在峡口民主村赵家和甘肃永靖县柴家寺等地的庙会。回族的阿訇，维吾尔族、藏族、土族、汉族的扮演者上场，在一快四慢的锣鼓伴奏下起舞，节奏明快，舞姿细腻别致。……表达了民族团结的主题。”[①]这种描述和说法，是新近的亦即经过改变后的说法。但另一文献将其称为“回纥舞”，并认为这是“对当时这一友谊睦邻习俗的友好与褒扬。表演者 5 人，首位阿訇，其次是尔力、阿卜都、满拉、随教。……表演方式，挥手持身，手往里挥，意为寺里来（礼拜）；手向外挥即回家。……”[②]对于过程的描述虽然简略但是符合实际，不过“是对友谊睦邻习俗的友好与褒扬”的说法值得商榷。通过仅有的文献记载，不难看出，学术界对于该舞缺乏深入了解，认识不统一，尤其是对于它产生的历史文化背景更是缺少探索。并且由于涉及历史上的民族关系以及民族习俗，大家认为敏感而对该舞不愿涉及，或不愿深入讨论。因为敏感，学术界不愿介入，不去谈、不愿谈、不敢谈，不能得出符合历史事实的解释，进而民间的认知越来越模糊，导致民间存在极大的以讹传讹的现象，甚至长期得不到改观。所以，急待深入研究并予以符合历史的较为正确的阐释，通过学术界的研究，贡献学术界力量，以正视听。

理性地讲，对于历史上曾经发生的民族关系问题，采取回避、忽视的做法也是一种不负责任的态度，现在还能够说清楚时不进行翔实的记载，等现存的记忆都消失时，这段真实历史越发迷雾重重了。弄清地方历史问题的真相，从中汲取经验教训，可以为今天进一步处理好具体的民族问题，尤其是为如移民

① 马光星、赵清阳、徐秀福：《人神狂欢——黄河上游民间傩》，西宁：青海人民出版社，2003 年，第 33 页。

② 谢得纯：《三川“纳顿”漫谈》，民和回族土族自治县政协文史资料委员会编：《三川沧桑——民和土族变迁史料集》（内部资料），2012 年，第 222—223 页。

搬迁中新的安置过程中的小范围纠纷提供历史借鉴。而且，回顾这段历史，是民族文化融合浓墨重彩的一笔，是回族和土族的文化在初期的碰撞之后适应、交融的一段佳话。

根据我们的调查，该舞传统上一直被称为“回族舞”。过去表演的情节为，由一名阿訇角色领头，后面跟随阿卜都、优素福两名回族角色，二者后面跟随两名藏族角色（亦名随教）。最初表演时，在五人上场转圈表演若干圈后，为阿訇准备一个桌子或凳子，让阿訇登上去以后，其余四人在阿訇对面，面对阿訇排列。阿訇叫道：“阿卜都！”阿卜都回答：“有！”并向前两步，阿訇再叫道：“优素福！”优素福也回答：“有！”也向前两步。随后，阿訇与二人通过问答的方式对一些习俗进行了强调。

为什么在一个土族村庄庆祝丰收的节日里会展演一个“回族舞”呢？为什么会有这种内容和形式的表演呢？展演的历史背景是什么？这些与“回族舞”最初在民主沟区域表演的历史人文环境密切相关。社会记忆的产生是一个复杂的工程，其结构的形成既有主观因素，又有客观因素，但是都脱离不了客观、特定的历史环境。了解了当时的历史人文环境，就会理解为什么会有“回族舞”表演。

二、赵家纳顿“回族舞”的历史渊源

关于“回族舞”的来历，至今在民主村流传着鲜活的口头传说。土族纳顿省级传承人乔正祥老人说：老人们流传，过去在鞑子庄有一部分回族居住，他们看到这里的土族民众在跳纳顿，纳顿中表演扮演汉族角色的“五官五娘”“三将”等面具舞，便想着他们也要模仿土族纳顿，跳他们自己的舞蹈，由此创编了“回族舞”。之后，回族离开鞑子庄到别的地方居住，而“回族舞”被当地土族民众吸收到自己的纳顿中，作为一个独具特色的节目一直传承了下来。从这些口传资料中，我们可以发现以下信息。

第一，“回族舞”与暂居鞑子庄的回族直接相关。

这里，一个最重要的细节是“过去在鞑子庄有一部分回族居住”。这个细节有史可考。“成书于清末民初的《金城孔氏家谱》记载：‘来川始祖’孔公佑定居半个川后育有4子，分别为彦峥、彦魁、彦斌、彦嵘。大约在15世纪80年代前后，也就是明宪宗成化年间，孔彦嵘娶回民女子马氏为妻，婚后育有 3子，其中老三随母信奉伊斯兰教，其后便繁衍了后坪支孔氏穆斯林。”“后坪支孔氏穆斯林是最早皈信伊斯兰教的一支，已有600年的历史。”[①]他们是甘肃永靖地区的孔氏回族，与永靖孔氏汉族同宗同祖同源。他们虽然在宗教生活中恪守伊斯兰教教义，但在家族内部生活中，还保持着原有的传统和习惯，如行辈取字。永靖孔氏回族为孔氏居大川始祖孔子第五十八世孙孔公佑第四子孔彦嵘的后裔。永靖孔氏回族的始祖母，即孔彦嵘之妻，马氏，回族，为马家湾人（今永靖县盐锅峡镇抚河村），生了三个儿子。她要求其中一个儿子立伊斯兰教门户，就缝制了一顶白布号帽，老三年幼好奇，争戴号帽，于是顺从母意皈依伊斯兰教。永靖历史上回汉往来频繁，关系密切。当时明朝政府鼓励回汉通婚，而与大川邻近的马家湾、小茨沟在当时是回族聚居区，回汉关系融洽，互相通婚很普遍。孔彦嵘娶回族女子，在当时应该是真实的。据此，孔氏回族是从孔彦嵘第三子开始，皈依伊斯兰教的时间是孔彦嵘生活的年代，即15世纪80年代左右。孔氏回族皈依伊斯兰教后，后裔与其他宗亲手足情好，和睦相处，同居大川。他们大多按穆斯林的生活习俗，以商贩为业，资财日重，广置田产。同治二年（1863），河州回族掀起反清斗争，同治四年（1865），反清斗争被镇压。同治六年（1867），孔氏回族共38户180余人，迁出大川，先移居喇嘛川（原十大庄）住 8 年，接着移居青海民和县鞑子庄，又住 3 年；颠沛流离，最后定居新寺后坪，成为现在永靖孔氏回族的主体[②]。

同治年间，战乱之中的孔氏回族逃离大川后，面临着无处可去的窘境。当时，东乡喇嘛川的周家人，与孔氏回族一样是北庄门宦的信徒，他们愿意接受孔氏回族。孔氏回族在喇嘛川落脚下来后，不久就出现了人多地少的局面，无法生存。因此孔氏回族又离开喇嘛川，各奔他处。38 户孔氏回族几经流徙后，迁居到离喇嘛川有 100 多千米的鞑子庄。孔氏回族到达并落脚鞑子庄后，人多地少的困境仍没有解决，所以他们聚居生活五六年后，最终不得不四处而散，以家户为单位投奔各地求生，现散布于甘肃、青海、新疆等地[③]。

根据孔氏回族进入鞑子庄的时间，他们1875年前后来到鞑子庄，居住三至五年后即1878—1880年前后离开，我们基本可以确定“回族舞”最早的表演时

---

① 杨德亮：《儒回现象：大河家的孔氏穆斯林》，《西北民族研究》2012 年第 4 期。

② 贾毅：《历史记忆与族群关系——永靖县新寺乡孔氏回族的人类学考察》，《甘肃社会科学》2013 年第 2 期。

③ 杨德亮：《孔氏穆斯林：记忆与历史》，《回族研究》2015 年第 1 期。

间大致为 1875—1880 年。

第二，反映孔氏回族作为移民进入鞑子庄后，与当地民众面对基于生存资源的小范围矛盾的文化调适。

从以上历史梳理中，我们可以发现，孔氏回族从喇嘛川辗转到达鞑子庄的原因，是经历了战乱后的人多地少、难以生存问题。鞑子庄处于山沟之中，地狭土瘠，生存资源并不丰厚。所以，随着孔氏回族的到来，原来已经在此居住的土族人与其为了生存资源发生纠纷势所难免。

但是，在这样的生存背景下，并非一开始就以纠纷开场。孔氏回族进入鞑子庄后，为了更好地在鞑子庄生存，他们采取了与当地土族人类似的文化措施以求得认同——利用鞑子庄土族人熟悉的纳顿中的面具舞形式，如“模仿土族纳顿，跳他们自己的舞蹈”，由此创编了“回族舞”。这种行为，可以认为是在举步维艰的情境下，发出的与当地土族人和谐相处的友好信号，是通过能够被对方认同的文化形式来“解压”土地少而导致的紧张关系。“生活习惯不同造成的隔阂及日常生活方面存在资源竞争是造成孔氏回族后裔与沟内的孔家人矛盾的原因。”[①]再加上经历战乱，他们深知与其他群体和谐相处的可贵，为了生存不想再与其他群体发生冲突。而且，历史上“孔彦嵘之妻马氏（马麦尔彦），正直贤惠，嫁入孔家门后，带小儿入回教，维护了回教尊严，对回汉都有重大贡献，加强了地方民族团结。从明朝初期到清朝咸丰的 400 多年间，孔氏回族与孔氏汉族团结和睦，友好相处，同为宗亲，繁衍昌盛”[②]。孔氏回族从最初就有重视和加强民族团结的良好传统。

创编“回族舞”，也不是孔氏回族的突兀之举。现在，虽说是来到鞑子庄后模仿这里的纳顿，其实，孔氏回族在原居住地永靖大川时已经熟知这种文化形式。“我们的祖先当时弟兄几个就住在那，后来随了回回。那个时候回民人少，汉民过年过节跳社火什么的我们作为家务要去帮场子，还有跳了的花费我们要一起承担。”[③]当时，孔氏回族刚刚皈依伊斯兰教，但是与其他两房的汉

---

① 马英梅：《寺与庙之间——甘肃永靖孔氏回族后裔的人类学研究》，北京：中央民族大学硕士学位论文，2012 年，第 50 页。

② 贾毅：《历史记忆与族群关系——永靖县新寺乡孔氏回族的人类学考察》，《甘肃社会科学》2013 年第 2 期。

③ 马英梅：《寺与庙之间——甘肃永靖孔氏回族后裔的人类学研究》，北京：中央民族大学硕士学位论文，2012 年，第 49 页。

族孔氏仍然保持着密切联系，还要参与汉族“党家”的诸如“社火”等民俗仪式中，并承担一定的经济费用。而且，“永靖所在的河湟地区是多民族聚居地，在漫长的历史长河中，一直是多民族争夺征战的边地。在多民族汇融的过程中，我们没有看到一个单一民族文化作为主导文化的系统传承，而是看到了特定的地域文化在发展中断裂，在裂变后整合，不断吸收融汇成一种独特的地域文化”[①]。在他们原来生活的大川地区，也是永靖的傩戏盛行的地区。这里的“七月跳会”上表演“三回回”这样的节目。

这一节目共有角色五人，有老回回（黑袍）、二回回（蓝袍）、三回回（白袍）、红绿二鬼。在二支笛子伴奏下，三回回首先上场，他拿着一把扇子跑场一周后，在场中打开扇子。此时，老回回和二回回舞蹈上场，其基本动作为与人相见时的礼节性动作：右手拍胸，左手后扬，低头示意。“三回回”为哑剧，但全剧充满了生活情趣，他们三人将自己所带的西域食品散发给现场观众，观众你争我抢，场面热烈；有长途跋涉、互相关心、三回回（最小）给老回回捶背按摩的情节；也有三回回调皮捣蛋、争抢凳子的风趣幽默；还有三人走到边界关口时，由于语言不通、礼节不知而被守关的红绿二鬼挡住不让入境的事情。红绿二鬼反复举手示意讨要银两，三回回讨价还价后，开关入境，并向红绿二鬼致谢等剧情。

永靖傩戏“三回回”里角色有五人，三个回回老中青，面具呈现的是波斯人的模样，衣饰不同，性情各异。他们从遥远的西域走到中国，长途跋涉，团结一致，表现了一个中西民间文化交流的故事。因为剧中有“红绿二鬼”等内容，而回族是不信鬼神的，所以，地处临夏回族自治州的永靖傩戏“三回回”的演出受到了回族民俗的制约[②]。

来自于大川的孔氏回族对于当地表演的“三回回”是熟知的，在进入鞑子庄需要一种和鞑子庄的纳顿相类似的民俗表演形式时，“三回回”自然成了最合适的选择对象。因此，在某种程度上可以认为“三回回”是“回族舞”的原型，“回族舞”借用了“三回回”的形式并进行了适应当时形势的内容上的改

① 庆振轩、张馨心：《永靖傩舞戏的明代文化特色论》，《青海民族大学学报》（社会科学版）2011 年第 3 期。

② 石林生：《永靖傩戏〈三回回〉》，朱恒夫、聂圣哲主编：《中华艺术论丛·第 9 辑》（中国少数民族戏剧研究专辑），上海：同济大学出版社，2009 年。

造。“三回回”角色 5 个人，其中 3 个人为“回回”，2 个人为“红绿二鬼”；“回族舞”角色5个人，其中3个人为“回回”，只是再细化为1个阿訇和2个信徒，“红绿二鬼”背置换为当地相关的2个藏族角色（历史上这里也有部分藏族），还包含着向当地藏族宣传他们的信仰，让他们了解其信仰的信息。

第三，“回族舞”的创编，意在强调饮食禁忌，是孔氏回族为了在新环境中强化群体信仰的表现。

孔氏回族认识到进入新的生存环境中，不仅在人口势力上，而且在文化影响方面，均处于弱势地位。在这种情势下，更加需要强化群体认同，凝聚群体。“表演者 5 人，首位阿訇，其次是尔力、阿卜都、满拉、随教。……表演方式，挥手持身，手往里挥，意为寺里来（礼拜）；手向外挥即回家。”[①]为了巩固回族的信仰，在创编的“回族舞”中，突出了到清真寺来礼拜，通过虚拟地来到清真寺后，“阿訇”询问“信徒”的方式，根本目的在于强化孔氏回族内部的理仰，坚定信仰信念。通过一问一答的形式，强调内部无论多么艰难，坚决不能做破坏饮食禁忌的事情，不能破坏信仰。

对于人口较少、文化上处于劣势，且偶或还与汉族通婚的回族来说，需要特定的形式来维系本民族的特性。因此，从维系民族特性的角度来看，饮食禁忌的多方面的表现便可以满足这一需要，也强化了该禁忌在实际生活中的履行，发挥出区别的功能，为各地回族人之间的内部识别与认同提供了具体的依据，也为区别是回是汉提供了判断的条件。由此可见，该禁忌的履行反映了回族人宗教意识的虔诚与民族意识的稳定。而更为重要的是，我们还应看到这一禁忌对回族宗教信仰和其民族意识的价值及象征。清代回族学者刘智说：“一口不洁，废四十日之功。”杨怀中先生也认为：“守俗意味着守教，背俗便是背教。”也就是说恪守禁忌有维系信仰虔诚的价值取向。

分散而形成的大杂居、小聚居的局面，给各地回族内部的识别与认同也带来了一个明显的困难，所以，对于禁忌的强调与维系，应该也有维系民族身份和意识的作用。

---

① 谢得纯：《三川“纳顿”漫谈》，民和回族土族自治县政协文史资料委员会编：《三川沧桑——民和土族变迁史料集》（内部资料），2012 年，第 222—223 页。

孔氏回族在鞑子庄的短期居住期间，与当地土族民众为了生存资源，毋庸讳言，还是发生了一些纠纷。民间流传的一些传说也能反映出历史上当地民众对孔氏回族加入生存资源争夺行列的复杂情绪。最后，孔氏回族实际迫于耕地面积狭小等生存压力，选择了离开鞑子庄。

所以，来到鞑子庄后，孔氏回族看到这里的土族人的纳顿与永靖傩戏相类似，就采取了这种方式来调适与土族民众之间的紧张关系，是一种试图“解压”的文化策略，试图缓和二者基于生存资源的紧张关系。所以，“回族舞”在最初，由进入鞑子庄的孔氏回族表演。

三、“回族舞”的历史变迁

同治六年（1867），孔氏回族迁出大川，先移居喇嘛川住八年，接着移居鞑子庄住三年，最后定居新寺后坪[①]。短短三年，孔氏回族离开了鞑子庄，而他们创编的“回族舞”被鞑子庄的土族人吸收在他们的纳顿节表演中。

地方口承资料说，后来，在鞑子庄的土族人跳此舞时，与周围的回族民众产生了纠纷，但并未发生冲突。民间至今仍在流传周围回族群众向当时的当权者告状的故事，也有文献记载此事，说有人曾告到河州三少君处[②]，这里提到的“三少君”是马廷勷，生于1889年，字少翰，系马占鳌之孙，马安良的第三子，人称“马三少”或“三少君”，历任凉州镇总兵、凉州镇守使等职。民国十五年（1926），冯玉祥率国民军部进入西北，刘郁芬主政甘肃，将西军改编为国民军第二十七师，马廷勷任师长。

民间也有人说是去找马全钦告的状。传说，在马全钦执掌临夏回族军队时期，有人就鞑子庄土族在纳顿节跳“回族舞”向他告状。马全钦（1901—1981），名廷斌，回族，积石山保安族东乡族撒拉族自治县四堡子乡人，马占鳌之孙，马国良之子。幼时在家接受儒家教育。年稍长，在堂兄马廷勷（时任凉州镇守使）军中任职。后马廷勷任国民军二十七师师长时，马全钦任团长，驻防临夏。民国二十四年（1935），马全钦因不得重用，辞职还乡，回到大河

---

① 贾毅：《历史记忆与族群关系——永靖县新寺乡孔氏回族的人类学考察》，《甘肃社会科学》2013 年第 2 期。

② 谢得纯：《三川“纳顿”漫谈》，民和回族土族自治县政协文史资料委员会编：《三川沧桑——民和土族变迁史料集》（内部资料），2012 年，第 223 页。

家后开始兴办教育，同时，还常为群众排忧解难，受到各族群众称赞。

这些事情发生在 1930 年前后。虽然告状告到了不管是马廷勷还是马全钦面前，结果一样，他们都没有对鞑子庄土族跳“回族舞”采取任何干预和限制措施。但是，到 1949 年的前些年，鞑子庄土族民众已经意识到可能会引起回族群众的误会，对“回族舞”中引起误会的内容进行了简省。

改革开放后，纳顿节得到全面复苏，基本传承了 1949 年以前的跳法。后来，为了适应新形势，当地人更加珍惜民族团结的大好形势，对于传统“回族舞”进行了较大的改动。2004 年，在民和回族土族自治县中川乡草滩村举办安昭纳顿节时，出于民族团结考虑将“回族舞”改称为“五大民族舞”。

> 在三川民主沟纳顿中还有一出奇特的面具舞叫“五大民族舞”，由汉族、满族、蒙古族、回族、藏族五个角色组成。……五个演员各穿民族服饰，在一快四慢的锣鼓伴奏中起舞。……这是一出反映民族团结的傩戏，体现了三川土族人民同周边兄弟民族和睦相处的互助友好关系。[①]

乔正祥老人说，现在，在非物质文化遗产保护工作开展之际，根据省、县文化部门的建议，为了突出特色，保持原貌，“五大民族舞”的名称又进行了复原，仍然称为“回族舞”，角色仍然是一个阿訇、两个回族人，依然以回族人为主，不过，后面两个藏族人改为一个土族人、一个藏族人。

“回族舞”被孔氏回族创编以来，留给民主村土族民众传承至今超过百年。“回族舞”最初在强化本民族信仰的同时，也有与当地土族和谐相处、加强民族团结的色彩。

四、“回族舞”折射的区域民族历史文化交流及其启示

“回族舞”虽然只是发生、流传于民主村，但是它的发生、变迁为我们“以小见大”提供了极好的例证。

第一，民族迁徙交流过程中，基于生存资源的纠纷不可避免。但是，认识到其不可避免，并需要据此提前做好消除矛盾的工作。

长期以来，甘青地区回族与汉族、土族等兄弟民族错综杂居，各族人民为

---

① 徐秀福：《三川土族纳顿解读》，《中国土族》2010 年第 3 期。

当地社会的发展共同作出了积极贡献。在长期的历史交往中，回族与汉族、土族等兄弟民族之间发生了密切的政治、经济和文化联系，而在社会发展、人口增长、生存资源紧张的情况下，由于宗教信仰及日常习俗的差异，历史上，兄弟民族之间发生纠纷势所难免。但是，需要认识到，这种纠纷是特定的历史语境的产物，我们通过回顾这段历史，从中总结经验教训，为今天的民族团结提供借鉴。生存是最基本的需求，在遇到这种纠纷时，尽力改善双方的生存境遇，是根本之举。

时至今日，随着社会经济水平的发展，生存压力减小后的民主村周围，单就“回族舞”而言，尽力消除容易引起误会的表演细节，积极维护良好的民族关系。从生存环境方面来看，各民族基于生产生活需要，表现出“你中有我，我中有你”“谁也离不开谁”的和谐共荣图景。

第二，民族迁徙交流过程中，实际伴随着不同民族文化的碰撞、融汇过程。

文化之间进行接触和交往，一直是多民族地区多元文化在社会实践中的惯习。这种情况反映在民族交际的社会、经济、政治和日常生活之中，客观存在的文化差异使文化因素成为分属不同民族的人们在交往中无法回避的重要因素。但是，过往历史证明，在同一地区的长期生产生活和交往中，既有保持各自文化边界的心理，又有跨越文化边界的大量实践，使大家对彼此的“文化”具有程度不等的认知、理解乃至吸收。在多维度的多元文化场景中，各民族文化之间一直存在着不同层面的接触、碰撞、交流乃至交融。例如，本文讨论的“回族舞”就是一个例证。

跨文化交际视角有利于认识、理解、把握多民族之间的民族关系，可以把抽象的民族关系具象化，把民族关系落实在体现民族关系的多民族日常生活实践中。多民族交际的日常生活实践，是涉及生产生活的多侧面、多层次的鲜活图景。通过鲜活的生产生活图景，可以细致入微、形象直观地展示被抽象化、过于理论化的民族关系。

第三，民族迁徙交流过程中，民族的宗教文化发挥着重要作用，甚至决定着文化交流的发展方向。

在多维度的多元文化场景中，由于宗教信仰及日常习俗的差异，在历史上因互不理解进而造成互相误解。而且，这种误解的日积月累，很容易形成一种对对方的“文化偏见”。

时至今日，该区域多民族群体和个人之间的交往中，不同民族个体有很多异族朋友。不同民族个体之间的“朋友关系”，对于强化、加深不同民族个体之间对相互文化的了解和尊重无疑是一种有效途径。但是，在不同民族之间的友好交往和朋友关系的保持过程中，民族文化依然是一个不可忽视的重要因素。群体或个人对于他族民族文化中的禁忌内容，如宗教信仰等，已经具备了不越过文化边界的心理准备和行为准则。互相尊重已经成为民族之间交往的基本准则。也就是说，在民族之间的交往过程中，民族文化尤其是宗教文化发挥着重要作用，甚至决定着文化交流的发展方向，需要高度重视。

第四，民族文化交流变迁过程，依具体的民族、地域、历史背景而发展，要具体问题具体分析。

通过对“回族舞”的历史梳理，对于地方“小历史”构建的认识更加具体化。虽然“历史是一个任人打扮的小姑娘”（胡适语），有些群体根据自身某种需要在不断地构建自己的历史，但是，这种构建也具有一定的历史文化背景，并非随意构建。口传资料不能简单地等同于客观事实的载体，它是群体在历史语境中各种主观情感、偏见以及社会权力关系下的社会记忆产物，是对于过去的记忆“片段”，这些“片段”的选择性记忆作为构建自我历史的一种方式，反映了群体所处的地方语境及生存环境，群体在区域内的地位和生存资源占有形势，社会认同体系及相关的权力体系。以历史记忆的视角结合区域群体的综合形势进行考察，可以探索地方群体的“小历史”，并还这种“小历史”以一个本真的面貌。

作者简介：文忠祥，男，土族，籍贯青海，民族学博士，硕士研究生导师，青海师范大学法学与社会学学院教授，研究方向为区域民俗学与土族文化。

作为“文化记忆”的嘎达梅林

包宝海

蒙古族是我国少数民族大家庭的一员，对自己民族的过去也有相应的“文化记忆”。例如，在内蒙古近现代史上发生的“嘎达梅林起义”的“文化记忆”就是其中的一个典型。在内蒙古地区，有关嘎达梅林的故事和传说被赋予了特定的形式和社会文化意义，作为集体记忆被广泛地讲述和传承到今天①。同时，其记忆是通过某种表象或者作为“文化再生产物”的媒介，不断地再现和传承过来的。本文介绍嘎达梅林起义的概况和“文化记忆”等概念，通过再考察内蒙古地区有关嘎达梅林的表象和纪念物等记忆载体，探讨嘎达梅林“文化记忆”的形成过程。

① “集体记忆”这一概念由法国社会学家莫里斯·哈布瓦赫提出，“以广义而言，集体记忆即一个具有自己特定文化内聚性和同一性的群体对自己过去的记忆。这种群体可以是一个政治宗教集团、一个地域文化共同体，也可以是一个民族或一个国家。这种记忆可以是分散的、零碎的、口头的，也可以是集中的、官方的、文字的，可以是对最近一个事件的回忆，也可以是对远古祖先事迹的追溯”。参见蒋大椿、陈启能：《史学理论大辞典》，合肥：安徽教育出版社，2000 年，第 1127—1128 页。关于嘎达梅林的集体记忆研究，参见拙稿「中国・内モンゴルにおけるガーダー・メイレンの記憶とその変遷」，『クァドランテ』2015 年第 17 号，第 109—128 页；「草の根社会におけるガーダー・メイレンの記憶と語り」，东京外国语大学大学院『言語・地域文化研究』2016 年第 22 号，第 261—286 页。

一、关于嘎达梅林起义

嘎达梅林（1892—1931）本名那达木德，汉名孟青山或孟业西，“嘎达”意为家中最小的儿子，梅林是其官职，在满语中是“旗卫队最高统领”的意思。他从1929年底到1931年初在内蒙古东部地区（现科尔沁地区），反抗东北军阀张作霖勾结蒙古王公开垦蒙古草原而武装起义，1931年4月5日被热河省派遣的李守信部队镇压而战死。他被认为是为蒙古人民的土地和利益而战死，在蒙古族人民中备受尊重，有关嘎达梅林起义的长篇叙事民歌、交响曲、文学作品、影视作品不断被创造。蒙古族用独特的方式记忆他的名字，在内蒙古的蒙古族中也形成了嘎达梅林的集体记忆，并以蒙古族特有的形式构建和传承关于他的集体记忆。长篇叙事民歌《嘎达梅林》作为科尔沁地区的标志性文化现象，一直以来在民间以口耳相传的方式流传，自20世纪开始逐渐以口头、书写两种方式传递。2007年和2008年《嘎达梅林》分别被评为内蒙古自治区级和国家级非物质文化遗产项目①。

在内蒙古历史叙述当中，嘎达梅林被评为反抗封建王爷和反动军阀的开垦政策的英雄，但有关他的评价在不同的历史时期都有所差异。20世纪30年代，嘎达梅林被称为反抗国策的“土匪”，到了20世纪50年代，其被认为是“反抗封建王爷和反动军阀”等统治阶级的英雄。但是，在“文化大革命”时期，又被贴上了“土匪”“民族分裂分子”等标签，直到1980年以后，逐渐恢复了英雄的名誉。

以往嘎达梅林的相关研究，主要集中于对嘎达梅林的历史进行研究，以及对长篇叙事民歌《嘎达梅林》和相关艺术作品的研究等，最近几年出现了从民俗学、文化人类学、口述史和历史记忆理论等视角综合研究的趋势。然而，以“文化记忆”理论的视角探讨嘎达梅林起义的成果尚不多见。

嘎达梅林起义爆发后，内蒙古东部地区的蒙古族集体创造了民歌《嘎达梅林》。当初的民歌只有几段歌词，后来通过民间艺人的创新和补充逐渐形成了今天所熟悉的长篇叙事民歌《嘎达梅林》。通过民歌，蒙古族人民以极大的热情赞颂了这位为蒙古族人民利益而战死的英雄。随着时间的推移，以嘎达梅林

---

① 姜迎春：《长篇叙事民歌〈嘎达梅林〉文本和历史记忆研究》，北京：中央民族大学博士学位论文，2010年。

为题材的长篇小说、歌剧、影视作品、漫画、连环画等艺术作品和相关纪念物不断问世。这些长篇叙事民歌等各种各样的艺术作品和纪念物在内蒙古地区嘎达梅林的“文化记忆”的形成过程中，产生了非常大的作用和积极影响。而且随着嘎达梅林起义军的当事人和见证者的相继离世，印刻在他们身上活生生的记忆逐渐消失，有关起义的记忆和回忆作为“文化记忆”却不断创造和传承下来。

二、关于“文化记忆”

（一）扬·阿斯曼的“文化记忆”理论

德国学者扬·阿斯曼提出“文化记忆”这一概念，把莫里斯·哈布瓦赫的“集体记忆”概念引入文化学研究领域中。在文化学里，“记忆”这一词不是基于人体大脑、属于脑生理学、神经学和心理学的研究范畴，而是与历史和文化等领域密切相关的概念[①]。

> “文化记忆”所涉及的是人类记忆的一个外在维度。当提到“记忆”这个概念时，我们首先想到的是一种纯粹的人体内部的现象，它是基于人体大脑、属于脑生理学、神经学和心理学的研究范畴，与历史文化学研究毫不相关。但是，这种记忆所储存的内容是如何被组织整理的，这种记忆被保留的时间长短等，却远远不是用人体的自身能力和调节机制就可以解释的问题，而是一个与外部相关的问题，也就是说，这是一个与社会、文化外部框架条件密切相关的问题。[②]

在扬·阿斯曼看来，“文化记忆”是超越个人的，记忆不只停留于同时代的历史经验、语言和文本中，还存在于各时代固有的被再利用的各种文化载体中，如图像、纪念碑、博物馆、文化遗迹、歌曲以及公共节日和仪式等。通过这些文化载体传承并构建的记忆叫“文化记忆”。

> 文化记忆的内容是关于集体起源的神话以及与现在有绝对距离的历史

① 〔德〕阿斯特莉特·埃尔、冯亚琳主编：《文化记忆理论读本》，北京：北京大学出版社，2012 年，封面解说。

② 〔德〕扬·阿斯曼：《文化记忆：早期高级文化中的文字、回忆和政治身份》，金寿福、黄晓晨译，北京：北京大学出版社，2015 年，第 10 页。

事件。对这些内容进行回忆的目的是要论证集体现在的合理性，从而达到巩固集体同一性的目的……文化记忆的传承一定是遵循着特定而严格的形式……所以它的储存和传播都会受到严格控制，对这一控制权的掌握一方面意味着责任和义务，另一方面也意味着权利。①

也就是说，扬·阿斯曼的“文化记忆”是在继承了莫里斯·哈布瓦赫的“集体记忆”概念的基础之上，关于某一个群体的“传统的形成”、“回忆=对过去的指涉” 以及“政治认同或想象”等关键词密切相关的概念。扬·阿斯曼指出，这些概念共同勾勒出了一个作用框架，而“文化记忆”是这个作用框架的上位概念，如图 1 所示。

图 1　关于“文化记忆”

文化记忆往往诞生在特殊的历史时刻中。特定历史人物与事件，由于其对后世的影响，往往被赋予超越自身价值的意义。例如，乔治·华盛顿的形象，就在美国建国 200 多年中经历了一个由人到神、再由神回到人的过程。②

本文探讨的嘎达梅林也是其中的一个例子。

（二）玛丽塔·斯塔肯的“文化记忆”概念

美国学者玛丽塔·斯塔肯（Marita Sturken）也提出了“文化记忆”的概念，不过她提出的“文化记忆”的含义与扬·阿斯曼的观点有所差异。依据玛丽塔·斯塔肯的观点，“文化记忆”所指的是“被公认的历史叙述和言论的外部，被人们共享的，与文化生产物聚合的同时，被赋予和染上了文化意义的记忆”③。这里的“文化记忆”是通过物体、影像与具体表象等媒介产生的。这

① 黄晓晨：《文化记忆》，《国外理论动态》2006 年第 6 期。

② 燕海鸣：《集体记忆与文化记忆》，《中国图书评论》2009 年第 3 期。

③ マリタ·スターケン：『アメリカという記憶：ベトナム戦争、エイズ、記念碑的表象』，岩崎稔［ほか］訳，东京：未來社，2004 年，第 19 页。

些媒介不是被动接受的容器，而是记忆的技术，通过这些技术，记忆被生产，赋予了意义的客体与目标[①]。

在这里，玛丽塔·斯塔肯把影像资料、照片、广告与某种纪念活动、艺术活动甚至人类身体实践等广泛意义的文化生产物都当成“记忆的技术”。扬·阿斯曼通过古代埃及、古代犹太人与古希腊的事例来探讨“文化记忆”的形成和变迁等问题。而玛丽塔·斯塔肯通过美国越南战争纪念碑的表象、艾滋病等事例来重点考察“文化记忆”的生产与共享过程。虽然两者的出发点与关心的问题都不同，但是笔者认为，他们关于“文化记忆”概念的解释有共同点，具体体现在，“与文化生产物相聚的同时，被赋予了文化意义的记忆”。虽然扬·阿斯曼的“文化记忆”理论中，没有提到“记忆的技术”这样的词，但是，他提出的如图像、纪念碑、博物馆、文化遗迹、歌曲以及公共节日和仪式等记忆媒介或记忆装置本身就是被赋予了某种文化意义的“记忆技术”。

三、作为“文化记忆”的“嘎达梅林起义”

（一）从“过去”到“记忆”：长篇叙事民歌、纪念碑所构建的“文化记忆”

在内蒙古地区，嘎达梅林已经成为代表科尔沁文化的典型人物，被人们所记忆。在党的文艺政策与20世纪50年代的政治环境的影响下，通过长篇叙事民歌与交响曲等各种文化艺术作品，其被赋予了蒙古族英雄的地位。这是一个普遍化与反复再记忆化的过程[②]，即嘎达梅林的出名与赞颂他的长篇叙事民歌的创造并口耳相传和文本化过程息息相关。长篇叙事民歌《嘎达梅林》有多种版本，不仅有蒙文版，也有汉文版，但在普通蒙古族民众中被广泛流传的是长篇叙事民歌的开头两段歌词：

Urdu ǰüg-eče nisüged ireküulaγanγalaγun-u ǰulǰaγ-a küi
UrduyekeŠiramören-degen saγuqu-ügei-bernisüne-ü-de- küi
Urbaγad γaruγsan γada meiren-u učir yabudal-i kelebel-e-küi

---

① マリタ・スターケン：「アメリカという記憶：ベトナム戦争、エイズ、記念碑的表象」，岩崎稔：『ほか』，东京：未來社，2004年，第29页。。

② 参见拙稿「中国・内モンゴルにおけるガーダー・メイレンの記憶とその変遷」，『クァドランテ』2015年第17号，第109—128页。

Örgen olan mongγolčud-un γaǰar siroi-yin učir-e-küi
Qoitu ǰüg-eče nisüged irekü qaliγunγalaγun-u ǰulǰaγ-a-küi
QoituyekeQaramören-degen saγuqu-ügei-bernisüne-ü-de- küi
Qobisoγad γaruγsan γada meiren-u učir yabudal-i kelebel-e-küi
Qusiγu nutuγ-un mongγolčud-un γaǰar siroi-yin učir- e-küi

南方飞来的小鸿雁啊，
不落西拉牧仁不呀不起飞。
要说造反的嘎达梅林，
是为了广大蒙古人民的土地。

北方飞来的小鸿雁啊，
不落哈拉牧仁不呀不起飞。
要说起义的嘎达梅林，
是为了蒙旗人民的土地。

这首歌作为内蒙古东部地区特有的口头文艺的一种体裁，后来被民间艺人胡尔奇改造成为长篇叙事民歌[①]。由于用科尔沁蒙古语唱，并有感人的故事情节和优美的旋律，迅速扩及科尔沁草原，乃至传播到内蒙古的蒙古族中。歌词里的“小鸿雁（ulaγan γalaγu/qaliγun γalaγu）”在蒙古族文化里，有特别的意义，不仅是指一种“雁”或“候鸟”，而且象征着蒙古族特有的“文化要素”或者“文化生产物”。因为“雁”是在蒙古高原上常见的一种候鸟，从蒙古族的传统思维模式来看，“体现了蒙古人古时候的鸟崇拜痕迹”[②]。歌词里把嘎达梅林比喻成南方或北方飞来的“小鸿雁”，在代兴安看来，“雁”是“喇嘛雁（lama γalaγu）”，即被当作“贤鸟（mergen sibaγu）”或“神鸟（sididü sibaγu）”来崇拜，蕴含着深厚的民俗文化因素。这种“雁”不仅在民歌中，在有关嘎达梅林的其他艺术作品如漫画、连环画中也经常出现，在内蒙古科尔沁左翼中旗保康镇的“嘎达梅林广场”的壁画里也雕刻着这种“雁”。

---

① 胡尔奇（quγrči）是具有演奏、说唱等多种技能的蒙古族民间艺人。

② DarqudKing. γan *Γadameyiren-ü daγuu-yin sudulul,* Öbörmongγol-un soyol-un keblel-ünqoriy-a, 2009，p.154.

因此，长篇叙事民歌《嘎达梅林》是作为传承嘎达梅林记忆的媒介或载体，构建成嘎达梅林“文化记忆”的契机。如今，《嘎达梅林》已经被选为蒙古族“经典文学”作品。“《嘎达梅林》所反映出的文化精神和文本艺术价值是它经典化的内部因素，其创造主体的传播、接受活动的影响及时代变化等是它经典化的外部原因。”①这里所述的“文化精神”和“文本艺术价值”以及《嘎达梅林》的经典化本身也是传承嘎达梅林“文化记忆”的重要组成部分。

一方面，由于长篇叙事民歌《嘎达梅林》在内蒙古蒙古族人民当中被反复歌唱，所以它作为东部蒙古族特有的口头文艺（文本）“文化装置”，或者“卡农（Kanon）”，对蒙古族人民的影响是非常深远的。“卡农指的是那些数目业已确定，而且被视为神圣的文献，但是，从狭义的意义来说，经典（文学作品）也包括在其中。在衡量一部作品是否被称为经典的时候，主要关注点在于它是否具有权威性、仿效的价值和指导意义。”②扬·阿斯曼指出，“卡农”和经典同“传统”都包括在“文化记忆”范畴中。那么，《嘎达梅林》的经典化过程无疑是代表着它的“权威性”和“指导意义”。

另一方面，在内蒙古地区，不仅有长篇叙事民歌，有以嘎达梅林为题材的胡仁·乌力格尔《嘎达梅林》、好乐（来）宝《嘎达梅林》等口头文艺，还有其他相关艺术作品如音乐、小说、电影、连环画、漫画、壁画等；同时，如“嘎达梅林纪念碑”“嘎达梅林广场”等纪念物也相继建立。依据上述玛丽塔·斯塔肯的观点，在记忆被赋予特定的文化意义的过程中，照片、影像资料、纪念碑等“记忆的技术”发挥着重要的作用。这些“技术”在记忆的“个人领域”到“社会领域”的转变过程，即“文化记忆”的形成和构建过程中发挥着不可缺少的媒介和载体作用。从嘎达梅林的事例来看，如今有关嘎达梅林的记忆早已超过那些起义军当事人和见证者狭义的回忆主体，即“回忆的共同体”的框架，通过胡尔奇等民间艺人、作家和艺术家的想象力与创造力来构建和传承。

在这里，纪念碑、广场壁画等纪念物起着一种“被唤醒的空间”或“回忆的空间框架”的作用。回忆的文化是通过对过去的各种各样的指涉来构建的。同

---

① Ma Guolin. ü ligert ü da γ uu “*Гadameyiren*” *-ü song γodaji γsan učir* Öbör mong γol-un ü ndusuten- ü yeke sur γ a γ uli-yin master čula qama γ alaqu ü g ü lel，2008，p.4.

② 〔德〕扬·阿斯曼：《文化记忆：早期高级文化中的文字、回忆和政治身份》，金寿福、黄晓晨译，北京：北京大学出版社，2015 年，第 91—118 页。

时，“回忆形象需要一个特定的空间使其被物质化，需要一个特定的时间使其被现实化，所以回忆形象在空间和时间上总是具体的……任何一个群体，如果它想作为群体稳定下来，都必须想方设法为自己创造一些这样的地点，并对其加以保护，因为这些地点不仅为群体成员间的各种交流提供场所，而且是他们身份与认同的象征，是他们回忆的线索”①。在内蒙古科尔沁左翼中旗建立的有关嘎达梅林的纪念碑和广场也是嘎达梅林记忆的物质化场所，是记忆的空间化场所。

扬·阿斯曼认为，每一种文化都会形成一种“凝聚性结构”，这种结构可以把一些应该被铭刻于心的经验和回忆以一定形式固定下来并且使其保持现实意义，其方式便是将发生在从前某个时间段中的场景和历史拉进持续向前的“当下”的框架之内，从而产生出希望和回忆。嘎达梅林纪念物的建立也是在“当下”的框架之内，把他的一些经验和回忆以一定的形式固定下来，并进一步构建蒙古族人民的认同与归属感。

但是，在嘎达梅林“文化记忆”的形成过程中，除了胡尔奇等民间艺人和艺术家以外，内蒙古复杂的政治、社会文化影响也是不可忽视的因素。因为民间艺人的活动本身受到特定的政治、社会文化因素的制约，在这样的环境下，假如他们的作品不被许可，便无法广泛流传。近十几年来，在内蒙古建设“文化大自治区”的口号下，各旗县都积极宣传自己独特的著名历史人物，把他们当作自己的标志性文化符号，以创造和传承独特的地方文化。其中，嘎达梅林的故乡科尔沁左翼中旗被选为“叙事民歌之乡”，长篇叙事民歌《嘎达梅林》也被选定为“非物质文化遗产”项目。正因为有了这样的政治文化环境，在科尔沁地区，嘎达梅林早已超越了“蒙古族英雄”的评价框架，逐渐变成“文化英雄”。就这样，长篇叙事民歌《嘎达梅林》成为代表科尔沁文化的一种典型作品，也发挥了塑造该地区“文化记忆”的作用。

（二）从嘎达梅林起义的“交往记忆”到“文化记忆”的转变

扬·阿斯曼指出，集体记忆中包含两种契机，第一种是自己活生生的，具体关联当中的记忆，即“交往记忆”；第二种是当事人或见证者的世代离世之后，跨越与现在世代的生和起源的区别，并且把现在的需求正当化、迟来的记

① 〔德〕扬·阿斯曼：《文化记忆：早期高级文化中的文字、回忆和政治身份》，金寿福、黄晓晨译，北京：北京大学出版社，2015 年，第 31—32 页。

忆等同于“文化记忆”①。“交往记忆”是关于最近的过去事件的回忆，这种记忆以记忆的承载者（事件的当事人、见证者等）为支撑，随着时间的流逝，转变到新的记忆当中，或者通过媒介转化为“文化记忆”。而“文化记忆”是发生在绝对过去的非日常生活中的回忆，与“交往记忆”最大的区别是其高度成型化和仪式性。

从嘎达梅林起义的事例来看，起义的“交往记忆”的内容是在起义被镇压之后的数十年间形成，并通过义军的生存者、见证者之间或与他人的交往，相互作用而产生的。也就是说，这种记忆是当事人或见证者人脑记忆中的鲜活的回忆和据他人转述的内容。由于记忆的承载者是起义军的当事人、见证者等不特定的人，因此，它的形式是非正式的。与此相对的嘎达梅林起义的“文化记忆”是，起义军的当事人、生存者、见证人的世代都离世之后迟来的记忆。这种记忆往往与死者的记忆问题相关，以长篇叙事民歌、小说、电影、歌剧、漫画等艺术作品和纪念物等“文化生产物”来支撑。其形式也表现为庆典仪式性的社会交往等高度成型的形式。例如，每年清明节时，科尔沁左翼中旗的中学生来到嘎达梅林纪念碑之前，祭奠嘎达梅林英灵。现在，随着嘎达梅林起义的当事人和见证者相继离世，关于起义的记忆和回忆也通过这些媒介逐渐变成“文化记忆”。起义的记忆内容、形式、媒介与载体的转变过程如表 1 所示。

表 1　从嘎达梅林起义的“交往记忆”到“文化记忆”的转变过程

分类	嘎达梅林起义的“交往记忆”	→	嘎达梅林起义的“文化记忆”
记忆内容	以起义军个体生平为框架的历史经验	→	作为发生在绝对过去的事件的嘎达梅林起义
形式	起义军的当事人和见证者之间，或与他人之间的交往，相互作用而产生的非正式、自然发生的回忆	→	清明节的嘎达梅林祭奠仪式等高度成型化、庆典仪式性的社会交往
媒介	起义军生存者或见证者的亲身经历和据他人转述的回忆	→	长篇叙事民歌、小说、电影、歌剧、漫画、连环画等艺术作品、纪念物、庆典仪式等传统、象征性的编码及展演
载体	起义军当事人、见证者等回忆共同体中不特定的非专职人物	→	胡尔奇等民间艺人、作家、艺术家等专职的传统承载者

注：本表所显示的从嘎达梅林起义的“交往记忆”到“文化记忆”的转变过程，参见〔德〕扬·阿斯曼：《文化记忆：早期高级文化中的文字、回忆和政治身份》，金寿福、黄晓晨译，北京：北京大学出版社，2015 年，第 51 页

① 岩崎稔：「ヤン・アスマンの《文化的記憶》 1 シモニデス・サ-クル」，『未来』1998 年第 382 号，第 21 页。

依据扬·阿斯曼的观点，对“文化记忆”的维持是某些专职人员的任务[①]，那么一般的集体成员又如何获得“文化记忆”呢？他对此的回答是：通过集体成员的集会和集体成员本人的在场[②]。从嘎达梅林的事例来看，蒙古族群众获得或接受嘎达梅林“文化记忆”的过程也同样需要集体成员的参与和集会。现如今，嘎达梅林庆典仪式已经成为形式化的祭奠活动。每年清明节时，不仅有中学生，民间艺人、普通蒙古族群众也自发地参加这样的活动。祭奠仪式由扫墓、献花、敬酒、默哀、宣誓等程序组成。人们通过参加这样的祭奠仪式活动来共享嘎达梅林的记忆。一部分人则通过收音机、电视和网络媒体收听或收看胡尔奇、胡仁·乌力格尔等说唱的长篇叙事民歌，还有一部分人通过阅读小说、欣赏嘎达梅林的影视作品等形式接受和获得“文化记忆”的内容。对于识字率很低、收音机、电视机和网络媒体等普及之前的那一代人来说，他们都去“说书馆（üliger-un ger）”等特定的场所，通过听胡尔奇的说唱来共享和传承嘎达梅林的“文化记忆”。

（三）“文化记忆”的动摇：漫画、连环画中的嘎达梅林形象

除了上文所述的长篇叙事民歌、纪念物以外，以政治宣传为目的而出现的漫画和连环画《嘎达梅林》也是一种重要的记忆媒介或“记忆技术”和“回忆文化”。正如扬·阿斯曼所述，回忆文化着重于履行一种社会责任，它的对象是群体，它的关键问题是：“什么是我们不可遗忘的？”每个群体都会面临这个问题，但其明晰程度和重要程度多少有些差异[③]。从嘎达梅林起义的实例来看，对于内蒙古的蒙古族人民来说，“我们不可遗忘”的是由于开垦草原而失去家乡和牧场的“苦难的记忆”。与此对应的是，对于强调“民族团结”“阶级压迫”的 20 世纪 50 年代的中国来说，“我们不可遗忘”的是嘎达梅林反抗封建王公和反动军阀的“英雄主义”。

从 20 世纪 60 年代到现在，国内有关嘎达梅林的连环画连续出版发行。连环画《嘎达梅林》与同时代出版的中国抗日连环画《地道战》一样，被赋予了

① 如本文提到的胡尔奇等民间艺人、作家、艺术家等。

② 〔德〕扬·阿斯曼：《文化记忆：早期高级文化中的文字、回忆和政治身份》，金寿福、黄晓晨译，北京：北京大学出版社，2015 年，第 52 页。

③ 〔德〕扬·阿斯曼：《文化记忆：早期高级文化中的文字、回忆和政治身份》，金寿福、黄晓晨译，北京：北京大学出版社，2015 年，第 22 页。

浓厚的政治意义，因而具有构建和宣传“公共记忆”的性格和功能。2012 年的连环画《嘎达梅林》被选入“中华红色教育连环画丛书”之一，成为宣传“英雄主义”和“爱国主义”教育的典范。

正如连环画内容提要所述，“故事热情歌颂了嘎达梅林这一英雄人物反封建压迫、敢于斗争的革命精神，是一支悲壮的英雄赞歌”。以下是其中的一部内容：

天上的鸿雁从北往南飞啊，
是为了寻求太阳的温暖
反抗军阀的嘎达梅林啊，
是为了草原各族人民。
…………

好马能走千里远啊，
莫叫索伦山遮住眼；
蒙古族和汉族是亲兄弟啊，
海枯石烂心不变。

草原上的鲜花啊，
离不开明亮的太阳；
推翻军阀和王爷，
带路人就是共产党。[①]

连环画中所描述的“反抗军阀的嘎达梅林啊，是为了草原各族人民”“蒙古族和汉族是亲兄弟”等充分体现了“民族团结”的一面，这一段与传统民歌中唱的“要说造反的嘎达梅林，是为了广大蒙古人民的土地”有所差异。另外，“推翻军阀和王爷，带路人就是共产党”所体现的就是，要推翻反动军阀和王爷等剥削阶级统治，必须有共产党的指导才能实现，体现主流意识形态。连环画中描述嘎达梅林起义是“反抗王爷和军阀的自发性牧民起义，和中国历史上的历次农民起义一样，仍以失败告终了”。由 1957 年的歌剧《嘎达梅林》

① 许勇等绘：《中华红色教育连环画·嘎达梅林》，石家庄：河北美术出版社，2012 年，第 132—137 页。

改编而成的2009年连环画《嘎达梅林》里的一段内容描写了起义军反抗日本帝国主义的爱国主义壮举。

与上述两部连环画相对应的是，漫画《嘎达梅林》（蒙汉版）里也有反抗日本帝国主义的一面，但是更多强调的是为了蒙古族群众的生计而战斗的英雄的形象，是为了保护草原免受开垦而武装起义的悲壮故事。这个形象与现在内蒙古草根社会蒙古族人民当中的嘎达梅林形象有点相似。因此，漫画在某种程度上构建和传承了嘎达梅林的“草根记忆”。

由此可见，嘎达梅林起义的“回忆的文化”里，由于记忆主体或回忆群体的不同，他们所构建的嘎达梅林的形象有所差异。因此，嘎达梅林的“文化记忆”是通过蒙古族特有的长篇叙事民歌《嘎达梅林》、纪念物等文化生产物构建和传承的。嘎达梅林的“文化记忆”的构建过程，在聚合蒙古族特有的文化生产物的同时，也是被赋予了“政治意义”的相互制约和影响的结果。

四、结语

综上所述，本文通过分析和解读有关嘎达梅林的长篇叙事民歌、纪念物、连环画等文化表象和媒介，探讨了从嘎达梅林起义的“沟通记忆”到“文化记忆”的转变过程，嘎达梅林起义的“文化记忆”正是在这样的过程中形成和构建的。以玛丽塔·斯塔肯的观点来解释的话，这些“嘎达梅林纪念碑”等纪念物或连环画等文化生产物本身就在“产生记忆的同时，被卷进权力的记忆生产过程当中。所以，记忆的具体化和体现过程本身就是受制于社会制度和权力关系的一种‘动态过程’”[①]。因此，“作为文化记忆的嘎达梅林起义”的内容与“作为历史真实的嘎达梅林起义”不一定完全一致，甚至可以说，前者有更明确的政治意识形态色彩。但是，反过来说，内蒙古嘎达梅林“文化记忆”的形成过程，不只是“记忆的社会框架”“记忆的政治”的影响而决定的，而且要考虑记忆的主体，也就是蒙古族群体特有的民族风俗习惯、记忆的实践等多种因素的影响，即“文化记忆”的构建过程不仅是记忆主体的主动构建过程，也是受制约与社会政治、文化环境的双重构

① 長岡真吾：「「ストック・ストーリー」を超えて—文化的記憶における「語りの政治性」」，『他民族研究』2007年第1号，第33页。

建过程。

作者简介：包宝海，男，蒙古族，籍贯内蒙古，社会学博士，青海师范大学法学与社会学学院副教授，研究方向为理论社会学。

青海循化县文都乡民间仪式舞蹈“拉载”相关的现实探讨

万代吉

一、文都乡“拉载”概况

文都（ཝིམ་མདོ།），“又名边都，藏语为‘牛犊山下部’之意。县境南部的拿郎山侧有一山坡，藏语称‘维啦’，即牛犊山，文都在其下部，由此得名”①。在行政区划上文都属于循化撒拉族自治县，该县辖 1 个镇、5 个乡、4 个民族乡，即积石镇、道帏藏族乡、白庄乡、清水乡、孟达乡、街子乡、查汗都斯乡、文都藏族乡、尕楞藏族乡、岗察藏族乡，其中白庄乡有 4 个藏族村庄。“拉载”（ལྷ་རྩེད།），直译“神舞”，这种民间仪式舞蹈主要分布在文都藏族乡、道帏藏族乡、尕楞藏族乡和白庄乡的 4 个藏族村庄。本文主要论述文都藏族乡的“拉载”仪式舞蹈。文都藏族乡有 3 个沟，藏语称为“隆哇”，即向玉隆哇，有 7 个村庄；盲玉隆哇，有 7 个村庄；检阔隆哇分上下两部分，各有 7 个村庄，共 14 个村。文都藏族乡各村都举行“拉载”，同时也以沟为单位在固

① 循化撒拉族自治县概况编写组编：《循化撒拉族自治县概况》，西宁：青海人民出版社，1984 年，第 46 页。

定的时间、地点集体聚会跳“拉载”。

关于文都藏族乡“拉载”的源头，当地民众认为可以追溯到吐蕃时期，访谈中几位老者认为，“拉载”是从赤松德赞时期开始的，因为当时战争胜利了，将士们在达加坡上和同仁过来的人一起跳舞祭神庆祝，后来演变成现在的“拉载”。当时带兵的将领是达加三兄弟，他们是从后藏带着兵来到文都一带打仗的（在本地还有达加三兄弟的“希达”，即地域神），战争胜利后在达加坡上庆完功，他们就回了后藏。

文都藏族乡各村都有“拉载”，主要在春节期间举行。届时人们穿上盛装，一般只要能参加的男性都会参加，年长一点的举着袖子；年轻的拿着神鼓，敲神鼓；被称为贤能者的人拿着旗子跟在“拉哇”后面；老者则坐在桌前观看，在神舞表演间隙人们会歌舞娱乐。

二、“拉载”的表演程式

“拉载”以鼓点掌握表演的程式，有一点鼓、三点鼓、五点鼓、七点鼓、九点鼓等，各村大体一样。一般从简单的一点鼓开始，逐渐变复杂。大家认为舞蹈的鼓点由“拉哇”决定，而“拉哇”则是所降神灵的代言人，也就是他所跳的舞就是他所降的神的舞姿，即“拉载”就是神所传授的舞蹈。“拉载”的鼓点基本一致，但也有差异。各村的舞蹈有所不同，同一村庄的舞蹈动作也因为“拉哇”的不同而有所变化。据老人回忆，牙训村以前有一位叫班丹爷爷的“拉哇”，他降的是贵德的文昌神，据说平时他不会说汉语，降神后只说汉语，而不会说藏语。他降神后跳的种类也很多，鼓点中有汉式敲法；队形变化也比较多，其中有大家围成圆圈，边敲鼓边聚拢而后又边跳边分散开等队形。降不一样的神，舞蹈动作就会有所改变。例如，牙训村有四位主要的地方神，“拉哇”在跳的过程中也会不断地变换神，有一些特征性的动作来说明现在降在身上的是哪位神。“拉哇”降了后山的神（善神），动作比较舒缓；如降的是前山的神，因为是女神，就会有梳头发的动作，所以如果“拉哇”此时在梳头，说明现在降在他身上的是阿玛哲麦即前山的神；左山的神有胡须，所以有撩胡子的动作[①]。

① 关于牙训村的地方神在后面的论述中有详细的说明。

以牙训村为例来说明表演的时间、地点及过程。牙训村的“拉载”在每年春节初一、初三、初五、初七表演。其中初一、初三主要是对地方神的祭祀；初五舞蹈祭祀的对象是阿尼奥日本地六个村庄的地域保护神（是本地的“希达”）；初七舞蹈祭祀的对象主要是本地人的战神扎西华白（也是本地的诞神）。本村中有四个地方神，分别驻栖在村庄四周的山上，其中三座山在村后，即中间是扎西华白，左边是扎德纳布（黑色御敌神），右边是赞布特麦（无敌神），村前面是阿玛哲麦（红岩女神），其中扎西华白是主要的地方神，是本村的战神和诞神。

先前“拉载”从春节的初一就开始跳，初二是姑娘回娘家的日子，所以初二休息；初三、初四村里跳；初五整个隆哇（有七个村庄）在“散毛唐”跳“拉载”[①]；初六在村里跳；初七是消除敌神祭祀战神（དགྲ་ལྷ།）的日子；初八、初九也在村里跳；初十一、初十二“扎西”，意为结束，吉祥的结尾。现在只在春节的初一、初三、初五、初七、初八这几天跳“拉载”。

表演程式如下。

初一的表演：天不亮上山到“杰拉扎西华白”（诞神扎西华白）处煨桑[②]，诵经文祭酒，祈祷神胜利！之后开始敲鼓，节奏为一点鼓，准备降神。两个人扶着降神者“拉哇”，鼓点节奏逐渐加快直到神降到“拉哇”身上。“拉哇”示意神舞开始，鼓点为一点鼓，两步敲一次鼓。在降神者的指挥下舞者围“桑”台绕三圈，然后边舞边下山。在山下，村里人在等候迎接舞者，手里拿着哈达、酒、苹果等，其中哈达献给“拉哇”，苹果作为祭神的贡品，酒献给舞队中的人。舞者首先去“玛尼康”（一个村庄集体聚会的地方，也是平时念经转玛尼祈祷的地方）煨桑，围绕“玛尼康”舞三圈。“玛尼康”里有本地保护神的塑像，叫扎西华白，他的形象是一位骑着骡子的喇嘛，右手拿着宝瓶，宝瓶上有如意宝，左手拿着盛如意宝的盘。“拉哇”及舞者在此休息片刻，商量今天表演的程序、要遵守的规定，由“拉哇”主持。之后舞者去吃早饭，吃完回“玛尼康”，重新降神，从“玛尼康”舞至村北白塔前，在白塔前神舞先绕白塔一圈，群众也在。后在白塔前舞，先是一点鼓，之后三点鼓、五点鼓、

① 散毛唐：地名，有散毛唐寺院和神山阿尼奥日的拉则，寺庙和拉则的中间有一宽敞的草坪。

② “煨桑”一词是后来的称谓，在藏语中一般称“བསང་།”或“བསང་གསོལ།”，是藏语的音译，其本意为清洗、消除、驱除等净化之意。

七点鼓、九点鼓依次表演。在舞蹈间隙由“拉哇”指点其他人唱歌，“拉哇”指定的人不能违背，因为他此时代表的是神（扎西华白），歌舞是对他的供奉。

舞蹈期间舞者会休息几次，到中午时先向白塔磕三个头，然后送神。人们排三四排，“拉哇”面向白塔，先敲一点鼓由慢到快，俩人扶着“拉哇”，经过一段激烈的舞蹈，将神从“拉哇”身体上送走，“拉哇”高跳三次，大家齐喊“拉加洛！（神胜利！）”结束。

初三的表演：初二晚上在自家煨桑，晚上上山，是给“希达”拜年，人们认为越早越好。人们会带酒、油炸饼类、桑载等[①]。初三天刚亮大家开始跳神舞，程序与初一一样。下午全村做好中午饭，主要是菜、包子等，大家在白塔前开始歌舞娱乐。

初五的表演：一个隆哇（七个村，即牙训村、曲加干麻村、曲加公麻村、修仓村、拉龙哇村、娘仓村、扎塞克村）的人去阿尼奥日（地方神名）山下的“拉则”前煨桑祭祀，七个村都表演，但有会和不会的，每年有三四个村庄表演。娘仓村有一位“拉哇”主要降阿尼奥日，人们一般认为降下的神是阿尼奥日的一个侄子。所以先到娘仓村，娘仓村人要准备食物饮品等款待跳“拉载”的人。娘仓村的“拉哇”先降神，降了神后，他要指点整个仪式的过程，然后七个村的舞者要统一表演形式，跳娘仓村“拉哇”所授予的舞蹈。

初七的表演：文都地区认为这天是忌讳出门的日子（尼纳），认为这天出门会遇到敌对的势力，要在家里祭祀战神，消除这些不利的因素。有的村庄只煨桑，有的村庄煨桑、跳神舞。这天人们会将山羊、绵羊等放生。不跳神舞的村庄，大家聚到“玛尼康”，女性念六字真言、卓玛经等，男性诵经文，认为神舞与此有同样的功效。人们还要做一个人形多玛代表邪恶，在神舞的过程中刺杀并焚烧。不跳神舞的村庄，这天要做多玛，诵完经后，四五个人抬着多玛，经过卦算，将多玛焚烧后扔掉并扔石头，回来的路上不能回头看。晚上人们表演狮子舞、虎舞，狮子和虎各由一位老人带领，都要戴面具。先出场的是领虎的老人，老人经过开场以及探寻此地的情况后，回去领虎出场，虎跳跃着

---

① 桑载(བསང་རྫས།)，即煨桑原料，主要包括各种有特殊香味的树枝，如柏树枝、松树枝、杜鹃树枝等，烟味为净化作用及祭祀。其次主要为糌粑粉，其中掺有炒焦的青稞粒、茶叶、白糖粉等，也可加入各种水果，还会有揉成粒状的糌粑粒等，装在小袋子里以供煨桑用。

以激烈的舞步出场；后领狮子的老人出场经过短暂的开场，领狮子出场，狮舞比较舒缓。两个老人在谈话的过程中分析该地的情况，认为本地有一些邪恶的敌人（虚幻的）需清除。后虎与狮子边舞边四处寻找邪恶的东西。表演的时间比较长，中间会休息数次，在这间隙，人们会献食品如油炸馃子、水果、钱等，诉说自己的愿望，而两位老人将如愿说一些吉祥的话。例如，有人疾病缠身，要求赐予狮鬃，老人就会说，从今天观看虎狮舞起，你的身体会好起来，不会有疾病缠身。也有人面临考试希望顺利通过，有人求子嗣等，人们会借此机会消灾祈福。

“扎西”（吉祥的结尾）那天人们将神鼓置在身前，跳“拉载”时人们围成圈边跳边聚拢又散开。结束时大家齐喊“拉加洛（神胜利！）”，“拉载”结束。

文都地区的人们认为一年的祭祀祈祷活动不如跳一天“拉载”，“拉载”是香巴拉的祈祷，与一年的诵经祈祷有相同的功德。以前跳“拉载”的时候，走不动路的老人都要转三圈。他们认为人高兴神也高兴，可以消灾祈福，神会保佑村庄的人畜兴旺，消除一切灾祸。

三、文都神舞中的灵魂人物——“拉哇”

“拉哇”（ལྷ་བ།）直译为神汉，也译为巫师、法师。文都地区的“拉哇”主要通过降神、卜卦治病。“拉哇”是神舞的灵魂人物，整个舞蹈仪式都由“拉哇”主持带领。即使现在“拉哇”越来越少，人们也会选出几个人来扮演“拉哇”的角色，引领表演神舞。在访谈的过程中笔者发现“拉哇”所降的神也不一样，有的降贵德的文昌神，有的降念庆神，有的降本地的出生神和地方保护神。“拉哇”的资质要由活佛决定，没降神前要由活佛“开光”，因为有可以降和不可以降的神，这要活佛先看后决定。可以降神的“拉哇”也分类，有的只是“载拉”（意为只能在玩的时候降）；也有可以为众生服务的“拉哇”，可以到各地降神、消灾、治病。

以前文都地区每个村庄都有“拉哇”，在访谈中人们都会提到以前“拉哇”的各种“神通”，如开“红山”（用刀在额头划开口子，以血献祭），给村民插口钎等。有的“拉哇”降神后体型会变大衣服都会撑开。“以前的‘拉哇’很厉害，有的降神后喝两斤酒，神散了后连酒的味道都没有；还有的拉哇降神后开‘红山’，用血祭神；检阔的‘拉哇’降神后用矛刺向肚子，一点事儿也没有。1957 年的时候他将带血的矛用哈达绑起来供在了护法殿。”①

“拉哇”要看身世，一般在家族里传承。“拉哇”要到活佛前“开光”，才能降神。如果一个村庄需要“拉哇”，就要向活佛请示，从“拉哇”家族里寻找。“拉哇”降的神也有高低，有的“拉哇”降的神比较低，在较高“拉哇”前降不了神。“拉哇”主要降“希达”类的神，高层次的护法神是降不了的。这些神一般是世间神，帮助人们实现今生的诸种诉求，不掌管来生的事。如果“拉哇”得到活佛的加持地位就会升高，他所降的神如果得到活佛的祭祀加封，“拉哇”的地位也会提升。

先前的神舞表演，首先需要“拉哇”祭神、请神、降神、送神，“拉哇”在“拉载”前要清洁身体，保持洁净。神降到“拉哇”身上后，在“拉哇”的带领下跳神舞。现在文都地区的人们比较认同的只有一位叫道洛的“拉哇”，他是向玉隆哇的人，大家认为他是一位真正的“拉哇”，会去找他问卦治病。在调研的过程中，笔者也专门去拜访了他，了解“拉载”的情况，以及感受了他降神的过程，以下引自他在降神后说的关于“拉载”的一些事。

> “拉载”是对非人的祭祀，供品是对神的祭祀、供养。以后不管我有没有机会，只要其他村庄有“拉载”，我都会降到“拉哇”的身上去“拉载”，不会让“拉载”的习俗断了。我在文都寺院护法神殿降神“拉载”过，还希望在文都的群众中“拉载”，这样其他地方也会有“拉载”的愿望。2010 年和 2011 年也降到身体里“拉载”过一次，还是希望这种习俗不要断，这是拉（神）和鲁的供品。你是“希达”的哪个阶层，你是神还是鬼，对这些问题的判断也有帮助。“拉载”是一种好舞蹈，但是现在，人们有了其他的娱乐，这种习俗可能会断，但我还是会努力，我是二十五个活佛“开启”过的，我会为了众生的幸福而努力。

四、“拉载”仪式舞蹈分析

“拉载”是一种鼓舞，鼓舞是人类早期的舞蹈形式之一。原始社会还没有鼓时，有击石为乐的说法。《尚书·益稷》中有“击石拊石，百兽率舞”这样

① 引自访谈录，访谈对象为达杰，检阔隆哇日忙村人，访谈时间为 2012 年 1 月 28 日。

的记载，说明在原始社会时期人们有敲打石器模仿百兽的动作跳舞的习俗。传说人类祖先生活的情景是这样的：“当场杀生当场吃，击石为乐、模仿野兽起舞、用鲜血和生肉祭祀神灵。”①后来恶禽猛兽经常出没伤害人畜，偶尔有人敲击晒干的兽皮，发出意想不到的轰响，这使凶猛的野兽被吓跑。因此，人类祖先将兽皮制成鼓作为神器，并认为它有神奇威猛震慑邪魔的力量。鼓舞也由于鼓的神圣性带有了祭神祈福的功效。苯教大量使用鼓，如“达如鼓”作为祭祀时专用的鼓。藏传佛教也大量使用鼓，这使得各地藏族的民间鼓舞显得丰富多彩，各具特色。鼓既是伴奏的唯一乐器，也作为沟通神灵的器物具有其神圣性。

“拉载”中使用的鼓的形状为半圆形单面鼓，鼓把上有铁环。在舞蹈时有敲一下鼓再摇一下鼓把上的铁环的动作，这样既有鼓的声音又有了铁环相撞的声音。鼓的制作工序一般为：由铁匠用铁做成半圆的鼓架，再用山羊皮蒙在上面。这种鼓敲起来很响，人们认为鼓很神圣，叫它神鼓，平时是不能敲响神鼓的，只有在“拉载”时才可以敲。人们认为敲神鼓可以祛病，保佑庄稼丰收，防冰雹、旱灾等，可以代替诵经的功德。鼓是神舞的唯一伴奏乐器。敲鼓时的情景有位访谈者这样形容：“鼓的声音大，神听了高兴，人听了鼓的声音，头发都会立起来，也很高兴、兴奋，自己都好像能降神。”②

旗子在神舞中也是一件重要的物品。“拉载”时旗很重要，在“拉哇”之后要有人举旗子。旗的颜色有规定，牙训村以上村庄的旗子是黄色的，牙训村以下七个村庄的旗子是白色的，曲加公麻村是红色的旗子。这种旗子被认为是以前国王给予的标志，是以前军队的兵旗流传下来的。在“拉载”的队伍中，一般“拉哇”在最前面引领，之后是举旗者，以前举旗者之后是拿剑而舞的人，之后是拿着神鼓的人，敲神鼓而舞，小孩拿着福剑跟在队伍的最后。大家认为以前跳“拉载”的人可能是兵，“拉载”是对古代战争的活态记忆，这也说明“拉载”在吐蕃时期就大体形成了现在的表演形式。

地方神的主要地标是“拉则”。“拉载”的仪式主要也是从“拉则”处煨桑祭祀后开始的。“拉则”（ལབ་རྩེ།），藏文字面意为“山尖”“山顶”，现今有译为“箭丛、箭垛、插箭台、神宫”等，还有“山神祭祀处”和“地方神之

① 边多：《西藏音乐史话》，北京：中国藏学出版社，2006年，第4页。

② 作者访谈，访谈对象为才让顿智，牙训村人，时间为2012年1月27日。

宫殿”等解释，还未形成统一的翻译，一般用藏文音译。关于“拉则”的起源有几种说法：藏族著名学者更登群培认为它源于赞普时代，松赞干布在红山修建宫殿之后，宫顶插箭做装饰。后来在赞普居住地插箭，作为权威的象征，从此成为一种宗教习俗。才让教授认为，“拉则”习俗来自原始社会时期部落之间的战争，“参加战争的军队远征他乡，为不走错路而以箭作为路标，后来发展成为代表战死沙场勇士的标志，即英雄的灵魂。这种英雄灵魂能保护自己的军队而压制敌人，逐渐又演变为一种敬灵的仪式，即今日之‘拉则’”①。在青海同仁地区“六月会”时有“拉则”祭，对这种祭祀仪式的起源，当地人追溯到吐蕃时期的战争：“在征战中，一位将军和他的部下阵亡。人们把他们安葬在高山上，又怕狼盗食他们的遗体，便在灵旁插上刀剑。第二年，将军阵亡的忌日，人们在他的灵前聚会，怀念阵亡者，供祭食品，祈求他们的英灵保佑人们平安无灾。”②

从“拉载”的历史传说及舞蹈内容来看，“拉载”在佛教传入藏地之前就已存在，是一种由巫师带领表演的祭祀地方神的仪式舞蹈。在吐蕃时期这种仪式舞蹈中加入了庆祝战争胜利、祭祀战争亡灵的内容。后来人们把对亡者的祭奠与对本地保护神的祭祀，以及对美好生活的愿望都融入“拉载”中畅快淋漓地表达出来，是神人共乐的仪式活动。所以“拉载”是一种结合了多元文化现象的仪式舞蹈，值得更加深入的研究和探讨。

五、“拉载”面临的困境分析

首先，佛教化过程的影响使“拉哇”人数在不断减少。活佛在“拉哇”的认定中起关键性的作用，由于“拉哇”这类前佛教时期的主要神职人员所依靠的是佛教传入之前藏族人的宇宙观以及宗教观念，主要的职能是帮助人们完成今生的诸种愿望，多为世俗的利己思想，与佛教出世利他的宗教教义相违背，所以从本质上他们得不到佛教高僧大德的支持，但由于他们具有较强的民间基础，所以至今仍然留存，但人数与之前相较已大幅度减少。由于“拉哇”是神舞表演的主要角色，所以很多地方为了举行“拉载”，就在村中选几位村民扮演“拉哇”的角色。这使“拉载”这种仪式舞蹈的神圣性受到影响，由于大家

① 华锐·东智：《祭祀山神话插箭》，《中国西藏》2005年第4期。

② 陈景源、庞涛、满都尔图：《青海省同仁地区民间宗教考察报告》，《西北民族研究》1999年第1期。

知道“拉哇”是被扮演的，所以当“拉哇”做夸张、激烈的动作时大家会哄笑起来。长此以往，“拉载”可能会从神圣的祭祀宗教舞蹈逐渐演变成娱乐性重于神圣性的舞蹈。同时“拉哇”的技能或“神通”也降低了不少，如之前的“拉哇”会“开红山”“插口钎”等，现在文都地区已没有“拉哇”会这些技能。

其次，藏族仪式的“佛教化”过程，影响到“拉载”祭祀的对象以及祭祀内容、功能的一些转变。“拉载”祭祀的对象是本土的地方保护神，在民间这些神灵仍然盛行，他们更像是家庭或村落的一员，与人类生活在同一空间中，也与人类一样有各种需求、各种生活关系。人们时常要注意不触犯或激怒这些神灵，同时要仰仗神的帮助完成自己的心愿。所以人们要定期举行仪式活动，祭祀地方神，祈求一年风调雨顺、人畜兴旺、祛病除灾。这类神族大多形成于藏区前佛教时期，后来在佛教化的过程中这类神中也加入了一些外来神，如汉地的文昌神、二郎神，佛教中的护法神等。“拉载”仪式舞蹈从祭祀对象分析，前佛教时期的藏族仪式都围绕着藏族三界宇宙观中的神灵为主，主要是“希达”“余拉”“鲁”等，在民间“希达”（གཞི་བདག）是一类重要的神灵，是一个区域的保护神。从字面上翻译གཞི指“区域”“根基”等意，བདག指“管理”“主宰”，是区域的管理者或保护者，还有人将其翻译为“区域的主宰者”。在藏区“域拉”（ཡུལ་ལྷ）与“希达”多是同一个神，都是一方地域的守护者，与山神是重合的，在藏语中，山神这样的称谓不常见，在民间山神多称为“希达”，是地域的保护神。而山神这个词的广泛引用也是由于这些保护神以山为生活区域。在藏区，到处都有大大小小的山峦，在藏人生活圈中比较有特点或被神圣化的山上都有神出现，“域拉”“希达”大多数生活在这样的山上。所以可以界定它们为藏地山神类的地域保护神。一般一个村庄或部落有一个“希达”，而几个村庄或部落组成的“措瓦”共同有一个大的地域保护神。

这类神在进入佛教的万神殿后，大多成为低层次的世间神。在藏族庞大的神灵体系中，根据佛教的六道轮回及三界理论大体可划分为世间神和出世间神两类。佛教的终极目标是不再进入六道轮回，而民间祭祀对象是一类没有出六道轮回的神灵——“世间神”。而陷入轮回的根就是贪欲，对物质和感受的一种享受和贪恋。它们对物质或感受的享受、迷恋使它们有诸种贪欲，所以人们投其所好以各种祭品祭祀取悦之。世间神在享用了这些祭品后就要实现人类的诸种愿望和祈求。而出世间的诸神，已舍弃了这种贪欲所以就不会受到物质的诱惑。佛教传入后，这些神灵就被收入佛教神灵体系中底层。这与它们自身具有很多世俗性以及与佛教出世的主张相违背有关，也是由于它们是被收服和同化的对象。它们拥有的能力及职能与满足人们各种世俗的事物有关，与人类是“互惠”的关系。民间祭祀对象中的神与鬼怪的界限也不是非常绝对的，神灵系统中既包含着善良、保护人类并受人尊崇的“神”，也包括危害人让人害怕的精灵、妖魔。神与魔虽然对立，但并不绝对。神与鬼怪之间也是可以转换的，在野外游荡的恶魂经过调服也能成为一方的保护神。民间的祭祀对象也不总是善良、超凡脱俗的，它们中有脾气暴躁者，有容易受伤害者，有的还像一个容易嫉妒的家庭成员。所以这些有着魔性的神灵形象在佛教化过程中从最初的将士、威猛的形象向平和的僧人形象转变。在采访中人们说之前的扎西华白是武将的形象，是愤怒的战神，后来品级高了其穿上了袈裟，性格也从愤怒变为平和。同时一些仪式的内容也开始佛教化，如之前的“红祭”现在被糌粑做的多玛取代。以前“拉载”鼓手之后是拿着剑的人，现在很少看到。所以“拉载”由之前祭祀地方神、亡灵等的祭祀目的逐渐成为香巴拉的祈祷，成为人们积累功德的一种方式。“拉载”在不断佛教化的进程中，其原初的意图与功能在不断转化。

最后，在现代化的进程中“拉载”这种传统的民间仪式舞蹈受到了冲击。2007 年 5 月，循化龙鼓舞（“拉载”）被列入青海省省级非物质文化遗产名录，被加以保护。青海省相关部门重视文化产业的发展，大力提倡发展民族民间文化，认为道帏藏族乡宁巴村的“拉载”形式多样、程式完整，从而使“拉载”得到重视。“拉载”开始有艺术化、舞台化的发展趋势。但是也有年轻一代喜欢新鲜、时尚的娱乐方式，而不愿意参加“拉载”仪式活动等问题。因此笔者想对“拉载”的未来提出一些问题：“拉哇”的人数在今后可能还会减少，甚至消失吗？没有真正“拉哇”主持的“拉载”仪式舞蹈是否会衰退？这些问题都影响着“拉载”的继承与发展。但与此同时，村民将“拉载”与佛教理念有机结合，使得人们热衷于“拉载”仪式的举行，这也将使“拉载”在不断适应现实的过程中有了新的活力。

作者简介：万代吉，女，藏族，籍贯甘肃，法学博士，青海师范大学法学与社会学学院副教授，主要研究方向为藏族历史文化。

日本“人间国宝”制度对中国非遗传承人认定与保护的启示

彭君花

中国非物质文化遗产的保护传统可以追溯至先秦时期，但当时的首要目的并非保护，而是各诸侯国的首领出于强国等政治需要，采风以观俗，希冀于合理治国强国。虽说这是出于政治目的的活动，但也达到了间接保护的作用。由孔子删定的中国第一部诗歌总集《诗经》便是这一时期的重要保护成果。之后，在中国的整个传统社会中，文化遗产的保护工作一直都在有意或无意地断续进行着。20 世纪初的歌谣等搜集活动和 1949 年以后民间口头文学等搜集活动，对中国的非物质文化遗产起到了一定的保护和传承作用。2003 年 10 月 17 日，在巴黎举行的第 32 届联合国教育、科学及文化组织大会通过《保护非物质文化遗产公约》，对非物质文化遗产的概念也作了相应的界定①。同年，中国正式启动中国民族民间文化保护工程，这也是中国真正意义上的非物质文化遗产保护工作的开始，至今，中国非物质文化遗产保护的工作历程不过才十几

① “非物质文化遗产”一词是联合国教育、科学及文化组织借鉴日本、韩国的“无形文化财”的提法而确定下来的，与“物质文化遗产”“有形文化财”相对。

年。而日本是世界上第一个倡导对非物质文化遗产进行保护的国家，其有意识的历史文化遗产保护可以追溯至19世纪的明治维新时期（1871），迄今已有一百多年的历史。所以，日本在非物质文化遗产保护的各个方面都有着较为成熟和切实可行的措施，成为世界各国争相仿效的对象。本文着重从日本“人间国宝”制度对中国非物质文化遗产代表性传承人认定、保护工作的启示方面加以论述。

一、中日非遗传承人认定与保护制度的对比

（一）日本“人间国宝”的认定与保护

受战争等因素影响，第二次世界大战后的日本尤其注重对文化遗产的保护传承，其“人间国宝”（最初叫“无形态国宝”“活文物”）的认定制度始于1955年，迄今已有60多年的历程，其间严格执行“人间国宝”的认定标准。

1. 关于“人间国宝”的概念

“1950年，日本的《文化财保护法》明确界定‘有形文化财’、‘无形文化财’、‘民俗文化财’、‘史迹名胜天然纪念物’等类别。‘重要无形文化财’的传代人、继承人、最优者，被称为‘无形的国宝’、‘活的文物’，即‘人间国宝’。”① “无形文化财”即“非物质文化遗产”，“人间国宝”这个概念则与中国县级以上文化部门认定的非物质文化遗产代表性传承人的含义相近。

2. 关于“人间国宝”的分类、认定机构、认定程序

一是分类。根据认定对象的不同，日本“重要文化财”分为“综合认定”、“持有团体认定”和“个别认定”三种。“个别认定”针对单个的某“重要无形文化财”高水平技艺传承人，“综合认定”对应的是某“重要无形文化财”的两个或两个以上的共同展演高水平技艺的传承者，“传承者团体认定”针对的是某“重要无形文化财”缺乏个人特色的传承者群体。在实际实施过程中，不同的认定种类会在不同领域实行：“日本政府在演剧、音乐等艺能领域实施‘个别认定’和‘综合认定’，在工艺领域则实施‘个别认定’和

① 宋斌、赵行易：《“人间国宝”——日本非物质文化遗产保护》，《国际人才交流》2014年第7期。

‘传承者团体认定’。‘个别认定’和‘综合认定’是对于传承人的认定，而‘传承者团体认定’则是对于‘保持团体’的认定。人们通常所说的‘人间国宝’，指称的只有‘个人认定’和‘综合认定’所认定的传承人（‘综合认定’中的传承者成员若有技艺高超精湛者可追加‘个别认定’为‘人间国宝’）。”[①]每个领域的“个别认定”的“人间国宝”是定量的，只有其中某位前任去世，才会再重新认定“人间国宝”补缺额，这种做法在一定程度上保证了“人间国宝”的高水平、高质量，从而也确保了其崇高地位。

二是认定机构、认定程序。“日本文部科学大臣受命，负责认定和解除认定的权限和程序，同时明确传承人的权利、责任和义务。‘人间国宝’的申报程序和评议程序比较简便。文化厅咨询文化财专门调查会接受各种推荐，同时受理个人申报，并进行筛选和初评。文化厅文化审议会复议。提交文部科学大臣审定、批准，再颁发认定书。”[②]日本政府注重非物质文化遗产的持续传承效应，所以对于那些保守型、拒绝开展传承活动的传承人，无论技艺多精湛、地位多高都不会被纳入“人间国宝”的行列。

除此之外，日本《文化财保护法》还对传承人认定中政府的其他职能、传承人被认定后的待遇、义务等都作了详细的规定。《文化财保护法》明文规定文部科学大臣有权指定“重要无形文化财”和追加认定某一重要文化财的传承人或传承者团体。“重要无形文化财”的传承人得到认定后，国家会划拨一部分经费补助用于其开展相关宣传活动、培养继承者等，其中的“个人认定”者，每年国家给 200 万日元和相关的税收优惠政策[③]，其他认定团体视具体情况而定。“重要无形文化财”的传承人得到认定后若没有履行自己对“重要无形文化财”的保护和传承责任，如拒绝接收弟子、培养继承人，拒绝将技艺外传等，文部科学大臣有权依据《文化财保护法》的相关条款，解除“人间国宝”等已认定的称号（《文化财保护法》第三章第三十二条）。当传承人或传承者团体发生某些变化时，如传承人住所迁移、死亡等，传承者团体的成员、办公场所变化等，传承人或代表者要在 20 天内向文

① 刘晓峰：《谁是“人间国宝”？—— 日本“重要无形文化财”的传承人认定制度》，《艺术评论》2007 年第 6 期。

② 宋斌、赵行易：《“人间国宝”——日本非物质文化遗产保护》，《国际人才交流》2014 年第 7 期。

③ 宋斌、赵行易：《“人间国宝”——日本非物质文化遗产保护》，《国际人才交流》2014 年第 7 期。

化厅长官递交正式文书[①]。

3. 关于传承人的培养

日本成立传承人培训的教育机构，并且让传承人从小就受传统文化技艺的熏陶，从而产生对传统文化的浓郁兴趣。例如，在中小学教育机构中设立文乐、太鼓等课程。加强对传承人的保护力度，不仅仅是政府单方面保护，还加大宣传，提高传承人的地位，从而使传承人获得民间大众的保护[②]。

日本非物质文化遗产的保护工作是建立在法律（《文化财保护法》等）基础上的，法律内容细化清晰；各保护主体懂法、守法，分工明确；传承人认定、保护工作有法可依，有法必依。

（二）中国非物质文化遗产传承人的认定与保护

“非物质文化遗产传承人”，“指那些直接参与了非物质文化遗产表演、传承工作，并愿意将自己所知道的相关知识与技能传授给后人的某些自然人或群体，往往被视为一个国家、一个民族或是一个地区优秀基因的活态载体”[③]。这个定义下的“非物质文化遗产传承人”就是指“非物质文化遗产代表性传承人”，是被文化部门认定的一定区域内高水平、有一定影响力和代表性的个体或群体传承人，不同于一般的群众性传承人。

中国于2011年出台的《中华人民共和国非物质文化遗产法》对非物质文化遗产代表性传承人的认定机构、传承人应具备的被认定的条件、被认定后的代表性传承人应履行的义务等都作了相关规定。

第一，认定机构。“国务院文化主管部门和省、自治区、直辖市人民政府文化主管部门对本级人民政府批准公布的非物质文化遗产代表性项目，可以认定代表性传承人。”（《中华人民共和国非物质文化遗产法》第二十九条）

第二，非物质文化遗产代表性项目的代表性传承人应具备的条件。“（一）熟练掌握其传承的非物质文化遗产；（二）在特定领域内具有代表性，并在一定区域内具有较大影响；（三）积极开展传承活动。”（《中华人

---

① 刘晓峰：《谁是“人间国宝”？—— 日本“重要无形文化财”的传承人认定制度》，《艺术评论》2007年第6期。

② 韩冰：《日本“人间国宝”制度对我国的启示》，《边疆经济与文化》2016年第1期。

③ 苑利、顾军：《非物质文化遗产学》，北京：高等教育出版社，2009年，第67—68页。

民共和国非物质文化遗产法》第二十九条)

第三，代表性传承人认定后的义务。"(一)开展传承活动，培养后继人才；(二)妥善保存相关的实物、资料；(三)配合文化主管部门和其他有关部门进行非物质文化遗产调查；(四)参与非物质文化遗产公益性宣传。"(《中华人民共和国非物质文化遗产》第三十一条)那些被认定后丧失传承能力或无故不履行相关义务的代表性传承人，文化主管部门有权取消其资格，重新认定该项目的代表性传承人。《中华人民共和国非物质文化遗产法》的第三十条和第三十六条分别指出县级以上人民政府文化主管部门要利用相关便利条件，支持非物质文化遗产代表性项目的代表性传承人的传承宣传活动，如提供活动场所(非物质文化遗产展示场所和传承场所等)，提供活动经费或实物补助等，支持代表性传承人参与社会性公益活动等；国家鼓励支持代表性传承人以外的个人或团体组织开展非物质文化遗产传承保护活动。

通过比较发现，中国非物质文化遗产代表性传承人的认定、保护制度与日本"人间国宝"制度有很大的相似性，借鉴痕迹明显。虽然中国对日本的传承人认定、保护制度有很大程度的借鉴，但中国保护历程比较短，很多细节问题尚未规划，导致实施过程中问题不断。针对不断出现的问题，中国非物质文化遗产保护主体根据实际情况，采取不同措施，其中包括对日本经验的中国化。

二、中国非遗传承人认定、保护过程中出现的问题

中国的非物质文化遗产保护工作历经十多年，在此期间成果丰硕，形成了一些富有特色的中国经验。在强大的政府领导方式和社会动员力量中，非物质文化遗产代表性传承人认定、保护工作应运而生，乘势而上。但也存在一些问题，主要表现在以下几个方面。

(一)认定主观，利益取向

受"非遗热"的影响，我国很多地方政府看到了隐藏在这股热潮之下的巨大商机，譬如由非物质文化遗产带来的相关文化产业及旅游业的发展，提高地方知名度，为当地带来巨大的经济效益，所以地方政府有意主导非物质文化遗产保护的走向，影响其自身良好、有序地发展、传承，包括对地方非物质文化

遗产代表性传承人的认定和保护①。由于我国代表性传承人的认定制度不够成熟，对认定过程中的各项具体事宜没有作出细致科学的规定，且我国非物质文化遗产保护的有关法规体制尚不健全，缺乏统一的伦理标准，把关不严，非物质文化遗产代表性传承人的认定过程中有很大的人为操作性，认定标准的弹性也较大。这种主观认定、政府利益取向的现象导致代表性传承人水平参差不齐，影响非物质文化遗产传承工作，未来走向堪忧。

（二）非物质文化遗产传承人老龄化、后继无人趋势堪忧

据民进中央副主席朱永新透露，中国公布的第四批非物质文化遗产代表性传承人中有 12.6%的人已经去世，其中大部分是因年老体衰而去世。且多数传承人受“家财万贯，不如薄技在身”传统思想的影响，严守“技不外传”的传统规矩，拒绝收外徒，拒绝配合文化部门开展传承性活动，这会严重影响到合格继承人的培养，从而导致某种传统技艺的失传，造成全人类的重大损失。有些传承人积极开展传承活动，但因为缺乏创新和时代因素，难以满足当代人的审美需求，与时代步调不一致，同样会后继无人。加上受城镇化和现代化影响，大部分农村年轻人外出谋生，即便是传承人的亲生儿女也不愿意子承父业②。传承人老龄化、“技不外传”思想的禁锢、非物质文化遗产自身的滞后性等多种因素的综合力量造成了非物质文化遗产后继无人、难以为继的局面。

（三）文化自觉性不高，契约精神缺乏

被认定为非物质文化遗产代表性传承人的传承主体，不仅享有这份荣誉带来的权利，也肩负着将自己所持有的某种非物质文化遗产传承后世、贡献社会的责任，这是义务，也是作为代表性传承人应有的文化自觉和契约精神。合格的传承人，不是单纯地延续传承传统，固守秘密，而应该改变“技不外传”的观念，开阔胸襟，积极培养继承人，方能使非物质文化遗产得到广泛流传，并发扬光大而不致失传的境地。非物质文化遗产传承人所持有的某种技艺，不仅仅是其个人的私有财产，更是全人类的宝贵财富③。但实际情况是文化主管部门等宣传力度的不够，代表性非物质文化遗产传承人的地位不高，有些人迫于

---

① 刘承华主编：《守承文化之脉》，南京：南京大学出版社，2015 年，第 25 页。

② 杨朝清：《“非遗后继无人”，文化传承迫在眉睫》，《共产党员》2016 年第 14 期。

③ 王文章主编：《非物质文化遗产概论》，北京：教育科学出版社，2013 年，第 272 页。

生计，不得不放弃已掌握的某种非物质文化遗产技艺，另谋出路。古人有言“仓廪足而知礼节”，生存为首要，非物质文化遗产代表性传承人服务社会的前提是其自身能够在社会上生存、立足。很多传承人开展传承活动，接收继承人并不能为自己带来足够的经济收益，若一心只为非物质文化遗产传承活动服务而没有其他经济活动辅助以维持生计，顺利生存下去也将成为一个难题。导致这种问题出现的重要原因之一是经济难题，根本原因是传承人文化自觉性不高，缺乏作为代表性传承人的契约精神和保护意识。

除此之外，非物质文化遗产保护工作中的其他问题也不容忽视。中国政府主导下的非物质文化遗产保护共享群体发生变化，参与非物质文化遗产保护的主体多为非科班出身的文化干部，缺乏充足的非物质文化遗产保护专业知识；在保护过程中重视传承人名气，尤其重视对代表性传承人的保护，对群众传承人保护的重视程度不够，使民间群众性传承人失去信心和保护非物质文化遗产的热情；还有受体制影响，传承发生扭曲，如商演包装投机取巧，培训机构学院派理论使观念产品发生变化，失去基本的本真性；在保护过程中因缺乏立体、系统保护意识等反使非物质文化遗产对象发生变异，形成保护性破坏等。虽然非物质文化遗产保护的初衷是好的，但若保护不当，必将造成莫大的损害。

三、“人间国宝”制度对中国的启示

（一）加强非物质文化遗产法制化建设

将非物质文化遗产保护传承上升到法律层面，对代表性传承人认定工作的各个环节作出细致规划，如规定好认定机构的具体职能、认定的流程等，使代表性传承人的认定工作有法可依，有法必依，避免出现主观认定、政治取向等问题。日本是以立法作为保护非物质文化遗产基础的国家，自1950年出台《文化财保护法》已有60多年，在此期间多次对《文化财保护法》进行补充修订，使文化财保护工作的各个细节都有法可依，不会出现主观认定的问题，这也是日本能被世界各非物质文化遗产保护国争相效仿的原因之一。

我国在《中华人民共和国非物质文化遗产法》正式颁布前，就有《宪法》《刑法》《中华人民共和国教育法》《中华人民共和国民族区域自治法》等法律涉及非物质文化遗产保护工作，地方层面有《云南省民族民间传统文化保护条例》（2000年5月通过）、《淮南市保护和发展花鼓灯艺术条例》（2001年6月通过）、《长阳土家族自治县民族民间传统文化保护条例》（2006年2月通过）等法规条例对非物质文化遗产保护工作进行了界定。基于“先地方，后中央”的立法思路，我国于2011年2月25日正式通过《中华人民共和国非物质文化遗产法》[①]，并于同年6月1日起施行。从非物质文化遗产保护工作过程中出现的各种问题可以看出，我国法律法规建设的步伐还不能与非物质文化遗产保护的紧迫性相适应[②]，我国涉及非物质文化遗产保护工作的法律，如《中华人民共和国非物质文化遗产法》需要完善的地方还有很多，可谓“任重而道远”。

（二）明细分工与责任

我国的非物质文化遗产保护工作原则是政府主导，社会参与[③]。这里强调的是政府的功能，但我国的非物质文化遗产保护组织，即“保护主体”，除了政府机构，还有非物质文化遗产保护机构、民间团体、公共文化机构、传统艺术表演团体等[④]。其中具备非物质文化遗产代表性传承人认定资格的是县级以上各级文化行政主管部门。非物质文化遗产代表性传承人认定保护过程中，存在认定工作不严谨、分工不明确、责任意识不清晰及保护意识缺失等问题，这些问题的存在严重影响到认定代表性传承人的质量，以至于很难达到真正保护的目的，所以，必须明确各保护主体，尤其是各级政府文化主管部门的责任。明确各个部门的具体工作事宜，有助于增强相关部门的非物质文化遗产保护意识和责任意识，因为不仅传承人需要有高度的文化自觉性，政府文化部门作为重要的非物质文化遗产“保护主体”也要足够的“文化自觉”。传承主体与保护主体相辅相成，保护主体做到了对传承人的保护，将有助于推进对各项非物质文化遗产的保护工作。

（三）优待非物质文化遗产传承人

日本传承人得到认定后，国家会给予其高额资金补助用于开展传承活动

---

① 王文章主编：《非物质文化遗产概论》，北京：教育科学出版社，2013年，第348—353页。

② 刘承华主编：《守承文化之脉》，南京：南京大学出版社，2015年，第25页。

③ 中国艺术研究院、中国非物质文化遗产保护中心编：《中国非物质文化遗产普查手册》，北京：文化艺术出版社，2007年，第4页。

④ 王文章主编：《非物质文化遗产概论》，北京：教育科学出版社，2013年，第290页。

等，其中“个别认定”和“综合认定”中的传承人被称为“人间国宝”，针对民众熟悉度不高等问题，实行巡演制度[①]，用以提高文化财和传承人的知名度。

1. 让非物质文化遗产植根于生活

县级以上政府文化主管部门应严格执行代表性传承人的认定标准，确保代表性传承人的高水平、高质量，将认定的代表性传承人名单公布，为代表性传承人开展专门的宣传活动，让代表性传承人在公众面前展示自己的高技能，促使代表性传承人获得民众的认可甚至赞美，将代表性传承人的地位根植于民众心里，同时，也能让非物质文化遗产与民众生活相融并产生影响。英国人类学家布朗认为，文化在社会结构中具有重要功能；英国另一位人类学家马林诺夫斯基曾说过，文化是为了满足人的生理和心理需求而产生的。简而言之，非物质文化遗产要能够解决人们的切身问题，对人们的生活发生作用，具备克里斯玛特质，才能确立非物质文化遗产作为传统的地位，从而让民众对非物质文化遗产及其传承人产生认同感。

2. 提高资金补助

利用税收等优惠政策，吸引民间组织参与非物质文化遗产保护，提高对代表性非物质文化遗产传承人的经济补助。中国非物质文化遗产丰富，民间组织参与非物质文化遗产保护与传承，不仅可以减轻国家财政负担，还能让代表性传承人的传承活动有更多的资金来源，解决传承人的生存问题，提高代表性传承人的传承积极性，激发民众的非物质文化遗产保护传承热情，一举多得。

资金补助支持并不是唯一的优待方式，政府最大的资源也不是资金而是政策，在以后非物质文化遗产的保护工作中，政府应继续出台更多有力度的奖励政策[②]，综合地优化传承人的生存环境与传承环境。坚持非物质文化遗产保护的工作原则，坚持政府的主导力量，提高民众的参与度。

（四）重视非物质文化遗产传承人教育

传承人的文化自觉、文化兴趣的建立并非一朝一夕间的事。日本在小学、

① 汪舟：《日本非物质文化遗产保护与传承经验及对我国完善相关保护体系的启示》，《旅游众览月刊》2016 年第 1 期。

② 苑利、顾军：《非物质文化遗产学》，北京：高等教育出版社，2009 年，第 74 页。

中学等阶段就开设传统文化课、传统技艺课，让文化传承人从小受传统文化、传统技艺的熏陶，并建立对传统文化的认知和兴趣，为文化自觉的根基深种打下坚实基础。中国传统文化博大精深，非物质文化遗产丰富多彩。若让传承人从小接受传统文化、传统技艺的熏陶，必定也能建立起传承人高度浓厚的文化自觉性。例如，在小学设立戏曲表演、皮影戏欣赏和剪纸等课程，课堂氛围轻松，老师尽量引导学生自己动手参与。此外，学校可以定期举行传统技艺大比拼等活动，鼓励学生参与，培养学生的传统文化情趣。充分利用网络媒体，让与非物质文化遗产相关的标语、口号、广告、电视剧、动画片等时刻充斥于传承人的耳目，长时间耳濡目染的效果有时候比课堂教育来得更有力。

日本政府针对后继者匮乏问题（即使在传统文化保持得较好的日本，很多非物质文化遗产类别下的传统艺术技能也面临后备人才匮乏、难以传承的困境），采取研修形式，针对传统技艺与现代科技的差距，允许其自我发展和创新[①]。最近几年，中国研修班的承办力度明显加大，但在实际培训中存在着以学院专业取代民间技艺，导致本位缺失、全体模糊的现象。为此，中国在继续加大研修班承办力度的同时应改变研修班的承办模式，利用教育帮助非物质文化遗产传承人建立文化自信与自觉；培养并建立传承人应有的契约意识，使其自觉履行传承义务；鼓励传承人自我发展、自我创新，使传统技艺保持基本“本真性”并与时俱进，满足技艺继承人的需求，适应时代的发展。

四、结语

宏观上看，中国对日本“人间国宝”制度的借鉴比较全面和系统，把大的框架都应用到中国的非物质文化遗产代表性传承人的认定、保护过程中，但中国非物质文化遗产保护工作的进行历程还比较短，对非物质文化遗产代表性传承人的认定、保护工作中的一些具体操作规则还未作出细致的规划，导致非物质文化遗产传承人的认定、保护工作不断出现问题，难以达到保护和传承的效果。在中国未来的非物质文化遗产保护过程中，非物质文化遗产代表性传承人的认定、保护将是非常重要的一个方面，因为传承人关系着非物质文化遗产保

① 汪舟：《日本非物质文化遗产保护与传承经验及对我国完善相关保护体系的启示》，《旅游众览月刊》2016 年第 1 期。

护和传承的命脉，是重中之重。所以，面对非物质文化遗产代表性传承人的认定、保护过程中接踵而至的问题，中国可以继续借鉴日本的“人间国宝”制度解决眼前问题并预防未来可能出现的问题，细化认定、保护的规则，不断补充完善中国非物质文化遗产代表性传承人的认定、保护制度。

作者简介：彭君花，女，汉族，籍贯江西，青海师范大学法学与社会学学院2016级民俗学专业硕士研究生，研究方向为民俗文化学。

多维视角下的近现代昆仑神话研究

任文娟

昆仑神话是中国神话体系中不可或缺的组成部分，在中国文化史上有着不同凡响的地位。赵宗福教授分析昆仑神话在中国文化史中的地位时指出："昆仑神话是中国古典神话中故事最丰富、影响最大的神话系统，也可以说是中国古代神话的精华部分。"①而早在民国时期，文豪鲁迅先生在《中国小说史略》一书中明确指出："其最为世人所知并常引为故实者，有昆仑山与西王母。"②近代以至当代，昆仑神话一直被国内学者关注与研究，成果众多。研究的视角多集中在文献学、考古学、历史学、哲学、民俗学、民族学、人类学、语言学、社会学等多个学科。蒋观云的《中国人种考·昆仑山》是首篇研究昆仑神话的论文。他除了采用《史记》《汉书》《水经注》《山海经》《穆天子传》等中国典籍之外，还引用印度神话传说等资料进行比较研究，来论证"昆仑山就是喜马拉雅山"，"西王母种族之名，是黄种的氏族"，这些观点在一段时间内对昆仑神话体系的建立及中华民族起源研究产生了较大的影

① 赵宗福：《论昆仑神话与昆仑文化》，《大文化与小传统——民俗文化学论萃》，北京：科学出版社，2016 年，第 25 页。

② 鲁迅：《中国小说史略》，北京：中华书局，2010 年，第 8 页。

响。鲁迅的《中国小说史略》将神话视为文学艺术的源头，在他看来，昆仑神话无疑是中国文学的源头。茅盾的《中国神话研究 ABC》首次提出了昆仑神话中西王母神话三个演变阶段的观点，在学术界产生了较大的影响。闻一多的《伏羲考》通过文献田野相结合，考证了女娲、伏羲神话的起源、发展和演变，其中也涉及西王母神话。顾颉刚在《〈庄子〉和〈楚辞〉中昆仑和蓬莱两个神话系统的融合》中提出中国神话分两大体系的观点，一是昆仑神话；二是蓬莱神话（也可称为仙话），并指出东部的蓬莱神话是受昆仑神话影响而形成的。这种说法在学术界产生了重大影响。本文从昆仑的语源及其原型研究、昆仑山地望研究、西王母神话研究和相关神话研究四个方面，对近现代学者的研究进行梳理。

一、探讨昆仑的语源及其原型研究

对“昆仑”一词的语源、词源，近代以来，学者有多种多样的说法。综合概括起来，大约有以下几种。

“葫芦”说。持此说以闻一多为代表，他考证了伏羲女娲的字音，认为伏羲女娲实乃葫芦的音变，“二人本皆谓葫芦的化身，所不同者，仅性别而已”[①]。此说法就伏羲女娲的字义考证有着重要的意义。

“窟窿”说。此说亦源自闻一多，他推测“窟窿”亦是“昆仑”的音转，klong与“窟窿”的发音十分接近。“又暹罗语，klong圆筒也，klung空也，有洞也，kuang 宽敞也，皆华文‘孔’之转语。”[②]这种说法同样存在一些问题，仍是在语音上作辨析。

“浑黑”说。杨宪益认为昆仑的本义是黑色，“昆仑是当时南海方面黑种人的通称。当时大食人在南海贩卖黑奴的很多，到中国的黑奴被称为昆仑奴”[③]。

“南方”说。岑仲勉在《中外史地考证》一书中，认为“昆仑”一词来自于阗语，意为“南方”。

① 闻一多：《伏羲考》，闻一多：《闻一多全集》第三册，武汉：湖北人民出版社，1993 年，第 111 页。

② 闻一多：《诗新台鸿字说》，闻一多：《闻一多全集》第三册，武汉：湖北人民出版社，1993 年，第 195 页。

③ 杨宪益：《康昆仑与段善本》，杨宪益：《译余偶拾》，济南：山东画报出版社，2006 年，第 31—32 页。

“陆浑”说。卫聚贤认为陆浑与昆仑音相近，在《昆仑与陆浑》一文有云：“昆仑在蒙古语中有横义，言新疆南及青海南北的东西大横山脉为昆仑山，是以有敦煌地、树敦城，陆浑人、王母与启母神，因为古今音读之不同，而有各种记载的歧异，是以分化成各种不同之事物典人物。”①

程发轫《昆仑之谜读后感》云：“昆仑一词，出于西戎，有崇高与玄黑二义。……昆仑之发音为 K，L 由喀喇（karu）一音之转，或作哈拉，蕃语黑也。”②

关于昆仑的原型，有以下几种说法。

“天形”说。持这类说法的学者是朱芳圃。他认为“昆仑”是“穹隆”的转音，“故以其高言之，谓之天山，以其形言之，谓之昆仑”③。

“坛墠”说。凌纯声认为“源自两河的昆仑，在中国则称为坛墠，又可名曰封禅文化”④。

苏雪林在《昆仑之谜》中言：“考巴比伦远古传说，即谓有一仙山曰 Khursag Kurkura，其义犹云:‘大地唯一之山’（mountain of all lands）或曰世界之山（mountain of the world）为诸神聚居之处，亦即诸神之诞生地（the birth place of the gods）。巴比伦若干庙宇与七星坛之建筑，皆此山之缩型。而中国之昆仑，希腊之奥林匹司，印度之苏迷庐，天方之天园，亦焉此山之翻版。”⑤

上面各位学者都对“昆仑”一词作出了独特的理解，促进了它的进一步发展。但是，综观“昆仑”这一词的学术史研究，大多数学者是单向性的研究，忽视了语言的综合性与复杂性，很少把昆仑和西王母、“河出昆仑”等联系起来研究。

二、昆仑山地望研究

昆仑山在中国传统文化中是一座神圣的山。“郑德坤认为昆仑山是中国神

① 卫聚贤：《昆仑与陆浑》，《说文月刊》1939 年第 9 期，第 5—6 页。

② 凌纯声：《昆仑丘与西王母》，《“中央研究院”民族学研究所集刊》1966 年第 22 期。

③ 朱芳圃：《中国古代神话与史实》，郑州：中州书画社，1982 年，第 149 页。

④ 赵宗福：《大文化事业中的昆仑文化研究与文化建设》，《大文化与小传统——民俗文化学论萃》，北京：科学出版社，2016 年，第 5 页。

⑤ 苏雪林：《苏雪林文集》，合肥：安徽文艺出版社，1996 年，第 141 页。

话体系中最为重要的神山”[①]。茅盾指出：“原始人设想神是聚族而居的，又设想神们的住处是在极高的山上，所以境内最高的山便成了神话中神的住处。希腊人对于奥林匹斯山的神秘的观点是便由此发生的。中国的神话与之相当，就是昆仑。”[②]“神话学家们大多认为，在中国古代文献里，‘昆仑’有两义：一是地理的昆仑；二是神话的昆仑。地理昆仑的地望究竟在哪里?这个问题困扰着一代代的学者，出现过许许多多的说法，至今也还是难有定论。”[③]以岑仲勉 1957 年发表的《穆天子传西征地理概测》[④]为例，有关昆仑和西王母国的推测，该文总结的前人看法已达十种之多，观点如表 1 所示。

表 1 《穆天子传西征地理概测》总结的前人对昆仑和西王母国的推测

学者	观点
Lacouperie（拉克伯里）	极西至喀什葛尔，西王母是乌孙昆靡之古释
夏德	酒泉南山
Focke	示巴女王国（今阿拉伯）
沙畹	塔里木流域
Saussure	天山南路
藤田丰八	青海
丁谦	亚西里亚
顾实	欧洲大平原华沙附近
卫聚贤	和田之东
沈曾植	里海、咸海之间

顾颉刚的《昆仑传说和羌戎文化》云：“昆仑在西北，青海，甘肃，新疆都很像；但是又不能完全像”。[⑤]在研究中国境内外的昆仑时，苏雪林将地域分成两类（国内与国外），归纳前人对昆仑所在地的论述。国内的昆仑之说，按照中国地域从东到西描述，且忽略考证年代，得出昆仑在西宁、敦煌、酒泉地区，即阿尼玛卿山、巴颜喀喇山、天山、于阗南山、喀喇科龙山、冈底斯山等。继而描述了国外昆仑的地理位置，有南洋的普罗康多儿岛、东南亚昆仑国

① 牛汝辰：《昆仑神话及其语源探讨》，《中国地名》2016 年第 3 期。

② 茅盾：《中国神话研究初探(插图本)》，上海：上海古籍出版社，2005 年，第 48 页。

③ 刘锡诚：《神话昆仑与西王母原相》，《西北民族研究》2002 年第 4 期。

④ 岑仲勉：《穆天子传西征地理概测》，岑仲勉：《中外史地考证》上册，北京：中华书局，2004 年，第 29 页。

⑤ 顾颉刚：《古史辨自序·昆仑传说和羌戎文化》，石家庄：河北教育出版社，2003 年。

及昆仑奴、非洲之昆仑层期国等。依她看来，中国现实存在的昆仑山都不是《山海经》中的昆仑，国外的昆仑山因为音近讹传为中国的昆仑，所以昆仑究竟在哪，还是未解之谜。“此神秘之仙山，其实亦难于坐实也！”[①]后其又指出昆仑是在两河流域，“是以昆仑一词，不惟指山而已，亦可用以指两河流域之帝都焉”[②]。丁山的《论炎帝大岳与昆仑山》提出须弥山是昆仑神话的源头，昆仑由须弥山演变而来。卫聚贤的《昆仑与陆浑》指出昆仑山位于青海与新疆的昆仑山脉。

关于昆仑山的地望探讨，学者们说法众多，虽然没有得出一个准确的定论，但也促进了昆仑神话的深入研究。

三、西王母神话研究

西王母是昆仑神话中的女主神，对后世的影响最大，所以得到了中外学者颇多的关注。苏雪林曾说过：“西王母与昆仑山原有不可分拆之关系，言西王母即言昆仑也。”[③]赵宗福提出“昆仑西王母神话”一词，由此可见，对西王母神话的研究在一定程度上是对昆仑神话的研究。因此，众多学者撷取了昆仑神话中最具核心文化意义的西王母神话为研究对象，对昆仑神话进行研究。

古人眼中的西王母，或为国名与地名，或为怪神与女仙，又或为君王名与族名，自古以来众说纷纭，莫衷一是。正如叶舒宪所说：“由于各种分歧矛盾的记载，彼此抵牾的功能纷纷加诸这位西王母头上，以至于她成了古今争议最多、身份和性质最不明确的一个神话人物。”[④]西王母神话传说是中国神话史上最复杂、最麻烦的问题之一，所以西王母研究一直是学术界关注的热点。

自清末以来，众多学者分别从地理历史、宗教文化、民族与民俗、原始语言与神话等角度出发，对西王母神话传说的根源、发展及变形提出了种种论点。关于西王母的研究，学者们主要集中在三个方面：其一是关于西王母原型及其神格的探讨研究；其二是关于西王母之地望和种族的研究；其三是关于西王母神话演变的研究。

---

① 宋山之上：《昆仑之谜引论》，http://blog.sina.com.cn/s/blog_5d6a41780101cl3b.html［2013-07-15］。

② 苏雪林：《苏雪林文集》，合肥：安徽文艺出版社，1996 年，第 123 页。

③ 苏雪林：《昆仑一词何时始见于中国记载》，《大陆杂志》1954 年第 11 期。

④ 叶舒宪：《中国神话哲学》，北京：中国社会科学出版社，1992 年，第 83 页。

（一）关于西王母原型及其神格的探讨研究

研究西王母原型及其神格的学者众多。陈梦家于1936年发表的《古文字中之商周祭祀》，考证了殷墟卜辞中的“西母”，认为“西母”为“西王母”的前身。这一说法为后来的许多学者所继承。1939年吕思勉在《说文月刊》中发表文章《西王母考》，指出：“西王母古有两说：一以为神，一以为国，然二说仍即一说也。”[①]丁山的研究从西周的礼制出发，提出西王母“司天之厉及五残”的神格是古代天子诸侯在夜月之下进行的“纠虔天刑”的礼制发展而来的观点。他主张西王母是集月、刑两神于一体的神灵。这为后人研究西王母的月神神格提供了可行的依据。1946年郑振铎出版《民族文话》一书，其中《穆王西征记》一篇谈及西王母在《山海经》中的形象：“大似一个女神或女巫，和河宗伯天的性质有些相同。”[②] 苏雪林《昆仑之谜》指出穆天子西征见到的西王母应是西亚女神易士塔儿（Ishtar）。她推测西王母是易士塔儿女神与西美腊美斯女王相融合的结果，这促使缥缈虚无的神以实在的人王形象得以存在。但穆天子在位时间与西美腊美斯在位时间相距上千年，故而，她指出：“且西亚人好以神灵名字与己私名混合为一名，其例数见不鲜。或者中亚一带国家有女王以金星神易士塔儿为己名。中国人固习知易士塔儿为西王母，则误以穆王所会晤者为真西王母矣。”[③]凌纯声《昆仑丘与西王母》承袭丁山之说，主张西王母是月神，同时他又反驳了西王母是加勒底之神的观点，提出西王母是古代苏膜和阿喀所崇拜的月神的看法。

学者们对西王母原型及其神格的研究，还受到西方学术界图腾理论的影响。朱芳圃《西王母考》运用图腾理论，以西王母的衣饰为主要的研究对象，提出《山海经》中的西王母乃西方神貘的观点。“从《山海经》所载居处、形状，服饰考之，当为西方貘族所奉祀的图腾神像。”认为“貘”即指《穆天子传》中的“膜”或“西膜”。其所居之处“当在今西宁之西，青海以北之祁连山”。他指出穆天子所见到的西王母，是“貘族之君长”，而由西王母衍变到嫫母，“盖西王母本名为貘，貘与母同音通用，流俗望义，误以为女性的尊

① 吕思勉：《西王母考》，《说文月刊》1939年第9期。

② 郑振铎：《民族文话》，上海、重庆：国际文化服务社，1946年，第27页。

③ 苏雪林：《昆仑之谜》，广州：广东出版社，1956年，第7页。

称"[①]。孙作云《敦煌画中的神怪画》指出，"在中国古代曾经广泛地实行过图腾制度，这时间若用传统的术语来说，就是相当于'三代'以前，约去今五千年左右"，提出《山海经》中西王母"虎齿豹尾"的形象，并不是指她的样貌，"可能是她的图腾服饰"的观点。他认为《穆天子传》中的西王母是"西周时代，西北荒的一个女酋长"[②]。图腾学说是我们研究古代神话传说必须要涉及的一个内容，朱芳圃等学者的研究为我们提供了范例。

（二）关于西王母之地望和种族的研究

关于西王母之地望和种族的研究，以丁谦、章炳麟、蒋智由、刘师培、顾实、岑仲勉等为代表的一批学者，从古代地理交通的研究视角出发，运用民族学的研究成果，较为详细地考据了西王母之邦的地理位置。丁谦《穆天子传地理考证》卷二中提出西王母国就是古代的加勒底国，西王母是该国的月神。刘师培在《穆天子传补释》中依据古史记载，详细考据了穆天子西征的路线，西王母名称的由来及所在地域。他认为西王母发源于西方，东西方文化的交流与传播促使西王母出现在东方。同时期蒋智由《中国人种考》指出西王母神话传说是"我国人种西来之关键"的佐证，其曰：西王母，今为东西各国学者"热心考察之一问题。盖以西王母为窥测中国古史，与外域交通之一要件"。他凭借考证昆仑山和玉山的地理位置来确定了西王母国的大致位置，"白玉山或即《山海经》之玉山，而属昆仑山系中一山，皆可谓之昆仑。……又《禹本纪》言昆仑上有瑶池。而《穆天子传》亦言:'觞西王母于瑶池。'是皆西王母常在昆仑之证。而按西夜，子合亦当昆仑，其地在于阗西，疏勒莎车之南，于阗今和阗，疏勒今喀什噶尔，莎车今叶尔羌，则是西王母之地，当在今和阗叶尔羌喀什噶尔之间"[③]。由于历史久远，缺乏更多的史料记载，蒋智由同时也指出："惟古代西王母疆域之所至，难以确定，或者参错兼有。"[④]此后学者在考证西王母国地望时，也往往难以给出一个十分确切、令人信服的答案。"这一方面是由于古史渺茫难寻，另一方面则由于部族的迁徙、民族间的交往融

① 朱芳圃：《西王母考》，《开封师院学报》1957年第2期。
② 孙作云：《敦煌画中的神怪画》，《考古》1960年第6期。
③ 蒋智由：《中国人种考》，上海：华通书局，1929年，第102页。
④ 蒋智由：《中国人种考》，上海：华通书局，1929年，第103页。

合，往往一个地名会出现在相隔较远的两地。”[①]

在西王母的族属问题上，蒋智由认为，西王母是“古时一人种之名”，而“若以昆仑为帕米尔、于阗间一大山为假定，则西王母即居住于其间之民族”[②]。章炳麟在《訄书·序种姓》中以“西母”与“西膜”音相同，认为西王母乃是西膜，即塞米种。刘师培指出西王母为“极西古国，盖西膜转音为西母，缓读之则中有助音，古人以中土字音移写之则为西王母。犹今塞米种或书塞而迷亚也”[③]。顾实《穆天子传西征讲疏》中提出“《穆传》西王母，实即穆王之女”的说法[④]，并认为“西王母之邦，当在今波斯之第希兰（Teheran，即今德黑兰）附近”[⑤]。

从上述几位学者关于西王母地望和族属的论说中，我们可以看出有一相似之处，即上述学者都认为西王母源自西方。一方面，他们受到了以拉克伯里为代表的西方汉学家所提出的中国文化西源说的影响；另一方面，当时为了制造革命舆论，推翻清政府，这些学者奋而研究古史传说，在人种学上与满族人种进行区分，为资产阶级革命运动积极寻找理论依据。丁谦等学者研究神话传说，主要用以考据、说明社会历史进化的“物竞天择”，并进而证明资产阶级民主革命是符合人类历史发展潮流的。“虽然他们在对具体问题的研究过程中，如在对西王母地望、族属的考察时所使用的‘中国人种西来说’的研究方法就十分机械，只是一些简单的模仿，并没有真正将西王母的神话传说融汇到古史研究中去；但是，从客观上说，他们将西王母的研究与外域文化联系起来，为后来学者提供了一个崭新的视角，拓宽了研究道路”[⑥]。

“五四运动”后，以岑仲勉和张星烺为代表的学者继续对西王母的地望族属进行研究。岑仲勉《〈穆天子传〉西征地理概测》考据了昆仑、春山、赤乌氏、洋水、黑水、群玉山及玄池等地名的由来，认为：“西王母则确有其地确有其人”。他运用音韵学理论考证了“西王母”一词的发音，指出西王母的本义是“王权”。并引用了沈曾植《穆天子传书后》中的记载，认为西王母国在

① 张勤：《西王母神话传说研究》，苏州：苏州大学博士学位论文，2005年。

② 蒋智由：《中国人种考》，上海：华通书局，1929年，第182页

③ 刘师培：《穆天子传补释》，南京：江苏古籍出版社，1997年，第1175页。

④ 顾实：《穆天子传西征讲疏》，上海：商务印书馆，1934年，第146页。

⑤ 顾实：《穆天子传西征讲疏》，上海：商务印书馆，1934年，第130页。

⑥ 张勤：《西王母神话传说研究》，苏州：苏州大学博士学位论文，2005年。

“自宗周至西北大旷原万四千里，以今里法减折算之，大旷原盖今里海、咸海之间的大沙漠，东迤北至乌拉岭东吉里吉斯高原也”。岑仲勉继承了章炳麟、刘师培的学说，认为西王母属于塞米族①。

张星烺在《中西交通史料汇编》中通过考察穆天子西征路线，指出西王母国在撒马儿罕附近：“其方向皆直向西，其道里则截春山以北，自群玉山以西至于西王母之邦三千里，其日期则自离群玉山至西王母之邦，凡三十日。是西王母之邦当在今撒马儿罕附近也。”此外，他批驳了各种西王母“西来说”。他依据《太平广记》中的记述“西王母者，九灵太妙龟山金母也。……其山之下，弱水九重，洪涛万丈。非飚车羽轮不可到也”以龟山为“葱岭稍西之印度库斯山”。又引用前人“西王母姓杨，名回，治昆仑西北隅”的说法，提出“其国之必在于阗西北也”的说法②。张星烺的研究多次引用唐以后的文献史料，较多关注西王母叙事，推翻了前人的“西来说”，此乃一大进步。

（三）关于西王母神话演变的研究

关于西王母神话演变的研究，鲁迅《中国小说史略》、茅盾《中国神话研究ABC》、吴晗《西王母的传说》、闻一多《高唐神女之传说》等皆是在人类文化起源的大环境下进行西王母神话演变研究的，对西王母神话传说的根源、发展及变形提出了种种论点。

鲁迅于《中国小说史略》中指出，民间创作的神话与传说是中国古代小说的源头，“探其本根，则亦犹他民族然，在于神话与传说”。继而，从小说发展的史学角度出发，鲁迅对比了西王母在《山海经》和《穆天子传》中的形象，认为：“传亦言见西王母，而不叙诸异相，其状已颇近于人王。”③他提出西王母神话在演变过程中一个显著特征就表现在西王母“神格”的“渐进于人性”。由此，考察西王母神话传说的要点之一是西王母的“神格”及其演变。

茅盾在《中国神话研究 ABC》中首次提出西王母神话三个演化阶段的观点。阶段一：西王母由《山海经》中半人半兽的凶神转变成《淮南子》中手持

① 岑仲勉：《〈穆天子传〉西征地理概测》，岑仲勉：《中外史地考证（外一种）》下册，北京：中华书局，1962年，第34页。

② 张星烺：《中西交通史料汇编》第一册，北京：中华书局，2003年，第78页。

③ 鲁迅：《中国小说史略》，北京：中华书局，2010年，第8页。

“不死药”的吉神。阶段二：西王母执掌之物由“不死药”化生为“桃”。阶段三：魏晋时期，西王母已经“完全铺张成为群仙的领袖”。“西王母神话的修改增饰至此已告完成，西王母神话传说也完全剥落了中国原始神话的气味而成为道教的传说了。”[①]茅盾就“豹尾虎齿”“蓬发戴胜”“穴居”而处的西王母指出，这是“原始信仰与生活的混合表现”[②]，其朴野的形象最接近于原始人的思想信仰。

“吴晗是早期西王母神话研究者中最具代表性的学者，他于1932年发表的《西王母的传说》是西王母神话研究的力作。”[③]他在《西王母的传说》中引证文献古籍，总结了西王母神话纵向与横向的发展演变。其中，九次纵向衍变：第一次，由似人的兽到似兽的人；第二次，由渺茫的似兽的人到真正的人；第三次，由真正的人衍变成神，并与古代帝王产生联系；第四次，变为女人；第五次，产生东王公以配西王母；第六次，西王母结婚；第七次，燕昭王、舜、禹、黄帝等与其发生关联；第八次，成为女仙领袖；第九次，家庭、谱系填充完整。“这为后来学者对西王母神格发展和演变轨迹的研究提供了较为明晰的线索，有着一定的指导意义”[④]。横向发展方面，吴晗对“道德家的西王母”“后羿与嫦娥”“汉晋以来词人与王母上寿”“西王母与西戎及其他”“西王母与动、植、矿物”“西王母使者”“西王母的装饰”等相关问题进行了初步探索。吴晗的研究，体系是较为清晰的，但并未引起学者们足够的关注。

闻一多在《高唐神女之传说》中考证了简狄、涂山氏、高唐神女等几位古代神话中的先妣形象，认为：“几个民族最初出于一个共同的远祖（当然是女性），涂山、简狄、高唐，都是那位远祖的化身，那便对了。”这位远祖就是西王母，“我仍然相信她们（即高唐神女、涂山氏、简狄、姜嫄）以及旁的中国古代民族的先妣，都是从某一位总先妣分化出来的，这位总先妣，我从前想许就是西王母”[⑤]。他指出西王母的“高禖”神属性使得各个民族神话中的先

① 茅盾：《神话研究》，天津：百花文艺出版社，1982年，第156页。

② 茅盾：《神话研究》，天津：百花文艺出版社，1982年，第89页。

③ 汪楠：《20世纪上半叶中国神话学史》，长春：东北师范大学博士学位论文，2011年。

④ 张勤：《西王母神话传说研究》，苏州：苏州大学博士学位论文，2005年。

⑤ 闻一多：《高唐神女传说之分析》，闻一多：《闻一多全集》第三册，武汉：湖北人民出版社，1993年，第34页。

妣（高唐神女、涂山氏、简狄）密切地联系在一起。

综上所述，我们可以看出学者们对西王母神话演变的研究，取得了丰硕的研究成果，其角度日趋多样化。他们丰硕的研究成果和多样化的研究视角对后来的学者都产生了重要影响。但就整体而言，“参与研究的学者不多，且水平参差不齐，许多重大问题尚未涉及，民间活态资料也没有受到重视”[①]。

四、相关神话研究

（一）伏羲女娲神话

五四运动以来，伏羲女娲的关系及其起源地成为茅盾、芮逸夫、常任侠、闻一多、吕思勉等学者的主要研究问题。茅盾在《中国神话 ABC》等著作中多次谈及伏羲女娲神话，并提出如下看法：①伏羲女娲神话的产生时间迟于盘古神话，中间部分则失传了；②按地域来说，女娲神话源自北方民族；③较伏羲而言，女娲的形象更为古老，并且认为伏羲是神话中的“春之神”。芮逸夫等于 1933 年在湘西苗寨进行田野调查，于 1936 年 12 月写成了《苗族的洪水故事与伏羲女娲的传说》，这是第一篇研究伏羲女娲的科学性专论，通过考证苗族中兄妹洪水神话，认为“伏羲与兄名很相似，女娲与妹名很相似”[②]。作者大胆推测：在苗族洪水神话中伏羲、女娲是一对兄妹。芮逸夫首次提出使用少数民族中的神话传说来考证伏羲女娲神话，引起了巨大的影响。在芮文及常任侠作于 1939 年的《重庆沙坪坝出土之石棺画像研究》的基础上，闻一多作《伏羲考》，对伏羲女娲神话的研究进一步加深。在《伏羲考》中，他认为：①伏羲女娲乃苗族的祖神；②考证古籍和苗族传说，发现共工与雷公有相似之处，又依据训诂结果“康回即康雷”，推测：共工即雷公；③伏羲，女娲与“葫芦”是音转关系，这便能解释古籍中记载的“以木德王，为风姓”“女娲作笙簧”等。上述观点是“将古代典籍与考古新发掘所得，以及少数民族流传的民间传说进行综合，运用文化人类学、民俗学中关于图腾崇拜与发展、转化理论，同传统考据相结合的研究成果，是我国创世、洪水和人类起源神话研究的里程碑式论著，在伏羲女娲研究史上具有重要意义。但也应该看到，对于考据方法的

① 赵宗福：《西王母研究从一般走向深入》，《中国社会科学报》2011 年 8 月 23 日。

② 芮逸夫：《苗族的洪水故事与伏羲女娲的传说》，马昌仪编：《中国神话学文论选萃》上册，北京：中国广播电视出版社，1994 年，第 400 页。

过分依赖，也使他的论证颇有自相抵牾之处”[①]。

吕思勉《女娲与共工考》言:“女娲治水而不及共工。”[②]又言:“明自共工至禹，水患一线相承，说共工者，自以谓在颛顼及尧、舜、禹之世为得也。”[③]“钟敬文指出女娲与伏羲很可能本是两个不同部落、不同地域的大神（或神化了的酋长），他们所代表的社会发展阶段也不同，伏羲是渔猎时期部落酋长形象的反映，女娲却是初期农业阶段女族长形象的反映。”[④]

关于伏羲女娲起源地的问题，学者们有着不同的看法与推测。其中，“北方说”和“南方说”是最具影响力的两大学派。持“北方说”的学者有茅盾、张光直、王孝廉等，他们认为北方是伏羲女娲的起源地。“南方说”的代表学者有芮逸夫、常任侠、闻一多、徐旭生、吕思勉、徐中舒、袁珂等，细分主要又有两种观点:一是以芮逸夫、徐旭生等为代表的学者，他们认为伏羲女娲出自南方的苗瑶民族，即“苗瑶说”；二是胡小石、邓少琴等学者，他们认为伏羲女娲起源于古代的巴蜀，即“巴蜀说”。

（二）鲧禹神话

20 世纪初，受西方神话理论的影响，作为神话人物的鲧禹逐渐成为学者们的研究对象。此后，学者们从诸多方面探究鲧禹神话，其研究焦点主要是探讨鲧禹神人之争、鲧禹的来源、鲧禹治水的地点及治水方法这四方面。

1923 年，顾颉刚在《与钱玄同先生论古史书》中言：“禹是上帝派下来的神，不是人。”又言：“我以为禹或是九鼎上铸的一种动物。”[⑤]这就是有名的“禹为动物，出于九鼎”之说。后来他在《讨论古史答刘胡二先生》中列举古籍中涉及禹的九条话钞，一一考证，得出“禹为山川之神……又为社神。其神职全在土地上”的论判。随后他又提出“禹是南方民族神话中的人物”这样一个假定，并列举了九项理由。作于 1937 年的《九州之戎与戎禹》舍弃了原先

① 过文英：《论汉墓绘画中的伏羲女娲神话》，杭州：浙江大学博士学位论文，2007 年。

② 吕思勉：《女娲与共工》，马昌仪编：《中国神话学文论选萃》上册，北京：中国广播电视出版社，1994 年，第 469 页。

③ 吕思勉：《女娲与共工》，马昌仪编：《中国神话学文论选萃》上册，北京：中国广播电视出版社，1994 年，第 471 页。

④ 过文英：《论汉墓绘画中的伏羲女娲神话》，杭州：浙江大学博士学位论文，2007 年。

⑤ 顾颉刚：《与钱玄同先生论古史书》，马昌仪编：《中国神话学文论选萃》上册，北京：中国广播电视出版社，1994 年，第 79 页。

的假定，认为“禹的传说产生于西方戎族。禹原为戎的宗神，随着九州、四岳的扩大演化为全土共戴的神禹，更演化为三代之首君”①。杨宽《中国上古史导论》，“在第十二篇和第十四篇分别探讨了鲧的传说和禹的传说，提出‘夏后’是人们对于开天辟地的鲧禹的敬称，鲧本是水神等说法”②。

关于鲧禹的起源，学者们有着各自的看法与推测，尤其是禹的起源，天南海北都有说法。顾颉刚在《讨论古史答刘胡二先生书》中提出一个假设：“禹是南方民族的神话中的人物。”③并列出数项理由来论证，得出鲧禹神话源自越这一结论。随后，他在《九州之戎与戎禹》中提出禹起源于西羌的观点。童书业和顾颉刚合著于 1937 年的《鲧禹的传说》考证了西方为禹的起源地的观点。1938 年杨宽在《中国上古史导论》中提出鲧禹分别是东夷和西夷的神的看法。

学者们对于鲧禹治水的地点有不同的说法，总结如下。顾颉刚在《讨论古史答刘胡二先生书》中提出鲧禹治水的地点在南方，“商周间，南方的新民族有平水土的需要”。1936 年卫聚贤《古史研究》著作中，《虞夏》篇中有“尧舜禅让与禹治洪水的探讨”，“认为禹治水在西周时已有传说，至东周后，其传说更多；他认为就空间言，陕西、河南、山东都有对于禹治水的地域观。更有夏民族在太原治水的经历”④。吕思勉写于 1939 年的《唐虞夏史考》提出人们是为了躲避水患而向西迁徙的。

关于鲧禹治水的方法，学术界有着各自的看法。顾颉刚、吕思勉等学者持“填”的说法。童书业和顾颉刚合著的《鲧禹的传说》认为禹的治水方法与鲧的治水方法相同，皆用土填的方式治理洪水。吕思勉同样也指出共工、禹都采用“填”的办法治理洪水。徐旭生等学者则认为鲧禹治水以“导”为主要的方法。1941 年徐旭生在《中国古史的传说时代》一书中，指出大禹治水的主要方法为疏导。

---

① 杨栋：《二十世纪大禹传说研究》，《开封大学学报》2012 年第 2 期。

② 孙国江：《20 世纪以来大禹传说研究综述》，《长春师范学院学报》（人文社会科学版）2010 年第 6 期。

③ 顾颉刚：《讨论古史答刘胡二先生书》，马昌仪编：《中国神话学文论选萃》上册，北京：中国广播电视出版社，1994 年，第 83 页（书中题名为《禹是南方民族的神话人物》，选自《讨论古史答刘胡二先生书》中的一节）。

④ 雷伟平：《鲧禹研究现状分析》，《华北水利水电学院学报》（社会科学版）2010 年第 3 期。

（三）嫦娥奔月

嫦娥奔月神话研究在早期时大多与其他神话研究专著相结合，未有专门著作。闻一多的《神仙考》在“传说中的不死民，不死之野，不死山，不死树，不死药”①。一条注引了翔实的嫦娥奔月神话。丁山《中国古代宗教与神话考》考察了西王母和羿的渊源，是学术界弥足珍贵的资料。郭云奇《中国诗歌中的嫦娥的由来的演变》、庆云《嫦娥奔月的考证》和顾颉刚《嫦娥故事之演化》是早期专篇研究嫦娥奔月神话的三篇文章。“这些研究大致沿着两个方向展开，一个是以郭云奇、顾颉刚为代表，侧重于文献的搜集与整理，这既包括对与嫦娥神话相关的原始文献的钩沉和扒梳，也包括对散见于大量典籍中前人关于嫦娥神话的各种解释与评论的汇载和辨析，再经过一系列的论证提出自己的观点和结论。这是极见功力的一种研究方法，特点是资料丰富、脉络清晰、考述严密，较为细致、详尽地理清了嫦娥神话产生、发展和演变的过程。一个是以庆云为代表，通过对嫦娥神话文献资料的梳理和分辨，来具体区分神话传说之‘嫦娥奔月’的虚幻与美丽，历史事实之‘常仪占月’的确切与真实，从而指出神话和史学是不同质的，将两者混淆起来机械比附，把神话当作史实考证，其结果不是把‘神话’信史化，就是把‘神话’考没了。”②“嫦娥奔月神话早期研究的一个重要倾向就是对于史料的考证，并且关注了嫦娥奔月神话本体演变的状况。这对嫦娥奔月神话本体研究产生了相当的影响，对于20世纪中期的神话田野研究介入神话研究方法体系起到了一定作用。这时，出现了新老两代学者共同研究梳理嫦娥奔月神话的大好局面。尤其是嫦娥奔月神话的研究成果除了早期的神话学积淀，在研究方向、研究方法、研究深度方面都取得了可喜成绩，并出现了数量可观的学术论文。”③

五、余论

昆仑神话是昆仑文化的源头和重要组成部分，“昆仑文化是昆仑神话连带出来的人生哲学”④，以昆仑神话为核心的昆仑文化是中国传统文化的重要组

---

① 闻一多：《神话与诗》，上海：华东师范大学出版社，1997年，第168—184页。

② 赵红：《20世纪以来嫦娥神话研究综述》，《宁夏大学学报》（人文社会科学版）2007年第5期。

③ 刘术人：《论嫦娥奔月神话的文本流变》，长春：东北师范大学硕士学位论文，2008年。

④ 杜而未：《昆仑文化与不死观念》，台北：台湾学生书局，1977年，第1页。

成部分，对中国传统文化的发展有着深远的影响。综上所述，近代以来，昆仑神话研究无论是在广度和深度上都取得了辉煌的成绩，足以让人欣慰。这一时期的神话学者蒋观云、茅盾、顾颉刚、闻一多、丁山、程憬、袁珂等将昆仑神话的研究推向深入，研究视角多样化，观点各成一派，形成了一个较为热闹、有趣的研究课题。前辈们丰硕的研究成果和多样化的研究视角对后世昆仑神话研究产生了重要的影响，使后辈们站在巨人的肩膀上继续前行。前辈们有如此多的研究成果展示，为后人的学术研究树立了榜样，并激励后人在研究道路上继续前行。

作者简介：任文娟，女，汉族，籍贯山西，青海师范大学法学与社会学学院2016级民俗学硕士，研究方向为区域民俗学。

后　记

青海师范大学法学与社会学学院，是根据学校学科建设的长远规划，将以前分散在各个不同学院的法学专业、社会学专业、社会工作专业以及民俗学专业组合为一体，于2015年7月正式挂牌新组建的学院。该学院现有法学和社会学两个一级学科硕士学位授权点，法律和社会工作两个专业硕士点，并同时招收普通法学本科、藏汉双语法学本科、社会学本科以及社会工作本科专业的学生。

将法学与社会学两个一级学科放在同一个学院进行建设和管理，应该说，非常符合加强素质教育、推进宽口径教育以及学科交叉教育的先进理念和高等教育的办学宗旨，是近年来青海师范大学在推进整体学科建设方面的重要举措。从这几年大量高层次人才积极到该学院求职的盛况来看，这种宽口径、交叉式学科组合更是建设高层次人才队伍的重要平台。

学院成立后，为进一步调动全体专业教师开展科研工作的积极性，培养青年教师养成浓厚的科研兴趣和扎实规范的学术风格，同时也为打通理论研究与社会实践紧密结合的渠道，强化理论与实践的结合，且与高质量的教学工作一道加强学院的学科建设，经学院学术委员会研究决定，在学院开展一年一度的全部教职工和硕士研究生参加学术论文竞赛暨学术论坛活动，并以开放的姿态积极鼓励法学与社会学专业的实务导师（主要是法官、检察官、律师及社会工作者等）参与，逐渐将该项活动打造成学院学科建设的重要抓手、学院与相关专业的社会实践紧密结合的有效渠道，这也是理论研究与实践相结合、学院与社会相关部门友好合作的重要平台，可以积极扩大学校的社会影响力，努力争取社会各界的高度关注和大力支持。

基于上述思路和决策，2016 年学院成功举办了首届学术论文竞赛暨学术论坛，不仅充分调动了学院全体教职工和硕士研究生开展科研工作的积极性，也得到学校主管领导的大力支持和高度评价。在全面总结 2016 年活动经验的基础上，2017 年学院又以更加开放、更加注重质量和效果、更加注重社会影响力的宗旨成功举办了第二届学术论文竞赛颁奖暨学术论坛活动。此次活动不仅得到了青海致琨律师事务所在经费方面的大力支持，而且省高级人民法院、省人民检察院、省律师协会以及省民俗学会等，同样予以了高度重视，还积极参与了此次学术活动。学院的该项学术活动，或主要领导参加，或领导派相关负责人参加，也给予了大力支持。学术论坛如期举行之时，学校的主管领导和相关处室的负责人莅临会场，为此次学术活动的成功举办增色添彩。尤其是赵海兴副校长莅临颁奖大会，不仅向学院成功举办第二届学术论文竞赛活动表示了真诚的祝贺，并高度评价了学院成立以来在科学研究、开放办学等方面取得的工作成绩。

呈现在广大读者面前的这本论文集，就是该项学术活动优秀成果的结晶。在编辑成册的过程中，我们坚持以质取文、宁缺毋滥的原则和宗旨，对于选出的论文（共 22 篇），严格要求质量标准和学术规范。先由编委会提供学术规范，要求所有作者遵循学术规范，尽力做到文无瑕疵，句字不妄，然后相关学科的老师互相阅读、提出修改意见和建议，再让论文作者对自己的论文认真修改完善。在体例与内容上，具体分为“区域法治问题研究”、“社会问题研究”和“民俗文化研究”三个板块，集中展现学院老中青教师、实务导师以及在校的硕士研究生在法学、社会学、社会工作和民俗学研究方面的优秀成果和最新成果，与学术界和同行共享学术资源，以此进一步推动学院的学术研究，期盼学院学科建设更上一层楼。

《大文化背景下的法治社会与习俗研究》编委会

2018 年 4 月 19 日